U0137574

大唐仕宦

生活录

李旭东 著

团结出版社

图书在版编目（CIP）数据

大唐仕宦生活录 / 李旭东著 . — 北京：团结出版
社，2023.2
ISBN 978-7-5126-9682-2

Ⅰ . ①大… Ⅱ . ①李… Ⅲ . ①官员－中国－唐代
Ⅳ . ① K828.9

中国版本图书馆 CIP 数据核字 (2022) 第 176480 号

出　版：团结出版社
　　　　（北京市东城区东皇城根南街 84 号　邮编：100006）
电　话：（010）65228880　65244790（出版社）
　　　　（010）65238766　85113874　65133603（发行部）
　　　　（010）65133603（邮购）
网　址：http://www.tjpress.com
E-mail：zb65244790@vip.163.com
　　　　tjcbsfxb@163.com（发行部邮购）
经　销：全国新华书店
印　装：三河腾飞印务有限公司

开　本：163mm×240mm　16 开
印　张：22.25
字　数：304 千字
版　次：2023 年 2 月　第 1 版
印　次：2023 年 2 月　第 1 次印刷

书　号：978-7-5126-9682-2
定　价：68.00 元

前　言

大唐是一个令国人心驰神往的朝代，幅员万里，万国来朝，经济繁荣，文化昌盛，诗歌盛行。那个时代怀揣着修身齐家治国平天下梦想的精英们都会不约而同地选择入仕为官，即便是如李白这样放浪形骸之人、孟浩然这样生性恬淡之人，也都对官场有着深深的向往，正如唐太宗李世民希望的那样，天下英雄尽入彀中。

他们先天下之忧而忧，后天下之乐而乐，无论是居庙堂之高，还是处江湖之远，皆胸怀天下，心系黎民。在盛世里，他们是繁华的缔造者；在乱世中，他们是中兴的逐梦人，用风骨挺起了大唐不屈的脊梁！

那么，他们是如何当上官的呢？依靠门第还是寒窗苦读？参加科考有什么注意事项？初入官场又有着哪些禁忌？他们可以享受怎样的福利待遇，同时又有着怎样不为人知的辛酸与苦涩？

在紧张的工作之余，他们会怎样释放压力？旅行有什么秘籍？吃喝又有着怎样的讲究？他们爱吃什么菜，爱喝什么酒，喝酒时行什么酒令？烹茶时又有着怎样的门道?

这些疑问都将会在本书中一一找到答案,让读者对大唐官员的入仕途径、职业规划、薪酬待遇、衣食住行、交际应酬、退休程序都能有深入的了解,如同走进了一千多年前那些大唐官员们的工作生活之中,身临其境地感受大唐气象。

目录

第一章

科举之路不好走

条条大路能当官

无论是什么时候，若想养家糊口，首先需要找一份稳定的工作，在唐朝，尤其是在安史之乱之前，若想寻个正经营生还是比较容易的。

你可以选择去种地，唐朝前期实行"均田制"，也就是官府会将土地分配给你。但天下没有免费的午餐，每个男丁每年需向官府缴纳 2 石粟或者 3 石稻，作为租；还需缴纳 2 匹绢、2 匹绫或 2 匹绝（一种粗丝绸），抑或 2.4 匹布，此外还需缴纳 3 两棉或者 4 斤麻，作为调，若是不产上述物品，也可直接缴纳 14 两银子；每年还得去无偿服役 20 天，闰年还会增加 2 天，作为庸，若是不想去，每缴纳 3 尺绢或者 3.6 尺布便可折抵一天；如果愿意服劳役，在 20 天的基础上再加服 25 天可以免去调，再加服 30 天便可将租、调一同免去，50 天也是服劳役的上限。

符合条件的适龄男性还得去服兵役，不仅要付出时间和体力，还有沉重的经济负担，从家乡前往服役地点要自备基本武器，还没有出差补贴，一般也不报销差旅费。

若是务农吃不消，你可以选择逃到城市里或者大地主家中去卖苦力，不过寄人篱下的日子可不怎么好过。

若是受不了那份苦，你也可以选择去当手工业者，若是有些天分或许能成为非物质文化遗产传承人，自然也是吃喝不愁。

若是有些经济头脑还可以去经商，担个扁担走街串巷，但最可怕的是遇到宫里来的宦官，若是人家看上了你的货，会给你一匹红绸子，然后便把你手中的货硬生生抢走了，就如同卖炭翁那样悲惨。若是你手头有些积蓄，可租个小店卖货，也省得风里来雨里去，但长安这样大城市的房租可不便宜，每天一睁眼便会感到扑面而来的经营压力。

不过若想光宗耀祖、出人头地，那你还是得去当官，而走仕途主要有门荫、荐举、辟举、征召、入流、军功、科举这七条路可以选择。

第一条路是门荫，也就是依靠门第当官，这是魏晋时期九品中正制的延续，那么"躺平"便可当官的主要包括三类人。

第一类是拥有爵位的人员，唐朝有十等爵位，分别为亲王、嗣王、郡王、国公、开国郡公、开国县公、开国县侯、开国县伯、开国县子和开国县男，不过后来曾一度取消嗣王，每等爵位都有对应的品级，但其等级却并非你的出身（即行政级别）。嗣王、郡王的品级为从一品，若想担任职事官，就只能按照从四品下阶的出身被授予官职。

皇帝的叔叔、伯伯或儿子才会被封为亲王，亲王并无出身的相关规定，皇帝可以直接授予其高官。继承亲王衣钵的嫡长子通常会被封为嗣王。皇太子的儿子一般都会被封为郡王。亲王其他的儿子按照规定只能被封为郡公，不过皇帝往往会给予特殊关照将其封为郡王，称为"特封郡王"。

第二类是皇帝的亲戚，皇帝父亲那边的男亲戚通常都会拥有亲王、嗣王或郡王等高级爵位，若是没有爵位或者爵位比较低的亲戚往往会被授予正六品上阶的出身；皇帝的母亲即皇太后那边的亲戚，根据关系远近分别被授予正六品上阶、从六品上阶或者正七品上阶的出身；皇帝的妻子即皇后那边的亲戚，根据关系远近分别被给予从六品上阶、正七品上阶、从七品上阶的出身，其他嫔妃的亲戚虽按照制度要求并不享受这项福利政策，不过若是得宠也会在职务晋升方面给予其亲戚特殊关照，比如杨贵妃的远房亲戚杨国忠短短数年间便从七八品小官升至宰相之位；皇帝父亲的其他嫔妃即皇太妃的期亲可以获得从七品上阶的出身，其他亲属无法享受这项福利政策。

唐人亲属关系的远近往往通过丧服的形制来确定，丧服一共分为斩衰、齐衰、大功、小功、缌麻五等，所穿丧服看起来越破说明彼此的关系越亲近。穿斩衰和齐衰并且服丧周期在一年以上的亲属被称为期亲，这也是最为亲近的亲戚。

皇帝的姑姑通常会被封为大长公主，皇帝的姐妹通常会被封为长公主，皇帝的女儿通常会被封为公主，都视同为正一品；皇太子的女儿通常会被封为郡主，视同为从一品；亲王的女儿通常会被封为县主，视同为正二品。凡是娶大长公主、长公主或公主的人都会被授予武散官驸马都尉（从五品下阶），听着挺显赫，实际上却并没有什么实权。郡主的丈夫通常会被授予正六品上阶的出身，县主的丈夫通常会被授予正七品上阶的出身，只有顺利通过铨选才能真正当上官。郡主的儿子通常会被授予正七品上阶的出身，县主的儿子通常会被授予从七品上阶的出身。

唐代特殊人员的门荫规定

出身品级	适用人员
从四品下阶	嗣王、郡王
从五品上阶	亲王诸子中封开国郡公的人员
正六品上阶	国公、皇帝缌麻以上亲属、皇太后期亲、郡主丈夫
正六品下阶	开国郡公
从六品上阶	开国县公、皇太后大功亲属、皇后期亲
正七品上阶	开国县侯、皇帝袒免、皇太后小功和缌麻亲属、皇后大功亲属、县主丈夫、郡主儿子
正七品下阶	开国县伯
从七品上阶	开国县子、皇后小功和缌麻亲属、皇太妃期亲
从七品下阶	开国县男
从八品上阶	县主儿子

第三类是高干子弟，可以根据父亲、祖父，甚至曾祖父的品级直接获得相应的出身。其祖上要么是五品以上官员，要么是拥有爵位，子孙才能享受门荫的政策优惠。

通常立下大功就会被封爵，但这是可遇而不可求的事。若是混迹官场，想要一步步成为五品官员又谈何容易？

进士及第者一般只会获得从九品下阶的出身，顺利通过吏部主持的铨选或者科目选才会被正式授予官职。《循资格》实行后，贡举及第者和任期届满的六品以下官员都需要守选，也就是在家赋闲数年之久。中下级官职一般需要经过3至5次考试才能迁转，也就是需要干三五年才有可能会获得升迁。即便不考虑守选的因素，按照正常晋升速度，一个进士及第者要想升迁到从五品下阶需要五六十年的时间。虽然在要害部门担任关键职务可以获得快速升迁，但一般人即便挤破了脑袋恐怕都挤不进去。

升迁到五品官虽说对于普通官员而言颇为艰难，但却是很多权贵子弟唾手可得的。玄宗皇帝李隆基得知宠臣王毛仲喜得贵子，特赐他尚在襁褓之中的儿子为五品官，这引得当时不计其数的人艳羡不已。可是天有不测风云，次年王毛仲便因骄横跋扈而触怒了玄宗皇帝，先被流放，后被赐死，他那个一出生便获得五品官的儿子也悲惨地沦为政治斗争的牺牲品。

唐代官员门荫规定

亲属关系	一品	二品	正三品	从三品	正四品	从四品
儿子	正七品上阶	正七品下阶	从七品上阶	从七品下阶	正八品上阶	正八品下阶
孙子	正七品下阶	从七品上阶	从七品下阶	正八品上阶	正八品下阶	从八品上阶
曾孙	从七品上阶	从七品下阶	正八品上阶	正八品下阶	—	—

续表

亲属关系	正五品	从五品	国公之子	郡公县公之子	侯、伯子、男之子
儿子	从八品上阶	从八品下阶	从八品下阶	正九品上阶	正九品下阶
孙子	从八品下阶	正九品上阶	—	—	—
曾孙	—	—	—	—	—

不过通过门荫获得任官资格的人也并非是躺在家中便能坐等来官职，通常都需要先充当千牛、进马或是三卫（亲卫、勋卫、翊卫），也就是皇帝或太子的侍卫。祖上的品级越高，子孙获得的出身便越高，同时服役的年限便越短，短的5年，长的8年，服役期满考试合格才能参加吏部组织的铨选。

随着官位越来越紧缺，到了玄宗皇帝李隆基在位时，依靠门荫获得出身的人之中，至死也没能获得一官半职的大有人在，有的是因为等的时间太长，有的是因为活的时间太短。

杨偘的父亲杨秀为中散大夫（正五品上阶）、行汉州司马（从五品下阶），无论是散官阶还是职事官阶均为五品官。杨偘依靠父亲的门荫授右金吾引驾，也就是个负责开道的小军官，在吏部参加铨选多年，直到44岁去世时仍旧未能正式获得官职。

郑瑄的祖父为开州别驾，开州本为中州，后升为上州，开州别驾应为从四品下阶或正五品下阶，父亲为彭州长史（从五品上阶）。郑瑄的祖父、父亲均为五品以上官员，而他通过门荫补左卫勋卫，直到39岁去世时仍在等待着上任的消息，等到花儿都谢了。两人的墓志铭上只能写"吏部常选"，常年参选却又常年选不上，可谓是死不瞑目！

六品以下官员子弟虽享受不到门荫的便利，不过却有两项专门针对他们的当官优惠政策。第一项是斋郎，也就是掌管祭祀事务的胥吏，隶属太常寺，这种胥吏比其他胥吏更容易当上官。太庙斋郎从五品以上官员的子孙和担任六品职事官（必须是清官）的儿子中选拔产生，服役期限为 6 年；郊社斋郎从六品职事官的儿子中选拔，服役期限为 8 年。凡是担任斋郎的人员必须要在 15 至 20 岁之间，身体健康，品貌端正。服役期满后便可参加考试，考试合格的送吏部参加铨选，铨选通过后便可被授予官职，不过斋郎总共只有 862 个名额，若想顺利入选恐怕需要经过一番激烈的竞争。

六品清官之子才有资格入选太庙斋郎，这个清官可不是为官清廉之意。唐朝官员有"清官"与"浊官"之分，清官就是领导重视、升迁便捷、前途远大的热门职位，在尚书省、中书省、门下省和御史台等核心部门工作的官员基本上都是清官。浊官是不被世人看重、升迁缓慢的职位，在办事机构九寺五监任职的中下级官员大多属于浊官。

第二项是品子，主要针对六品以下文武官员以及三品以下、五品以上勋官年满 18 岁的成年子弟。这些干部子弟需要担任中高级官员的侍从，六品、七品官员的儿子通常会担任亲事，八品、九品官员的儿子通常会担任帐内，其实都是给人家打杂。如果不愿意去，也可以选择纳课，就是缴纳一定的金钱并不用实际服役，服役期限一般为 10 年，等到服役期满后，文化水平比较高的人会被送到吏部参加铨选，通过后可以被授予文官；文化水平一般的会留在兵部参加简试，通过后只能被授予武官，水平实在太差的也会被淘汰。

官缺变得越来越少，即便是那些享受门荫的高干子弟想获得官职都变得越来越难，通过纳课取得做官资格的品子又多达万人，因此通过这个途径入仕实在是难于上青天。

第二条路是荐举，这的确是条快速步入仕途的捷径。许多隐居在终南山中的隐士们一旦被荐举入仕便可迅速完成从民到官的身份蜕变。但这条"终南捷径"走起来却并不那么容易。

　　首先你自己必须要很有能力，其次认为你很有能力的人要比你更有能力，还愿意向朝廷推荐你，再次朝廷也认为你很有能力。

　　玄宗皇帝李隆基曾下诏："五品以上清官及军将、都督、刺史，各举一人。"荐举人必须是五品以上的中高级官员，而且必须是清官。寒门子弟别说得到那些高官的赏识，即便是与人家见上一面恐怕都很难。这些掌握着荐举权力的官员们荐举人才时又会受到名额限制，虽然每次荐举时未必都只许举荐一个人，但名额很少却是不争的事实。因此他们行使手中的荐举权时自然会慎之又慎，被荐举的人要么是才华横溢的饱学之士，要么是感天动地的道德模范，要么就是背景很硬的关系户，这条捷径对于一般人而言无疑是一条开满鲜花的绝路。

　　第三条路是辟举，也就是被拥有征辟权的官员辟为僚属。辟举制曾在南北朝时颇为盛行，但唐朝实行中央集权制度，官员任免均由朝廷来决定，一般不允许官员随意征辟下属。安史之乱时，朝廷迫于无奈只得放开口子，节度使等使职可以自行征辟属官，但需要上报朝廷批准。

　　唐朝中后期，朝廷政治控制力不断下降，节度使手中的权力越来越大，而且在藩镇任职待遇又很不错，天下人才竞相前去投奔，这被称之为"入幕"。不过其中绝大多数都是在职官员或者通过科举考试等途径获取了任官资格的人，普通百姓想要通过这条路入仕难度极大，但也并非不可能，比如郑注。擅长医术而又能言善辩的江湖游医郑注给饱受疾病困扰的李愬治好了病，李愬可是雪夜下蔡州的名将，当时是位高权重的山南东道节度使，他将郑注辟举为僚属，善于钻营攀附的郑注后来居然登上凤翔节度使的高位，还差点成为宰相。

　　第四条路是征召，皇帝亲自征召你入朝为官。李泌是个很厉害的人物，他年幼时便成为远近闻名的神童，7岁时写下闻名于世的《长歌行》，不仅得到宰相张九龄等当代名士的赏识，更是得到了玄宗皇帝李隆基的青睐，特地将才华出众的李泌介绍给自己的儿子李亨认识。李泌后来协助儿时的玩伴，当时已经成为肃宗皇帝的李亨平定叛乱、收复两京后便主动隐退，后来在德宗朝成为宰相。所以若不是有着什么经天纬地之才，你还是死了征召为官这条心吧。

第五条路是入流，并不是说人家原来不入流，而是指流外官入流。流外官虽然叫做官，但实际上却只是个胥吏，按照地位高低也分为九等，从流外勋品、流外二品一直到流外九品。若想成为流外官也不是那么容易的，需要参加吏部统一组织的考录活动，类似于今天的国家公务员考试，不过要比科举考试容易许多。六品以下、九品以上官员的儿子、州县佐史和普通百姓都能报名参选。录取的条件是工书（书法好）、工计（有计谋）、晓时务（机灵懂事），三项之中只要有一项特别突出便可被录用为流外官，授予流外官品级。

试想如若仅仅被授予流外九品，每经三考（一年为一考）才有资格到吏部应选，根据才能表现升迁，若是逐级晋升，通常需要经过24年的时间才能升迁到流外官的最高等流外勋品，然后再经三考，考试合格后才有资格前往吏部参加铨选，顺利选上之后才会被授予职事官或散官，这才算谋到了一官半职，完成了从"流外"到"流内"的蜕变。

在近30年的时间里，这些流外官们要看领导脸色，仰领导鼻息，跑断了腿，磨破了嘴，累弯了腰，熬白了头，却只有少数幸运儿能被任命为从九品下阶的职事官，大致相当于现在的副科长；有的却只能获得从九品下阶的散官，大致相当于现在的四级主任科员。

大唐共有包括流外官在内的各类胥吏35万人之多，是官员总数的18倍之多，"入流"的难度之大可想而知。如果仅仅是个编外的州县胥吏，并非是吏部正式授予的流外官，恐怕连"入流"的资格都没有。

这些通过"入流"进入官员队伍的胥吏们一般只会被授予浊官，干着最累的活儿，拿着最少的钱，升迁的空间又颇为有限。玄宗朝宰相牛仙客本为县城小吏，后来却一步步攀上宰相高位。但这样的励志故事终究是传说一般的存在，在中晚唐时几乎绝迹，绝大多数"入流"的官员一辈子也就是个八九品的小官。

第六条路是军功，不过若想通过这个途径入仕首先要有仗可打，然后还得有命活着，那些以命博取功名的将士不知明天和意外哪个先来临！

第七条路是科举。寒门子弟若想彻底改变自己的命运，风风光光地当上官，最务实有效的法子当属参加科举考试，若是能一考而中便会实现"朝为田舍郎，暮登天子堂"的巨大人生飞跃。

史上最繁杂的科举制度

科举制就是通过考试的方式分科取士的制度，创立于隋，在唐朝日臻完善，为许许多多心怀梦想的寒门子弟带来了施展才华的机会。

唐朝科举制度堪称历史上最繁杂的科举制度，分为贡举（又称常科）与制举（又称制科）两大体系，此外为了选拔武官还会专门举办武举，由兵部主持。

贡举每年定期举行，科目最多时居然有五十余科，不过常设科目却只有明经、进士、秀才、明字、明法、明算六科，尤以进士科最为世人所看重。贡举及第者只能获得出身，也就是当官的资格，接下来还需要参加吏部主持的铨选或者科目选才能真正获得官职，当然也可以参加制举考试，但制举却并非想参加便能参加得了的，只有在皇帝下诏后才会举行制举。

制举是将"举士"与"选官"结合在一起的特科，考试时间却并不固定，除了六月酷暑外，其他 11 个月都曾举行过制举考试。考试科目的随意性也很大，居然多达八九十个科目，比如需要选拔辞藻华丽之人便设立文词雅丽科，需要选拔军事人才便设立才堪将帅科，更有意思的是居然还设有不求闻达科和隐居丘园科，可不求闻达还应什么举，隐居丘园还当什么官？

制举一般只有一种题型，那就是试策，类似于今天公务员考试中的申论，也就是让考生针对现实问题有针对性地提出解决方法，虽然设有考官，却一般由皇帝亲自主持测试，因此那些主持制举的考官们手中的权力远远小于贡举，难以像贡举那样形成座主门生的亲密关系。

参加制举考试的人员也相当广泛，既可以是没有出身的白衣，也可以是贡举及第者，还可以是迫切想要改变自己命运的在职官员。

如果制举及第者只是没有出身的普通老百姓，一般会被授予从九品上阶或下阶的县尉，有时也会被授予九品的校书或正字，个别考生成绩突出又赶上好时机，还会被直接授予从八品下阶的大理评事，甚至是从七品上阶的上州参军事。贡举进士科及第者只会获得从九品下阶的出身，通过铨选或者科目选才能获得一官半职，但中间要等上好几年，这无疑比制举及第的考生们要逊色许多。不过对于成绩实在平平的制举及第者有时也会如贡举那样只赐予出身，但这只是个别情况，及第者通常都会获得九品职事官。

如果制举及第者之前曾参加贡举或者依靠门荫获得过出身，往往会按照应叙之阶或者高一阶授官，比如韩朝宗之父韩思复为中书舍人（正五品上阶），按照门荫的规定，韩朝宗应获得从八品上阶的出身，因此韩朝宗制举及第后便被授予右拾遗（从八品上阶）。不过对于表现优异者也会破格提拔，玄宗朝宰相张九龄进士及第后获得从九品下阶的出身，后又参加制举，直接被授任秘书省校书郎（正九品上阶），比普通进士出身高出了三阶，这极大地领先于同科进士。

如果制举及第者之前便已经是在职官员，往往会直接加阶授官，成绩特别优异的人会一次性加三到四阶，不仅品级提升了，还往往会改任要职。武则天、中宗时期宰相张柬之进士擢第后出任青城县丞，这一年他已经63岁了，要是放在现在连参加公务员考试的资格都没有，而他却在年过花甲之际才开始走上仕途。

永昌元年（公元689年），65岁的张柬之参加制举贤良方正科的考试，因试卷不符合格式而被判为落第，可那一年武则天却觉得及第的人有些少，便询问主考官，落第考生中究竟还有没有其他可选之才，主考官回禀说有一位考生策文内容无可挑剔，但格式却不符合规定。武则天随即取来张柬之所作的那篇策文，对其赞叹不已。就这样，张柬之在一千多名考生中成绩名列第一，随即被授予监察御史之职，由正九品上阶升为正八品上阶，一下子便升了四阶，还从偏远的青城县（今四川都江堰）直接调到"中纪委"工作。唐朝官员一般要经过 3 至 5 年方可迁转，但监察御史任职 25 个月便可迁转，还可以隔品授官（即破格提拔）。原本在基层苦苦打拼的张柬之的仕途顿时豁然开朗了，最终在 80 岁时成为宰相。

制举在唐朝前期举办得比较频繁，武则天执政后曾在垂拱四年（公元 688 年）至天授二年（公元 691 年）、长寿三年（公元 694 年）至万岁通天二年（公元 697 年）连年举行制举，大量破格选拔任用官员，使很多人才得以脱颖而出，甚至连续参加制举并连续获得升迁的事例也并不罕见。

康希铣年仅 14 岁便参加贡举明经科登第，被授予右内率府胄曹参军事（正九品下阶）。他后来先是参加了制举词藻宏丽科，及第后升为秘书省校书郎（从八品下阶），升了两阶；任职一段时间后又参加了制举博通文史科，被判为高第，从左金吾卫录事参军升为太府寺主簿，由正八品上阶升为从七品上阶，升了两阶；后来第三次参加制举明于政理科，及第后从太府寺丞升任洛州河清令，由从六品上阶升为正六品上阶，升了两阶，很快便获得文散官朝散大夫（从五品下阶），出任泾州司马（属于上州，从五品下阶）。五品官大致相当于今天的司局级，这也意味着康希铣的儿子和孙子长大成人后可以通过门荫获得官职。

玄宗李隆基在执政后期几乎不再通过制举来选拔人才，安史之乱爆发后，迫于形势需要，朝廷又重新开始注重制举考试，不过随着政局日趋稳定，举办的频次却又大幅下降，比如德宗贞元十一年（公元 795 年）之后曾连续 10 年都未曾再举行过制举。

唐朝后期制举举行情况

朝代	在位时间（年）	举办制举的年数（年）	共举办的科目数量（科）	平均时间间隔（年）	平均每年举办的科目数量（科）
德宗	26	6	18	4.33	0.69
宪宗	15	4	8	3.75	0.53
穆宗	4	3	7	1.33	1.75
敬宗	1	1	4	1	4
文宗	14	1	4	14	0.29

注：在位时间以改元为准。

文宗大和二年（公元 828 年），愤青刘蕡在制举对策中极言宦官之祸，当时宦官已呈尾大不掉之势，手握禁军神策军军权，即便是文宗皇帝李昂都对盘本错节的宦官势力有所忌惮，不过口无遮拦的刘蕡却是无所顾忌。主考官担心他激烈的言论会触怒宦官，于是便将其落第，虽然朝野上下不断有人上书为刘蕡鸣不平，却仍旧无法改变他落第的命运。这场政治风波之后，制举实际上便被停罢了。

其实制举停罢的真实原因却复杂得很，刘蕡事件只不过是一个导火索而已。随着平判入等和科目选的实行，制举的价值已大幅下降，但平判入等和科目选却只能算作是制举的"低配版"。制举停罢的深层次原因是政治日渐黑暗，随着政治世家不断涌现，父子宰相早已不算是什么新鲜事，甚至祖孙三代为相的情形也是屡屡出现，如张嘉贞、张延赏、张弘靖祖孙三代相继为相，张家第四代之中也大都是观察使、刺史这样的高官。

当然对于政治世家并不能一概否定，自幼便受到政治熏陶和父辈提携的世家子弟往往在治国理政方面有着某种先天优势。比如曾在宪宗朝两度为相的李吉甫之子李德裕曾为文宗朝、武宗朝宰相，被誉为大唐最后的能干宰相，但同时也应看到，依托政治世家的影响力而成为高官的子弟之中也充斥着大量的碌碌无为，甚至祸国殃民之辈。

令狐滈的祖父令狐楚是宪宗朝宰相，父亲令狐绹在宣宗朝担任宰相长达 10 年之久，可谓权倾一时。令狐绹被罢相后又任河中、宣武、淮南、凤翔四镇节度使，可谓显赫一生。令狐滈依靠父亲的权势骄纵不法，大肆受贿，卖官鬻爵，人称"白衣宰相"。令狐滈进士及第曾引发舆论哗然，仅仅一年后，他又被授任左拾遗（从八品上阶），虽然品级并不算高，却属于门下省的供奉官，也就是经常侍奉在皇帝左右的重要官职，一向被世人所看重。谏官们闻讯后一时间群情激奋，纷纷上书，懿宗皇帝李漼见这项人事任命居然犯了众怒，只得将令狐滈改任詹事府司直（正七品上阶），虽然这个官品级比左拾遗还高，却属于东宫官，并非是关键岗位，而且月俸仅为 2 万文，比左拾遗足足少了 1 万文。可能很多人会感到疑惑，为什么品级高的官员的收入反而会低呢？这个将在后面进行详细解释。

这场政治风波可谓是晚唐时期正直官员对权要子弟把持仕途发展大门发起的一次正义反击，却终究改变不了权要子弟在官场的强势地位。政治世家担心自己手中的大权会旁落，自然不愿看到寒门子弟通过制举获得快速升迁进而跻身高官的行列，因此停罢制举便成了一种必然。从此寒门子弟的仕途变得愈加艰难，各色人才竞相涌现的景象也不复存在，曾经繁盛的唐朝也不可避免地走向了衰亡。

进京赶考其实没那么容易

唐朝前期，长安和洛阳都会举办贡举考试。当时皇帝常常会因关中地区"缺粮"而前往洛阳"就食"，因此朝廷在洛阳设置东都尚书省，由这个部门来组织贡举考试。安史之乱后，皇帝几乎不会再长期住在洛阳，甚至都很少去，洛阳的政治地位自然是一落千丈，因此天下考生便竞相前往长安参加尚书省组织的省试。

唐朝科举考试有着严格的程序，考生并非随随便便就能进京赶考，必须要学有所成。若想金榜题名最好能有在中央官学学习的经历，有了这段学习经历，及第的概率将会极大地提高，就如同今天名牌大学毕业生在公务员招录考试中会受到青睐一样。在校学习期间，学校不仅会供给伙食，还会提供住房。

主管教育的国子监总共管理着六所官学，分别是国子学、太学、四门学、律学、书学和算学。这6所中央官学招生名额都很有限，国子学300人、太学500人、四门学1300人、律学50人、书学30人和算学30人，门下省下辖弘文馆可招收30人，隶属东宫的崇文馆可招生20人，此外还有主管天文、历法、医学等中央衙署招募的各类学生627人，因此各类中央官学在校学生共计只有2887人，相比于大唐全盛时期近5000万的人口而言实在是少得可怜，注意这2887人是指在校生规模而并非每年的招生名额。

官学招生有着明确的年龄要求，一般是14岁以上、19岁以下，法律专业需要些历练和阅历，为18岁以上、25岁以下。不过官学学生在校学习时间并没有明确限制，原则上只要不犯错误，在学校里想待多久便可以待多久，通常只有参加科考及第后才会离开，此时才会有空余学位来招收新生。

不过随着及第难度变得越来越大，迟迟走不出校门的学生越来越多，同时中央官学的入学难度也持续加大。

国子学、太学、四门学是三所综合性大学，肩负着为朝廷培养后备官员的重任。国子学的招生条件是三品以上官员的儿子和孙子、从二品以上官员的曾孙、四品京官并且拥有三品勋官或封爵的官员的儿子。太学的招生条件比国子学要低一等，为从五品以上官员的儿子和孙子、三品官员的曾孙、三品以上勋官有封爵之人的儿子。四门学中有500个名额仍旧招收官宦子弟，报名条件是三品以上勋官无封爵之人的儿子、四品勋官有封爵之人的儿子、七品以上官员的儿子，剩余800个名额才会从低级官员子弟、普通百姓之中招收，至于招生究竟有没有黑幕便不得而知了。

弘文馆和崇文馆的招生条件更为苛刻，具有某种"特供"的意味，招生范围限定为皇帝、皇后和皇太后的近亲，宰相之子，拥有实封的功臣之子，从一品散官之子，在京三品以上职事官的儿子以及中书侍郎、门下侍郎的儿子。

唐朝封爵有虚实之别，若是实封则可以享受封户的租税，不过也不能直接向封户收取，而是从太府寺领取。

律学、书学和算学均属于专业性学院，分别培养法律人才、文学书法人才和数学人才，招生名额少，毕业后的前景也不是太好，不过老百姓的孩子可以自由报考，但是即便日后走上仕途的也多是技术官员，很难走上高级领导岗位。

中央官学是名副其实的贵族学校，普通百姓子弟往往是可望而不可及的。国子监的长官为祭酒（注意担任此职与酒量无关），负责定期组织选拔考试，只有顺利通过考试的官学学生才有资格参加尚书省组织的省试。

对于寒门子弟来说，若是能够有机会在地方官学学习也算是不错的选择了。朝廷规定每州、每县，甚至每乡都要设立官学。开元年间，根据各地官学规模推算，地方官学学生共有 60710 人。玄宗开元十三年（公元 725 年），大唐共有人口 45431265 人，也就是说能够有机会在地方官学学习的人只占总人口的 1.3‰。

州里的长史会定期组织考试，从地方官学学生中选拔出成绩合格者，送至尚书省礼部参加省试，无论是来自中央官学，还是来自地方官学，获准参加省试的考生都会被称为"生徒"。

对于无法进入官学学习的考生也可以选择去个人开办的私塾去学习，抑或在家或者隐居在山林之中自学，唐朝科举并不要求应考者必须取得相应的学历，更注重对应举者实际才能的考察。

对于自学成才之人，需要向所在县提出书面申请，称之为"投牒"，然后参加由县尉主持的县试，再参加由州功曹或司功参军事组织的州试，若是均能顺利通过，便会发给你解状，由州里送至尚书省礼部参加省试。这些考生往往会跟随各州进贡朝廷的物品一同前往长安，因此被称为"乡贡"。临行前，州里还要为他们举行盛大的欢送仪式，随后举子们便与上贡的财物一同上路了。

每州的名额颇为有限，上州每年上贡 3 人，中州 2 人，下州只有 1 人，不过如果是特别优秀的人才，各州也可以适当突破名额限制。

唐朝前期，考生们往往会严格按照规定从籍贯所在地报名参考，一些善于投机取巧之辈却往往另辟蹊径。县考渐渐流于形式，或者干脆就不组织，州考便成为举子进京前唯一的考试，州官的态度也决定着士子的命运。考生们绞尽脑汁选择对自己最为有利的报名地点，以求能够顺利前往参加省试并且提高及第的概率。

长安所在的京兆府及其附近的同州、华州属于京畿之地，往往会被主考官高看一眼，来自这些地区的考生考中的概率也最大，考生们纷纷奔赴上述三地投牒；还有因主考官的原因而选择报名地，比如白居易任杭州刺史时，江东士子纷纷前往杭州去投牒，因为他们听说才华横溢的白居易一贯爱慕有才之人；李绛因为父亲李元善曾任襄州录事参军，于是便跑到襄州去报名。甚至有的考生一地不成，又跑到另一地，比如皇甫弘本来去华州投牒，但他在与刺史钱徽喝酒时因不懂规矩而惹怒了钱徽，最终只得前往陕州报名应考。

有些背景特别硬的考生，甚至不用经过任何考试便可以直接前往礼部参加省试，比如宣宗朝宰相令狐绹之子令狐滈便是直接取得州里的解状。对于这类特殊的乡贡举子有一个特定称谓叫作"拔解"。就是因为种种潜规则的存在，一些考生甚至连考题都看不明白就能去参加省试。

来自全国各地的考生必须要在十月二十五日前到京，并于十一月一日参加朝见。每到朝见之日，含元殿前，人头攒动，热闹非凡，很多考生是第一次来长安，第一次见到恢宏的大明宫，第一次见到巍峨的含元殿，心情自然是格外激动。

当值的四方馆舍人会高声喊道："卿等学富雄词，远随乡荐，跋涉山川，当甚劳止。有司至公，必无遗逸，仰各取有司处分。"

紧接着，那些进京赶考的考生们在开考前还有一套烦琐的手续要去办，只有审核通过才有资格参加省试。

考生们首先要来到礼部贡院，院内张贴着各式各样的表样，上面有各种文状的填写要求和书写规范，考生们要严格按照要求进行填写，文状类似于考生登记表或者履历表之类的东西。考生填写时不能有一点疏漏，哪怕是写错一个字都可能会丧失考试资格。

考生们还得前往户部进行资格审查，唐朝后期改为直接到礼部进行审查，称之为"集阅"。

首先是疏名列到，也就是签名报到并上交有关文状，主要有解状，就是官学或者州里开具的可以参加省试的证明材料；还有家状，需要写清楚自己的籍贯、祖上三代姓名，本人体貌特征，官员子弟还要写清楚主要社会关系及其担任的职务。

其次便是结款通保，5名考生之间要互相担保品行没有问题，体现了朝廷选才时德才兼备、以德为先的用人导向。若是事后经过调查，互保的考生之中有人所言失真，便会取消5人3年内的考试资格。

最后是查验籍记，也就是将考生信息与朝廷之前掌握的户籍信息进行比对，防止考生假冒他人身份或者用虚假身份报考。

考试主管机关的审查既要进行形式审核，比如看看考生们所填文状是否完备，是否准确，也会进行实质审核，考察考生的人品德行究竟如何，有没有不孝顺父母等劣迹，一旦审查不合格便意味着考生今年白来一趟。

审核结束后，考试主管机关会将审查结果张榜公布，这张榜也被称为"驳榜"，实际就是不合格人员名单，那些不在榜上的考生便可安心备考了。

开考前的暗战

考生们顺利通过审核后便会开始准备来年春天举行的考试，称为"春闱"，时间一般会安排在正月，不过很多考生此时已然没有多少心思再温习功课，而是马不停蹄地前去纳卷行卷。

玄宗天宝元年（公元742年），礼部侍郎韦陟执掌贡举时害怕遗漏人才，于是创立了纳卷制度，要求考生们在开考前向考官呈送自己的文学作品，以便考官可以通过这些作品对考生有个全面客观的了解，万一考生因紧张或者其他原因导致考试成绩并不理想，也会结合他的平时成绩来确定最终的录取名单，避免了"一考定终身"的弊端。

纳卷制度创立之初的确有助于考官深入地了解考生，比如中唐诗人元结因纳卷时提供的作品获得了主考官的青睐才得以及第，而中唐的另一位大诗人李商隐连续多年参加科考都未能高中，一气之下竟将自己呕心沥血的作品统统付之一炬，不再行卷纳卷。

文宗开成二年（公元837年），曾在宪宗朝担任过宰相、时任山南东道节度使的重臣令狐楚竭力向主考官推荐才华横溢的李商隐，此前屡屡受挫的李商隐这才得以进士及第。此时他才得知这些年来他的好友，也就是令狐楚之子令狐绹一直在替自己向礼部贡院纳卷。

不过随着考生数量越来越多，考官们也就没有多大兴趣和多少时间去了解考生的真实水平，纳卷也往往会流于形式，不过行卷之风却愈演愈烈。

行卷就是考生为了博取达官贵人、闻人名士的赏识和推荐而将自己的得意之作写于卷轴之上进献给他们，说白了就是想用自己的才华来获取那些有权人的赏识。

　　不仅参加贡举需要行卷，即便是科举及第后参加铨选或科目选时同样需要行卷，即便当官之后，六品以下官员在任期届满后仍需要参加铨选，为了重新获得官职或谋求升迁，仍旧需要向达官贵人们行卷。

　　参加贡举的绝大多数考生行卷主要集中在秋冬时节，他们往往会利用夏天复习功课，创作新的诗文，称为"夏课"。当然也有在正月临考前才行卷的，虽有些临阵磨枪的意味，却未免太晚了些。有的落第考生也会选在四月、五月落第后便开始行卷，为来年的考试提前打好基础。

　　行卷时，考生一般要亲自登门拜访，希望对方能在百忙之中见自己一面，以便能够给人家留下一个好印象，但若是没有什么特殊背景的考生往往很难被人家接见，这种拜访更多的是向人家表达一种尊重和敬意。不过也有特例，大诗人白居易一向清高，向给事中陈京行卷时就并未亲自前去，仅仅派遣家童进献自己的作品，即便如此，白居易依然颇为幸运地在当年便金榜题名。

　　初次行卷时，考生一般还需要写一封书信，主要内容就是"表扬与自我表扬"，先将对方吹捧一番，如何德高望重，如何高风亮节，如何两袖清风，如何爱才惜才，然后再对自己推介一番，如何才华横溢，如何学富五车。当然重头戏还是考生选择最能代表自己艺术水准的杂文或者诗歌，有时两者兼有，然后将其精心装裱成卷轴，呈送给人家。

　　不过一些才疏学浅的考生有时也会请他人捉刀代笔，甚至直接买来他人的书信文章冒充自己所作。

　　李播担任蕲州刺史时，举人李生前去行卷。李播是个爱慕文学之人，当即便打开卷轴饶有兴致地看了起来，但看着看着脸色却迅速阴沉下来。这位李生所投诗文竟是他当年应举时行卷的作品，而且居然一个字都没改，这属于严重的剽窃行为！

　　经过李播的再三诘问，李生才不得不承认，原来那些诗文是他在20年前从书肆中花费百钱买来的，依靠这些买来的作品在江淮地区混迹了

20余年，殊不知李鬼这次误打误撞遇见了真李逵！

请谒行卷之后，考生殷切期望并痛苦等待着对方能够有所回应，若是对方赏识你所投的作品，往往会在10至20天内有所回应。若是超过了这个期限，考生往往还需要前去温卷，也就是再呈上一封书信和其他满意的作品。不过如若是一而再再而三地温卷仍旧音讯皆无，那就说明对方对你并不感冒，你恐怕要另寻行卷之处了。

按照规定，除了纳卷外，考生不得随意向主考官行卷，但也会有个别幸运儿，在主考官执掌贡举前曾行过卷而且还得到了人家的认可，那么主考官在录取时自然会对他格外关照。

德宗贞元二年（公元786年），牛锡庶、谢登再度来到长安，他们连年参加科考，却一直都没能高中，但他们却并不气馁。他们不辞辛苦地去行卷，但他们又不认得什么大人物，只得好似没头苍蝇般四处游荡，虽说吃了不少闭门羹，但终究功夫不负有心人。

那日，他们来到一处高门大院前叩门，向仆人说明来意。仆人赶忙进去回禀，主人居然请他们进府一叙。

只见一位白发苍苍的老者凭几而坐，派头十足。两人呈上卷轴之后便想着要离开，但那位精神矍铄的老者却饶有兴趣地打开两人所呈卷轴，居然还赞赏了一番。

两人虽貌似恭敬地听着，但心里却不免有些着急，因为他们手中还有许多卷轴未曾送出去，可让他们始料未及的是眼前这位老者居然就是彻底改变两人命运的大贵人。

恰在此时，一位官员来府上拜访，但老者却仍旧舍不得送两人离去，命其暂且躲到屏风后回避一下。

屏风后的两人隐约听到那位官员向老者道喜说："二十四载主文柄，国朝盛事，前所未有！"他们不知这番话究竟是何意，只是一心盼着那位官员早些走人，两人也好借故离开，继续到其他地方去行卷。

那位官员终于走了，老者满面笑容地将两人从屏风后面唤了出来，居然许诺两人今年科举定能高中。两人虽是千恩万谢了一番，却仍旧满腹狐疑，心想这个老头怎会有如此之大的口气！

发榜时，牛锡庶居然成了新科状元，而谢登也如愿及第，直到此时两人才意识到自己误打误撞地遇到了贵人。

那位老者是礼部尚书萧昕。安史之乱后，侍郎逐渐取代尚书实际主持部内事务，执掌贡举取士，尚书品级虽高，但实际权力却不及侍郎，加之萧昕当时已经80多岁高龄了。你今天给他来行卷，还不知他明日还在不在，自然是门庭冷落。

牛锡庶、谢登两人在对萧昕一无所知的情况下意外邂逅了萧昕。最富戏剧性的一幕发生了，原本负责本年科考的礼部侍郎薛播暴病而亡，只得临时改由德高望重的礼部尚书萧昕来主持当年的贡举。萧昕曾在代宗宝应二年（公元763年）执掌过贡举，因此才会有"二十四载主文柄"之说。

这是一段颇具正能量的励志故事，尽管有些歪打正着的意味，但也说明机遇往往会垂青那些不懈努力的人。

行卷实际上是一种基于个人才华的请托，此风始于武则天执政时期。当时武则天采取各种手段广开入仕门路，很多寒门子弟通过自身才华博得高级官员或者文学泰斗的赏识，被推荐给主考官，如愿以偿地金榜题名。武则天还不断下令举荐人才，频繁举办制举，破格提拔了大批官员，使那些虽没有什么政治背景却颇有才华的官员得以脱颖而出，跨入中高级官员行列，这极大地刺激了读书人通过科举入仕的积极性。

不过随着越来越多的贵族子弟不再走门荫这条路，转而参加科举，那些高官所推荐的人也不再是前来行卷之人，要么是子弟，要么便是亲故，极大地破坏了科举考试的公正性，这股歪风邪气直到玄宗皇帝李隆基即位后才有所收敛。开元盛世，政治清明，考试也相对公平，行卷之风也越来越盛，很多推荐者意在推荐贤才，不少执掌贡举的官员也竭力为朝廷选拔能人。

若是在唐朝前期，才华出众之人不行卷或许也有及第的可能，但是中唐以后，不去行卷，哪怕是行卷未能行对人，恐怕也常常是及第无望，可谓是"部中无人莫应举"。

学富五车的韩愈曾在贞元三年至五年（公元787年—789年）连续3年参加贡举考试，却均以失败而告终，只得悻悻地返回家乡。3年后，他才从接连失败的阴影之中挣脱出来，再度来到长安应考。

韩愈与好友李观等人向古文运动的先驱梁肃行卷。梁肃的官虽不大，担任从七品上阶的小官右补阙，但他却是翰林学士，也就是皇帝的私人秘书，有着不容小觑的政治影响，况且梁肃在文坛又有着崇高的威望。恰巧那一年，梁肃还协助兵部侍郎陆贽执掌当年的贡举，对韩愈的作品颇为推崇，于是便将其推荐给主考官陆贽，一直郁郁不得志的韩愈这才终于如愿高中。即便是才华横溢的韩愈，科考之路都如此艰难，更何况是普通寒门考生呢？

韩愈入仕后也依靠自己在政坛，尤其是在文坛巨大的影响力不遗余力地帮助那些才华横溢的后辈们在科举考试中脱颖而出。

那日，年轻后生牛僧孺惴惴不安地来到韩愈家中行卷。韩愈看后很是欣赏他的作品，恰巧另一位后生皇甫湜也在。皇甫湜后来拜在韩愈门下，两人亦师亦友，皇甫湜的文风也继承了韩愈奇绝的风格。

经过一番商议，三人定下了包装炒作牛僧孺的方案。牛僧孺在熙熙攘攘的客户坊中的一座寺庙租了一个小院，一场好戏也即将上演。

那日，牛僧孺按照约定前往青龙寺游玩，韩愈、皇甫湜却专挑这一日前去拜会他。在来的路上，两人还刻意招摇过市，吸引了很多人关注的目光。

两人来到牛僧孺租住的那处院落门前，用力敲击着门板，但院内却始终无人应答，于是便在门上贴了一张纸条，上写："韩愈、皇甫湜同谒几官前辈不遇。"此事顿时在长安城内传开了，文学大师韩愈居然主动前去拜会名不见经传的牛僧孺，想必这位牛僧孺也绝非等闲之辈！

寂寂无名的牛僧孺很快便在长安城中名声大噪。德宗贞元二十一年（公元805年），年仅25岁的牛僧孺进士及第，后来在穆宗朝、敬宗朝、文宗朝三朝为相，成为赫赫有名的牛党党魁。

德宗、宪宗时期，改革浪潮和古文运动如火如荼地展开，梁肃、韩愈、柳宗元等人都曾不遗余力地提携后辈，以荐贤任能为己任，借此来实现自己的政治理想和文学主张。

韩愈在《与凤翔邢尚书书》中写道："布衣之士，身居穷约，不借势于王公大人，则无以成其志；王公大人，功业显著，不借誉于布衣之士，则无以广其名。是故布衣之士，虽甚贱而不诮；王公大人，虽甚贵而不骄，其事势相须，其先后相资也。"韩愈将行卷双方都描绘得很高大上，寒门子弟借助王公大人之势实现自己的理想，虽然出身卑贱却并不谄媚；王公大人借助推荐贤才来提高自身的声誉，虽然高贵却并不骄纵。但这未免有些理想化了。

随着壮志未酬的宪宗皇帝李纯不幸被宦官谋害，大唐的中兴之梦也就此彻底破灭，政治也日趋黑暗。寒门考生想要通过行卷来获得那些素不相识的达官贵人、名人名士们的赏识进而助其及第成名，这样的事虽然偶尔也会出现，但变得越来越少，与此同时世代为高官的政治世家却变得越来越多。

科考究竟都考些啥

无论是贡举，还是制举，均是分科举士，制举科目名称随着考试内容的变化而时常会有所变化，而贡举科目却相对固定，细分起来有五十多科。不过很多冷门科目参加的人并不多，即便考中了前途也不太明朗，因此并不经常举办，常设科目只有秀才、明经、进士、明法、明字、明算六科。

不同科目考试内容不同，考试形式也不同，经长期的摸索，逐渐形成了帖经、口义、墨义、试策和杂文五种相对固定的题型。

第一种题型是帖经，类似于填空题，将列入考试大纲的经书（主要是儒家经典著作），任意揭开一页，遮住其左右两边，中间只留出一列，再用纸帖盖住其中的 3 至 5 个字，让考生填出空缺的字，主要考察考生的记忆能力。不仅明经科要测试帖经，即便是进士、明法、明字、明算等各科也要考帖经。

无论是学馆生徒，还是乡贡举子，从启蒙教育开始，他们便开始诵读经书，到成年应举时至少苦读了 10 年以上，那些经书天天读，天天看，早就烂熟于心，因此一般的帖经已经很难考倒考生。于是出题的人便扩大了命题范围，不仅考经书正文，还要考经书注释，题目也是越来越偏、越来越难、越来越怪。但考生也不是吃素的，他们转而将主要精力都放在搜罗偏难题目上，还把经书之中容易被出作考题的晦涩难懂、犄角旮旯、阴山背后的句子编成便于记忆的顺口溜，称作"帖括"。考生为了能考出高分只记那些容易得分的只言片语，反而忘记了经书真正的意思，这种应试教育使得考生捡了芝麻丢西瓜。

第二种题型是口义，类似于结构化面试。根据题目要求，要求考生当场叙述经书中的史实和大义，称为"口义"，若是以笔作答则被称为"墨义"。

口试问义由考官当众提问，与帖经相比，难度更大，考生只有对经书义理有着深入理解并能做到融会贯通，同时还要有较强的语言表达能力和逻辑思维能力，才能作出流畅、准确而又有深度的回答。

第三种题型是墨义，类似于问答题。在唐朝中期以后，对问义究竟应该采取笔试还是采取口试，一直存在着较大的争议。一部分考官认为，口试方式灵活，便于随时发问而且不限条数，有疑问便可以连续发问，能够更真实客观地了解考生的实际水平，特别是了解考生对某一具体问题理解的深度和广度。但另一部分官员却认为，口试并不公开进行，又缺乏相应的文字记录，难以进行复审，考官很容易徇私舞弊，同时每个考官的评判标准也不一样，对同一考生，有的要求严，有的要求松，有的给分高，有的给分低，容易造成考试不公的情形。

墨义可以加强对考官的监督，也可以对考试结果事后进行复查，无疑更为客观公平，但灵活性却要差一些，题目也相对僵硬死板，无法考察考生的语言表达能力。在科举考试中，"墨义"与"口义"一直交替进行。文宗大和七年（公元833年），朝廷重申一律采用口义，这场旷日持久的争论才算告一段落，口义也一直沿用到了唐朝灭亡。

第四种题型是试策，类似于申论，考生按照题目要求对当时社会政治、经济、文化等方面出现的问题发表自己的见解和看法。根据内容不同，又可分为方略策、时务策、经史策、律令策等，要求考生熟读经史，善于观察和思考现实问题，对一些重大历史现象和社会现象要有自己的独到见解，同时也要有精湛的写作技巧、华丽的文采、鲜明的态度和务实的主张。

试策成绩往往会决定着考生能否及第，不过时间一长，考生也渐渐摸透了出题规律，将前人所做的策文分门别类地加以整理，然后再设法背诵下来，以便在遇到类似题目时可以改头换面，照葫芦画瓢，因此考生们所作策文日趋套路化。

第五种题型是杂文，类似于作文，一般是诗赋各一篇，有时也会考箴、铭、论、表等应用文，主要考察考生的文学修养和创作能力。

考试时对诗的格律、体裁均有较为严格的规定，讲究文辞华美，端庄典雅，声韵协调，形式多为五言六韵十二句排律诗，偶尔也会有五言八韵或四韵（即十六句或八句）诗，全诗前两句要见题，中间八句或十二句要两两对仗，最后两句作结，从中可以看到明清时期八股文的雏形。科举考试所考的赋其实就是诗的变体，也可以视为骈体文的诗化，对于对偶和用典有着严格要求，还限定韵角，通常限为八韵，成文一般在 360 至 380 字之间。

下面我们再来看看贡举各科究竟都考哪些题型：

秀才科最为难考，每次及第者一般为一人，多的时候也不过才两人，但一旦及第便会领先其他科的考生一大截儿，即便是秀才科第四等也比进士科最高等甲等要高出三阶。正因如此，考官也极为严格苛刻，使得很少有人愿意去考秀才科，选送的应试者如果不能及第有时甚至还会连累州县官员，因此州县不敢轻易选送秀才科考生。在进士、明经两科以及制举强有力的冲击之下，曾经万众瞩目的秀才科从高宗永徽二年（公元 651 年）便没有了及第者的记载，虽然在开元年间曾一度恢复过秀才科考试，但很快又停办了。

秀才科的题型只有一种，也就是方略策，共有五道题。方略策主要论述圣贤治道和古今理体，并不像时务策、经史策那样有具体的事实和材料作为依托，方略策多为战略层面的宏观论述，要求考生既要有高深的学识，又要有明晰的思辨；既要文采飞扬，又要说理透彻。对于一般的年轻举子而言往往很难达到考官的要求，作为贡举之首的秀才科的停办也就成了必然。

　　明法科侧重于考核法律制度，应考的主要是国子监的律学学生，也有少数州县乡贡举人。明字科侧重于考核文字理论和书法艺术，应考的主要是国子监书学学生。唐朝对书法的重视也使得书法家层出不穷，涌现出了欧阳询、颜真卿、柳公权、张旭、怀素、虞世南、褚遂良等不胜枚举的书法大家。明算科侧重于考核数学计算，应考的主要是国子监算学学生。上述三科选拔的均是专业人士，及第者一般只能担任技术官员，日后能够身居要职的人犹如凤毛麟角，社会影响力也颇为有限，胸怀大志的考生大多不愿报考这三科，进士、明经两科便一直是贡举的主流科目。

　　明经科顾名思义就是"明了经书之意"，主要考核考生对经书的理解背诵能力。列入考试范围的正经共有九部，根据体量和重要性又分为大中小三类，《礼记》《左传》为大经，《毛诗》《周礼》《仪礼》为中经，《周易》《尚书》《公羊传》《谷梁传》为小经，全都是儒学经典著作。

　　狭义的明经仅指精通二经，也就是精通一部大经和一部小经，或者两部中经。广义的明经除了精通二经外，还包括三经、五经、学究一经。三经就是必须要精通大经、中经、小经各一部，五经就是既对两部大经必须都要做到精通，还需要掌握三部中经和小经。学究一经是对某一部经书有着深入研究。所有考生在学习上述经书之外还要兼习《孝经》和《论语》。

　　唐朝初年的明经科考试分为两场。第一场是帖经，第二场是墨义。神龙元年（公元705年），明经科的考试形式也有了重大调整，将2场改为3场。第一场依旧是帖经，每部经考十道填空题，分别需要填3至5个字，答对6道以上者为合格。第二场改为口试大义，后来一度改为墨义，共设10道题，答对10道题为上上等，答对8道题为上中等，答对7道题为上下等，答对6道题为中上等，5道以下的判定为不合格。第三场为时务策，共设3题，通过2道被判定为合格。虽然明经考试之中也加入了时务策，但考生是否及第和及第等次主要还是取决于第二场。

　　明经系的贡举科目还有三礼、三传、一史、三史、道举、童子举、

《开元礼》等。

三礼的考试范围主要是《周礼》《仪礼》和《礼记》。《周礼》是记载周朝的典章制度（主要是官制）的重要文献。《仪礼》是先秦时期关于礼制的总汇，涵盖了社会习俗的方方面面，比如成年礼怎么搞，结婚仪式怎么弄。《礼记》是对《仪礼》的解释和补充，内容多，门类广，可谓是风俗习惯的百科全书和士人百姓的行为规范。

三传的考试范围主要是春秋三传即《左传》《公羊传》《谷梁传》，均是对《春秋》这部史书进行注释的典籍，唐朝将其归入更高一等的经书而并非史书。

一史主要考《史记》，三史除了考《史记》外，还要考《汉书》和《后汉书》。每部史书口试大义100道，答对70道就算通过；还有经史策3道，通过两道便被认定为合格。

道举的考试范围是道家经典《道德经》，不过同时也要考察儒家经典《孝经》和《论语》。

此外，贡举还有一个特殊科目《开元礼》，《开元礼》是玄宗皇帝李隆基命宰相萧嵩主持编纂的礼仪大典，李隆基在位时也将其作为一个贡举科目，不过他退位后便慢慢不再举行了。

童子举考的也是经书，但考生却是10岁以下的儿童，只要能熟悉一经和《孝经》《论语》便可参加此科考试，能背诵七卷的考生便会给予出身，若是能背诵十卷便可以直接授官，比如代宗朝宰相刘晏7岁时参加童子举，及第后被授予秘书省正字（正九品下阶）的官职。

唐朝前期，明经科的地位丝毫不逊于进士科，甚至还要高于进士科，涌现出了狄仁杰等一大批叱咤风云的高级官员。不过开元盛世以后，明经科出身的高官却大为减少。由于贡举其他科的影响力变得越来越小，起初明经科与进士科以外的科目都被称为"杂色"，但安史之乱以后，明经科甚至被很多人视为"杂色"，由此形成了进士科一枝独秀的局面。

唐朝宰相出身情况表

时期	宰相总数（人）	进士出身的宰相（人）	进士出身的宰相所占比例	明经出身的宰相（人）	明经出身的宰相所占比例
太宗	29	2	6.90%	0	0.00
高宗	47	9	19.15%	2	4.26%
中宗	38	11	28.95%	7	18.42%
武则天	67	12	17.91%	10	14.93%
睿宗	25	11	44.00%	2	8.00%
玄宗	34	9	26.47%	4	11.76%
肃宗	16	4	25.00%	0	0.00
代宗	12	4	33.33%	0	0.00
德宗	35	13	37.14%	3	8.57%
顺宗	7	3	42.86%	1	14.29%
宪宗	29	17	58.62%	2	6.90%
穆宗	14	9	64.29%	1	7.14%
敬宗	7	7	100.00%	0	0.00
文宗	24	19	79.17%	1	4.17%
武宗	15	12	80.00%	0	0.00
宣宗	22	20	90.91%	0	0.00
懿宗	21	20	95.24%	0	0.00
僖宗	23	22	95.65%	0	0.00
昭宗	25	20	80.00%	0	0.00
哀帝	6	5	83.33%	0	0.00

即便是位极人臣的重臣若不是进士出身也会感到人生有缺憾，因此进士被誉为"白衣公卿""一品白衫"，他们虽然仍身穿白衣，并未真正穿上官衣，却如一品大员和贵族公卿一样受人尊崇。

不过进士科的考试难度却很大，一直有"三十老明经，五十少进士"的说法，30岁明经及第便会被称为"老明经"，因为明经虽也需要理解分析能力，但更主要考察的却是记忆能力，无疑更适合年轻人参考。50岁进士及第仍可被称为"少进士"，虽未免有些夸张，却也可见进士科考试之难。

现在公务员招录的年龄上限是 35 岁，但唐朝科举考试却并没有年龄限制。昭宗天复元年（公元 901 年），新及第进士陈光问 69 岁，曹松年54 岁，王希羽 73 岁，刘象 70 岁，柯崇 64 岁，郑希颜 59 岁，这一榜也被称为"五老榜"，很多人会感到有些困惑，这分明是 6 个人呀？这是因为曹松年还差 1 岁才到 55 岁，因此并未被归入老进士行列。要是放到现在，他们要么是已退休多年，要么便是临近退休，可人家老六位的仕途才刚刚起步。

唐朝初年，进士科本来与秀才科一样只有试策这一种题型，不过考的却是时务策而并非方略策，考题内容也更为务实具体，使得考生可以有的放矢。策文质量也成为决定及第的唯一指标，不过评判标准更多的是文采而并非内容，时间一长题目大多雷同，考生的心思便不在熟读经史和学习文律上而是在背诵旧策文上，以便在考试时进行模拟和套用。

高宗调露二年（公元 680 年），进士科考试被改为两场，先是帖经，然后是时务策。高宗开耀二年（公元 682 年），进士科考试又增加至三场，第一场为帖经，第二场为杂文，第三场为时务策。玄宗开元二十五年（公元 737 年），玄宗皇帝李隆基颁布《条制考试明经进士诏》，完善了进士科三试制。第一场为帖经，考试范围为从大经《礼记》《左传》中任选一部，外加《老子》原文和注释或者《尔雅》；第二场为杂文，包括诗赋或者箴、铭、论、表等应用文；第三场为试策，考时务策五道。

文宗大和年间（公元 827 年—835 年），关于进士科录取标准问题曾发生过激烈争论。最终确定试策五道试题中经史策三道，时务策两道，贯彻了经史与时务兼顾的原则，进士科录取标准也大致经历了重时务策、重杂文、重诗赋、重经史策的发展过程。

根据徐松的《登科记考》统计，在大唐 289 年的历史中，进士科考试共计举办了 266 次，及第者总计 6442 人，每年参加考试的多则两三千，少则 1000 余人，据此推算唐朝大约有 40 万至 50 万人次曾参加过进士科考试，平均每年及第者在 24 到 25 人之间，录取人数最多的年份一般也不会超过 30 人，只有极个别年份录取人数会多达 40 人，及第的概率大致为 1%—2% 之间。明经科及第的概率大约是进士科的 10 倍。

进士科考试项目多，难度大，要求高，若想一考而中必须要经学与文学兼修，时务与艺能俱精，而且得有充沛的体力，毕竟考试还是个体力活儿！

考试可是体力智力的比拼

早晨四五点钟，天还没有亮，考生们就得起床赶往考场。此时路上行人稀少，偶尔遇到的几个人不是赶考的考生，就是上朝的官员，有骑马的，有坐车的，一盏盏灯笼忽高忽低，阴暗不定。

随着开门鼓沉闷的鼓声响起，坊门缓缓打开，考生们迫不及待地出了坊门，直奔尚书省礼部贡院。

如今去考试只需带齐身份证、准考证、文具即可，但参加唐朝科考的那些考生们却没有那么轻松了。除了携带上述物品（除身份证）外，还需要携带照亮用的蜡烛、取暖用的木炭，还有盛放着早餐晚餐的餐具以及其他林林总总的考试物品。有需要手提的，有需要肩扛的，若是距离近还好些，若是距离远，这一路走来早就累得气喘吁吁，甚至满头大汗了。

好不容易到了门前，考生们发现贡院门口站着许多手执兵刃的士卒，这些人举止粗鲁，态度蛮横。那些凶巴巴的士卒手拿着考试人员名单，大声呼喊着每位考生的名字。考生听到自己的名字后需要赶紧走过去，可那些士卒却是问东问西，看这看那，搜查考生所带物品之中是否藏有违禁物品，有时甚至还会搜身。

对于士卒们的蛮横，绝大多数考生只能选择忍气吞声，不过却也有那种受不得委屈的暴脾气。

元和七年（公元 812 年）前后，有位来自江西的考生名叫李飞，比张飞还生猛，见士卒们对待考生居然如此无礼，当即大喊道："科考本是为朝廷选贤任能，而你们却如此对待我们，是何道理？"随即李飞拂袖而去，老子不跟你们玩了，即便是 15 年后，考生之中依旧交相传颂着李飞当年的英雄事迹。

安史之乱后，搜身制度渐渐被取消了，这主要归功于肃宗朝宰相李揆。他曾在乾元二年（公元759年）执掌贡举，当时为了提高考试的区分度，考题出得越来越偏，也越来越难，选拔出来的考生也并非是真正有才华之人，只是会做题而已。见此情形，颇有胆识的李揆准许在考场内陈放经史和韵书，允许考生们在考试时自由翻阅，这也成为唐朝科举史上具有里程碑意义的重大事件。

穆宗长庆三年（公元823年），朝廷正式下令允许进士科考生携带书策进入考场，搜身制度自然也就没有存在的必要了。

原本进士科只考试策一场，考起来会比较轻松，一般在天黑之前都能结束。中唐以后，进士科考试逐渐定型，第一场是杂文，考一首诗和一篇赋；第二场是帖经；第三场是试策。不过考官们最为看重的往往还是第一场，由于考试增加至三场，考试时间也变得越来越长，常常会考到半夜，甚至有时还可能会通宵达旦。

具体考试地点设在礼部贡院廊庑之下，分为东西两廊。考场中根本就没有椅子，考生们只能席地而坐。不要说考试是在寒冷的正月，即使是在早春二月，哪怕是阳春三月，考生们坐在席子上或者坐在垫子上，也依旧会感到屁股底下冷飕飕的。若是碰到极端恶劣天气，外面天寒地冻，大雪纷飞，考生们便只得自认倒霉了。他们往往是被冻得缩手缩脚，甚至还不得不用口中的哈气为冻得通红的双手送去些许暖意。

打开试题的那一刹那无疑是考生们最为紧张的时刻，除了怕题目太难之外，他们还会担心题目中会出现自己需要避讳的字。

唐人对避讳这件事看得很重，避讳分为避公讳和避私讳。公讳主要是皇帝讳，要是与皇帝重名的就必须要回避，为了避太宗皇帝李世民的名讳，民部改为户部，且这一称呼一直延续到了清朝末年。私讳，也称为"家讳"，一般指父亲、祖父和曾祖父的名讳。

考生在审题时如若发现考题之中有与自己的父亲、爷爷、老爷爷名字相同的字，便是犯了"家讳"。遇到这种情形考生就需要写一张请假条，也就是"将息状"，上写："忽患心痛，请出院将息！"一年的奋斗算是白费了，一年的光阴也算是虚度了！

由此可见，古人起名字多么重要，绝对不能乱起，若是叫"之""兮"之类的，估计儿子、孙子、曾孙得一直避"家讳"，恐怕这一辈子都难再有出头之日了！

其实避讳本来是回避与祖上名字相同的字，但唐人却将需要避讳的范围人为地扩大了，居然连同音字都不行。"诗鬼"李贺便是受害者之一，就是因为他父亲的名字而误了自己的大好前程。他所作的诗想象奇特、构思精巧、语言精辟，曾经留下了"黑云压城城欲摧""雄鸡一声天下白""天若有情天亦老"等千古佳句。

这位李白之后最杰出的浪漫主义诗人却因避"家讳"而一辈子都无法走进科考的考场。他的父亲名叫李晋肃，"晋"字与进士的"进"字同音。迫于当时巨大的舆论压力，才华横溢的李贺不敢参加进士考试，白白浪费了出众的才华，也蹉跎了美好的年华。大文学家韩愈还专门撰写了《讳辩》，竭力为他进行辩护，却终究抵不过世俗的强大压力。

好在李贺也算是皇室成员，他是郑王李亮的后裔，李亮是被尊为唐太祖的李虎第八子，也就是唐朝开国皇帝高祖皇帝李渊的八叔。李贺依靠门荫被授予太常寺协律郎的职务，掌管祭祀时的音乐，监督乐队别敲错了、吹错了，尤其是办喜事不要奏哀乐。李贺在官场很不得志，于是便一心作诗，可谓是呕心沥血，可惜 20 多岁[①]便英年早逝了。

这还不是最不可思议的避讳，世间居然还有避讳偏旁部首的。参加进士科考试的考生周瞻专程前去拜谒李德裕，但连续求见了一个多月都未能

---

① （五代）刘昫等撰《旧唐书·卷一百三十七·李贺传》中记载李贺去世时为 24 岁,（北宋）宋祁、欧阳修等撰《新唐书·卷二百三·李贺传》中记载李贺去世时为 27 岁。

如愿。其实行卷时吃闭门羹之事比比皆是，考生们大多会选择忍气吞声，另到别人家去行卷请谒便是了，但这个周瞻却偏偏是个倔脾气，非得要搞清楚其中的缘由。后来费了半天劲儿才弄明白，原来是周瞻的姓"周"字里有个"吉"字，而李德裕的父亲叫李吉甫！

周瞻不但是个倔人，还是个愣头青。那日，李德裕乘坐肩舆回府。由于肩舆没有轿厢，周瞻跑过去，径直拦住他当面质问，李德裕一时间被问得哑口无言。

若是试题中并没有什么需要避讳的，考生便可以长出一口气，放心大胆地答题了。

考生具体进哪个考场、在哪个位置考试需要服从监考人员的安排，不过很多人却对考试时所坐的位置格外看重。

德宗贞元七年（公元 791 年），考生孟简在开考前特地找长安城中有名的半仙儿给自己算了一卦，问了问当年的前程。半仙儿像模像样地算了一番，神秘兮兮地说："你若能坐在东门旁，我准保你今年能够高中！"

孟简兴冲冲地进了考场，却发觉自己居然被分到了西廊下，离东门特别远，顿时便好似被当头泼了一盆凉水，觉得自己今年怕是及第无望了。他垂头丧气地答起题来，却越答越没自信，越答越绝望，感觉浑身上下哪儿都不舒服。他心一横，既然今年高中无望，索性便弃考退场。

邻座的那个考生也是个热心肠，见他如此轻易便放弃了，觉得实在太过可惜，于是劝他答完再走也不迟。但孟简却一分钟也不想在这考场之中待下去了，不过临走前还是礼节性地表达了一下自己的谢意。

只因那惊鸿一瞥，他居然发现刚刚与自己交谈的那位考生居然复姓"东门"。孟简顿时便醒悟了，莫非那个半仙儿口中所说的东门并非是门而是人！

孟简顿时便从病歪歪变成爽歪歪，身上也舒服了，手上也有劲了，眼中的世界也变得美好了。他重新拿起手中的笔洋洋洒洒地写了起来。邻座的那个考生不解地摇摇头，殊不知正是自己的姓医好了他的病。

孟简当年如愿及第，后来还就任山南东道节度使等要职。他还是一个水利学家，对常州附近的京杭大运河旧河道进行贯通拓浚，引水灌溉四千余顷土地，极大地提高了农作物产量，远送漕粮的船只也可经由此驶入长江，新开通的河道被称为"孟河"，一直沿用了千余年。

由此足见心理作用的强大，若是将邻座换成是西门庆，孟简估计就果真要抱病退场了，人生总会在不经意间发生逆转。

不过这件事还说明一个问题，那就是唐朝科考监考其实并不是太严，否则两人怎会有机会窃窃私语呢？其实考试时考生之间交流的例子还有不少。

宣宗大中三年（公元 849 年），礼部侍郎李褒主持贡举，在阅卷时发现了一份试卷，看完之后差点没笑掉大牙。

那场考诗赋，赋名为《尧仁如天赋》，类似于今天的命题作文。来自宿州的李生却根本不明白"尧仁如天"究竟是个什么意思。《史记》赞扬上古之君尧"其仁如天，其知如神"，也就是称赞尧仁德如天，智慧如神。

李生看着试卷相了半天面，却连题目都看不懂，更别说作赋了。一筹莫展的李生赶忙询问邻座好友，好友为他解释了一番，可李生却还是听不懂，更不知这尧究竟是何许人也？好友见刚刚所言全都是在对牛弹琴，瞎耽误工夫，索性直接为他拟好了那篇赋的开篇："云攒八彩之眉，电闪重瞳之目。"

喜出望外的李生赶忙记了下来，有了点题的开篇，后面的句子可就好写了。他将自己曾经背诵过的那些赋全都生搬硬套上来，可怎奈文采实在有限，就是凑不够字数，因为按照考试要求赋必须要在 360 至 380 字之间。

他为此急了一脑门子汗，只得再度求助好友，但好友却正在奋笔疾书，自然是爱莫能助。随口敷衍道："你在每一句后面都加上'者也'二字！"

这下字数算是勉强凑够了，但主考官李褒看到李生所作的那篇赋后却不禁捧腹大笑，不知这等不学无术之辈是如何获得州里的解状混入京城来赶考的。

虽然考场纪律并不像今天这么严，但考官也会不定时地到各个考场之中去视察一番。

宣宗大中十四年（公元860年），中书舍人裴坦执掌当年贡举，在巡场时竟然发现了一个熟悉的身影，只是多了几分沧桑，也多了几分老迈。20年前，两人曾经一同参加考试，一直考到深夜，最终却是一个高中，一个落榜。20年后，裴坦已然成了主考官，而曾与他一同参加科考的刘虚白却仍混迹于众多考生之中，为了自己的前程而寒窗苦读。刘虚白不禁感慨道：

"二十年前此夜中，一般灯烛一般风；

不知岁月能多少，犹著麻衣待至公。"

就在这一年，历经20余年考试长跑的刘虚白终于如愿以偿，再也不用熬夜考试了！

懿宗咸通八年（公元867年），韦承贻在参加完考试后，趁着茫茫夜色偷偷跑到尚书省西南角，写了一首最能代表考生此时此刻心情的诗：

"褒衣博带满尘埃，独自都堂纳卷回；

蓬巷几时闻吉语，棘篱何日免重来。

三条烛尽钟初动，九转丹成鼎未开；

残月渐低人扰扰，不知谁是谪仙才。

白莲千朵照廊明，一片升平雅颂声；

才唱第三条烛尽，南宫风月画难成。"

夜半钟动，残月渐低，三条烛尽，考生们有的仍旧在凝神沉思，有的仍旧在奋笔疾书，有的忐忑，有的懊恼，有的欣喜。根据唐朝蜡烛燃烧速度推算，三条蜡烛烧完应该已经到了后半夜。

这首诗原本是考生考完后一时兴起的涂鸦之作，却因对考生们考试时的心态刻画得惟妙惟肖而得以在尚书省的墙壁之上保留了 30 余年之久。

韦承贻最大的心愿便是再也不要回到这里，这或许也是每一个熬夜考试的考生的心愿。他成功及第，官至户部员外郎（从六品上阶），但又有几人像他这般如愿以偿呢？

录取，考场内外的较量

科举制的确为那些出身贫苦的寒门子弟走上仕途打开了一扇门。曾任穆宗、敬宗、文宗三朝宰相的王播本是个穷困潦倒的孤儿，年少时曾客居在扬州一寺院内读书，靠着在寺内蹭吃蹭喝艰难度日。但时间长了自然遭到寺内僧人们的厌恶和鄙视，于是僧人们暗中商量好故意提前开饭，等王播按时赶来时，饭菜早已被吃了个精光。那些戏耍王播的僧人们不会想到这个落魄的年轻人日后会进士及第，随后又参加制举贤良方正科名列前茅，至此踏上飞黄腾达之路，最终登上宰相高位。

唐朝前期，科举录取还算公平，但到了后期政治日趋黑暗，权贵子弟长期霸榜，绝大多数寒门子弟陷入入仕无门的悲惨境地。

唐朝留下姓名的状元共有151名，但可以对其身世进行考证的却只有74名，其中出身官僚家庭的共有69人，占92%，而真正寒门出身的状元却仅有5人，占8%。假设另外身份难以考证的77个状元全都出身寒门，出身官僚家庭的状元占比仍然高达45.7%，其中宰相的直系亲属占比更是高达13.2%，出身于四品以上高级官员家庭的状元占比高达16.6%，可见家庭出身对于考生能否及第有着举足轻重的影响。

取士不公多次引起世人的公愤，很多主考官因此而遭受贬谪，还留下了一个流传千古的成语——"沆瀣一气"。

僖宗乾符二年（公元875年），中书舍人崔沆主持当年贡举考试，共录取进士30人，其中有一个考生名叫崔瀣，与主考官同姓。科举放榜时，某位考生脱口而道："座主门生，沆瀣一家。""沆瀣"在唐代是一个词语，指的是水汽在夜间凝结而成的雾和露。这位考生压根不会想到这句顺口溜居然会被收录进《全唐诗》，并成为流传至今的一个成语，主考官崔沆也因这个成语而以营私舞弊的形象闻名于世。

崔沆与崔瀣究竟是什么关系？崔瀣又有着怎样深厚的背景？史书之中并无记载，后人也就不得而知，不过崔沆所录取的进士是权贵子弟的的确不少。如张文蔚的祖父张君卿曾任刺史，后来成为昭宗朝宰相，大唐亡国后成为后梁的宰相；父亲张祎在朝时曾任中书舍人、户部侍郎、翰林学士承旨等要职，出京后曾任天平节度使；崔胤的祖父崔从位至尚书左仆射，宪宗朝时险些成为宰相，而他的父亲崔慎由为宣宗朝宰相，而崔胤曾四度拜相，一时间权倾朝野；杨涉的祖父杨收为懿宗朝宰相，父亲杨严官至兵部侍郎，而杨涉后来成为哀帝朝宰相，唐朝灭亡后又任后梁宰相。

不过主考官崔沆也绝非不爱才之人。他被贬为循州（今广东惠州）司户时结识了当地有名的大才子郑隐。两人游历名山大川，寄情山水之间；结伴舞文弄墨，纵情诗词歌赋。

郑隐虽才华横溢却玩世不恭，满腹经纶却愤世嫉俗，处人间尘世却清高自傲。崔沆的家仆们全都厌恶好吃懒做而又特立独行的郑隐，经常称呼他为"乞索儿"，但崔沆却始终厚待于他。崔沆后来被召回朝中主持贡举，郑隐也得以高中，可见崔沆爱才惜才之心。

唐朝后期，宰相对贡举录取的干预力度不断增强。从开元二十五年（公元737年）开始，贡举录取名单要先送宰相机构中书门下复核后再正式对外发布，不过录取的决定权却依旧掌握在主考官的手中，中书门下复核制度并未一直严格执行下去，但向宰相呈报录取名单的制度却一直延续到了唐朝末年。

德宗贞元四年（公元788年），礼部侍郎刘太真主持贡举，按照惯例将及第人员名单呈送给宰相。宰相见榜中居然有个姓朱的考生，顿时便皱起了眉头。就在5年前，太尉朱泚被叛变的泾原兵拥立为皇帝，使得天下大乱，皇帝出逃。宰相对这段往事仍旧历历在目，沉着脸不悦地说道："名单之中居然还有姓朱之人呢？"见宰相心生不悦，心领神会的刘太真急忙将那个朱姓考生从及第名单之中删除，临时换成了包谊。朱姓考生万万未曾料到仅仅就因为自己姓朱便被断送了自己的大好前程，真是可悲可叹！

宪宗元和二年（公元 807 年），礼部侍郎崔邠主持贡举，准备录取 27人。在正式发榜前，崔邠拿着及第人员名单前去拜见宰相李吉甫，但李吉甫却在无意间问起吴武陵是否及第，但吴武陵却并非他的什么故交，只是两人之间曾有过一段私人恩怨。

当年李吉甫外放任刺史时，吴武陵是其治下贵溪县的一个举人。吴武陵进京赶考前夕向州里请求资助，李吉甫便给了他几匹布帛，但吴武陵却嫌少居然硬生生退了回去，还给李吉甫写了一封信，言语之间多有不敬。李吉甫看后自然是恼怒不已。在妻子的耐心劝慰下，李吉甫才渐渐消了气，于是给了吴武陵 200 斛米。多年过去了，吴武陵一直都未能高中，而李吉甫却已身居宰相高位，且仍旧对当年之事耿耿于怀。

崔邠自然不清楚两人之间的那些过节，以为吴武陵是宰相的旧相识，赶忙说吴武陵及第，还未等李吉甫回应，一个仆人便急匆匆地跑过来说，皇帝派来的中使来府上宣读皇帝口谕，李吉甫只得站起身前去接旨。

崔邠瞅准这个空当，赶忙从怀袖之中取出录取人员名单，迅速加上了吴武陵的名字。等李吉甫回来了，崔邠谄笑着将添上吴武陵名字的录取人员名单递给了李吉甫，但李吉甫的脸色顿时便阴沉下来，不悦道："吴武陵不过是一介粗人，此等人居然也能及第？"崔邠此时才意识到领会错了宰相之意，但事到如今却只得硬着头皮道："卑职不知这吴武陵德行如何，但其文笔却还算出众！"事已至此，李吉甫也不便再说些什么。

就因为这一番机缘巧合的误会使得吴武陵的命运发生了戏剧性的变化。发榜之日，心高气傲的吴武陵见自己居然排在最后一位，随即不悦道："没想到崔侍郎今年居然倒排榜！"在他的心目中自己才是当之无愧的状元，却不知若不是李吉甫一句不经意的话语，他当年又将无功而返。

文宗大和二年（公元 828 年），已经升任太学博士的吴武陵向主考官礼部侍郎崔郾推荐大才子杜牧。杜牧的爷爷杜佑是德宗、顺宗、宪宗三朝宰相，曾官居司徒（正一品）之职。吴武陵呈上杜牧所写的那篇脍炙人口的《阿房宫赋》，崔郾看后也是惊叹不已。

吴武陵趁机说："请侍郎大人点杜牧为状元。"

"不好意思，已经有人了！"

"第三名也行！"

"不好意思，也已经有人了！"

"实在不行那就第五名！"

崔郾沉默不语。

吴武陵情绪激动道："如若连第五名都不行，那我可就将此赋退还给本人了！"吴武陵此言无异于将崔郾一军，其实崔郾也是爱才之人，刚刚也被那篇旷世名作《阿房宫赋》震撼到了，只得有些为难地答应了吴武陵。吴武陵之所以要为杜牧苦苦争取第五名是因为只有前五名的试卷才会被呈送给皇帝御览。

在吴武陵的积极争取之下，才华横溢的杜牧才仅仅获得第五名，可见早在开考之前，激烈的暗中博弈便已然开始了。考试只不过是走个形式而已，很多席位早就内定了。

其实那些执掌贡举的官员表面上看似手握重权，风光无限，实际上却是如履薄冰，如临深渊。如果权贵子弟录取过多会招致朝野的非议，甚至会被弹劾，因此被贬官的人比比皆是；如若拒绝一切请托，完全按照考生真才实学来取士，也将会面临巨大的压力，譬如，赤裸裸的恫吓，甚至是疯狂的构陷。

德宗贞元十八年（公元 802 年），中书舍人权德舆执掌贡举，次年以礼部侍郎身份再度执掌贡举，接下来贡举停选了一年，但贞元二十一年（公元 805 年）的贡举仍旧由他来主持，权德舆也算是连续主持了三次科考。

当时担任京兆尹的嗣道王李实很得德宗皇帝李适的赏识，他是道王李元庆的四世孙。李元庆为高祖皇帝李渊第十六子。其爵位为嗣王，低于亲王而又高于郡王。李实凭借皇亲国戚的身份一向飞扬跋扈，找到权德舆向其推荐了好几个考生，但权德舆却并未迫于他的权势而答应。

大为不悦的李实索性直接拟定了一个 20 人的名单，上面还有每个人的名次，并将名单直接交给了权德舆，还赤裸裸地威胁道："按照本王拟定的名单发榜，否则你在朝中恐怕是待不长了，如若到了那时，你后悔也迟了！"刚正不阿的权德舆虽然并未屈服于他的淫威，不过也为此而担惊受怕了好一阵子。

多年以后，曾执掌过贡举的韦贯之曾说礼部侍郎重于宰相。宪宗皇帝李纯曾不解地询问缘故，韦贯之便说，礼部侍郎是为陛下来挑选宰相的，岂不是更重要？

礼部侍郎权德舆所取进士 72 人，仅仅担任宰相的就有牛僧孺、李宗闵、杜元颖、杨嗣复、窦儋和贾𫗧，担任节度使等高位的更是数不胜数。

其实每一次贡举录取都是一场复杂而又隐秘的较量，在政治动荡的中晚唐更是如此，长庆元年科考案便是对此最好的注脚。

长庆元年（公元 821 年）三月，礼部侍郎钱徽主持贡举考试，当年共录取进士 33 人。放榜后，刚刚被罢免宰相之职而出任剑南西川节度使的段文昌在临行前照例向穆宗皇帝李恒辞行。他言辞激烈地说，今年的贡举考试舞弊横行，新科进士郑郎等 14 人才疏学浅应该落第。

贡举一直是朝野关注的大事，穆宗皇帝顿觉事态严重，于是向翰林学士询问对策。同为翰林学士的李德裕、李绅、元稹一致认为主考官钱徽受人请托，所试不公。穆宗皇帝于是命中书舍人王起，主客郎中、知制诰白居易等人对段文昌所说的 14 名名不副实的新进士进行复试，最终判定孔温业、赵存约、窦洵直勉强及第，裴撰特赐及第，郑郎等 10 人被判落第。

其实只要对上述 14 人的家世背景略加分析便会发现其中的蹊跷。特赐及第的裴撰可是大有来头，他的父亲裴度在平定淮西之战中立有大功，曾在宪宗朝两度为相，当时为检校司空、门下侍郎、同中书门下平章事、河东节度使、北都留守，乃是官居一品的"使相"。

被判及第的 3 人也都是家世显赫之人。孔温业之父孔戣当时为湖南观察使，孔温业的伯父孔戣曾为岭南节度使，当时已任吏部侍郎。孔戣、孔戣兄弟曾同时为封疆大吏，也算是荣耀一时。赵存约之父赵植因在平定朱泚之乱中立下军功而步步升迁，最终位至岭南节度使，次年便卒于任上，虽然事发时赵植已经去世 19 年之久，但与其父生前交好的很多官员当时仍旧身居要职，其父门生故吏之中掌权者也大有人在。窦洵直堂兄窦易直曾任宣歙观察使，事发时为浙西观察使。可见 3 人父兄皆是三品以上的封疆大吏。

在落第的 10 人之中，7 人的出身已难以考证，应该都只是出身于小官僚之家，只有 3 人家世可考。郑郎之父郑珣瑜虽然曾为德宗、顺宗朝宰相，不过却早在 10 年前故去，其兄郑覃是谏议大夫（正五品上阶），品级虽不算低，却也并非是要职，关键是郑郎已然成为众矢之的，虽然出身不低，但资质却太过平庸，可谓是烂泥扶不上墙；苏巢是李宗闵的女婿，李宗闵当时为中书舍人（正五品上阶），虽身居要职，却与那些三品大员还有着明显的差距；杨殷士的家世更为逊色，兄长杨汝士为右补阙（从七品上阶），堂兄杨虞卿为监察御史（正八品上阶），虽然都是重要岗位，但品级却都不高，此时应该都没有太大的话语权。

钱徽因接受请托录取权贵弟子过多，寒门子弟过少，而且所录权贵弟子又志大才疏，而饱受世人诟病，但这场贡举取士事件的背后却有着深层次的政治动因。

已故刑部侍郎杨凭兄弟以文学知名，家中所藏书画甚多，其中就包括钟繇、王羲之等名家的真迹，不过杨凭之子杨浑之为了求取功名忍痛割爱，将家藏名家书画悉数献给时任宰相的段文昌。见杨浑之居然送上如此重礼，段文昌自然是倾力相助，当面将此事托付给主考官钱徽，还曾专门写信保荐杨浑之，李绅也曾向钱徽大力举荐考生周汉宾。可等发榜后，杨浑之、周汉宾都不曾登科，段文昌、李绅自然迁怒于主考官钱徽。

元稹虽与主考官钱徽并无矛盾，却与李宗闵不睦。两人关系原本还算融洽，后来身为监察御史的元稹因性情耿直、直言不讳而遭到罢黜，在外飘零 10 年后再度还朝，性情大改，一心升迁，与同样执着于仕途的李宗闵因争着升迁而心生嫌隙，相互算计。

段文昌主动揭发，李绅、元稹大力抨击，既是出于义愤，恐怕更是为了泄私愤，可见每一次科举放榜的背后都是一场鲜为人知的暗战！

避讳贯穿于唐朝人生活的方方面面，参加考试时如此，录取时也是如此。

归仁晦出生于苏州的书香门第，曾在懿宗朝担任吏部侍郎（正四品上阶），宣武节度使，后来在僖宗朝任吏部尚书（正三品），也算是现在的正部级高官了。归仁晦与同僚崔殷梦一向交好。那年崔殷梦主持贡举考试，而归仁晦的弟弟归仁泽又恰巧在那年参考，于是便请求崔殷梦关照一下自己的弟弟，可让他始料未及的是崔殷梦居然始终含糊其词，不置可否。

归仁晦三番五次地前去拜会崔殷梦，但崔殷梦却一直都在敷衍他。归仁晦觉得自己也算是个有头有脸的人物了，如此低三下四地来求崔，况且俩人的关系平日里还算不错，自己的弟弟归仁泽也算是饱学之士，可崔殷梦始终不给个明白话，一直都在推三阻四，归仁晦便怒了。

崔殷梦见实在搪塞不过去，便神情庄重地拿出笏板道："我现在就上表请辞！"史书上并未有关于崔殷梦执掌贡举的记载，想必崔殷梦应该并非说说而已，而是果真辞去了主考官之职！

归仁晦此时才恍然大悟，崔殷梦的父亲是文宗朝宰相崔龟从，"龟"与"归"同音，原来是弟弟的姓犯了人家父亲的名讳，人家不能答应录取弟弟，否则会被天下人所耻笑。

归仁泽后来于懿宗咸通十五年（公元874年）进士及第，成为当年的状元，而他的儿子归黯是景福元年（公元892年）的进士科状元，归仁泽的另一位哥哥归仁绍为咸通十年（公元869年）的进士科状元，可谓是"一门三状元"。更令人瞠目结舌的是归仁泽升迁的速度，仅仅8年之后，到了中和二年（公元882年）时，归仁泽的同科进士之中或许还有未能获得一官半职之人，而此时的他却是扶摇直上，官至礼部侍郎，居然得以执掌当年的贡举。

裴德融的父亲名叫裴皋，而他参加科举时的主考官是礼部侍郎高锴。"高"与"皋"同音，这次是主考官的姓犯了考生的家讳。其实这些都并非真正存在避讳问题，不过唐人总是人为地扩大避讳的范围。

高锴一时间犯了难，虽然他颇为欣赏裴德融的才华，却也为裴德融及第后可能会因此而遭受世人非议而担忧不已。思虑良久，高锴最终还是录取了他，却也忧心忡忡道："我录取了他，或许他会因此终生受困！"

高锴的担忧也不无道理。多年以后，裴德融已经升任屯田员外郎，屯田司是工部下辖的四司之一，员外郎相当于副司长。他与朝廷新任命的另外一位郎官一同兴高采烈地拜见尚书右丞卢简求。

尚书左、右丞在一些小说、影视剧中被误认为是左、右丞相。其实尚书省分为左司和右司，前者管辖吏部、户部和礼部，后者管辖兵部、刑部和工部，裴德融任职的工部便归右司管辖。两司原本由尚书左、右仆射统领，不过到了唐朝后期，尚书左、右仆射渐渐不再实际管理尚书省具体事务，改由尚书左、右丞来主持省内事务，不过这两个官职却都是正四品，与六部侍郎品级相当，比正三品的六部尚书要低。

　　两人来到卢府门前，向府上的家仆说明了来意。家仆转身进府去通禀，回来后居然并未让裴德融进府去，而是让另外那个同行之人进去了。裴德融赶忙询问缘由，那个家仆居然鄙夷道："裴员外难道忘了你是何人门生了吗？右丞大人有急事要处理，恕难接见！"

　　裴德融只得悻悻离去，没有想到多年之后，居然还有人因他当年未能避家讳而被人看不起，只得无奈地摇摇头。遇上赏识自己的主考官高锴既是他的幸运，也是他的不幸！

　　高锴从文宗开成元年至三年（公元 836 年—838 年）颇为罕见地连续 3 年知贡举，难道这 3 年裴德融都要弃考？谁又能保证之后的主考官不姓高呢？即便是不姓高，万一名字里带有高字或是其他与皋同音的字又该怎么办呢？若是一味地回避，几时才能考中？又几时才能当官呢？

　　避讳本是为了表示对祖上尊者的敬意，也是忠孝文化的一种体现，但避讳的范围却在不断地扩大，以至于成了考取功名的绊脚石，也就如女性的裹脚布一样成为了糟粕。

名目繁多的交际活动

古人最快意之事莫过于"金榜题名"，而那张决定着考生命运的金榜会被贴在礼部南院的东墙上。这是一面专门为张榜而修建的墙，高一丈多，前面还有一大片空地可供千余考生们前来看榜。

放榜这一日，有哭的，有笑的，有喊的，有闹的，有意气风发的，还有撒泼骂街的。

进士录取人数每年不过才二三十人，个别年份会多达 40 人，但每年参考的考生却有一两千人之多。看到榜后自然是笑的人少，哭的人多。一年的企盼，一年的付出，此刻或许全都化为了泡影！

进京赶考对于许多考生而言不仅是心理上的折磨，更是生理上的摧残。绝大多数考生的家距离长安都不近，一般家庭根本养不起马，只能骑驴，甚至是步行。

荆州考生刘蜕曾给主考官裴休行卷时诉说过自己旅途的艰辛，一年之中，几乎一半的时光都要化在路上。刘蜕的家距离长安有 4000 多里，每日他只能行 60 里，来长安一趟便需要两个月的跋涉。按照规定，考生们应在十月二十五日前到京，这也就意味着他们在八月下旬，最迟九月初便要动身了。而放榜在二月底三月初，回到家时便已然是四月底五月初了，在家只能待 3 个月便不得不再次动身参加新的考试。其间有疾病的困扰，寒暑的折磨，还有风雨的侵袭，以至于青丝变白发，田地变荒芜，亲人变路人。

刘蜕情真意切的话语最终打动了主考官裴休，而他也如愿以偿地在宣宗大中四年（公元 850 年）顺利及第，再也不用风雨兼程去赶考了。虽然进京前往吏部参加铨选的日子同样也不好过，但他却已然是万千人中的幸运儿了。

比刘蜕住得更远的考生比比皆是，他们在家中恐怕连一个月都待不了，甚至会窘迫到无钱回家的地步，只得流落在长安街头。不过历史往往只会记住得意者的笑，却很少有人会关注失意者的哭。

那些新及第的进士们历经十几载，甚至几十载的寒窗苦读才迎来属于自己的高光时刻。他们迫不及待地用泥金帖子装上报喜的家书送回家乡，这种帖子的表面有金屑涂饰，看着很是喜庆。亲戚朋友们接到报喜的泥金帖子会兴奋地鞭炮齐鸣，锣鼓喧天，热烈庆贺家族之中飞出了一只金凤凰。

不过到了文宗朝，泥金帖子却渐渐退出了历史舞台，取而代之的是金花帖子。泥金帖子属于私人喜报，由及第者自己来书写，而金花帖子却是由主考官亲自签发的，实际上这就是唐朝的录取通知书，自然要正规许多。这种改变主要是因为随着座主门生亲密关系的进一步确立，主考官对及第者越来越看重，想要借助金花帖子来及早确立座主门生的关系。

除了给家中报喜外，新及第的进士们还有很多社会活动要参加，比如参见宰相、向主司谢恩、同年期集等，繁复而又庞杂。若是事事都由自己来策划组织不仅劳心费神，还往往会摸不着头脑，因此中介服务组织进士团便应运而生了。进士团的规模很大，拥有上百名工作人员，成为组织严密、分工科学的服务组织。

晚唐宣宗、懿宗时期，进士团的首领何士参与南院主事郑容、中书门官张良佐号称"长安三绝"，有点类似于昔日上海滩"三大亨"，官虽然不大，或者根本就算不上官，却都是手眼通天的大人物。

考生报名时在家状中必须要填写两处住址，一处是老家地址，另一处便是在长安的临时住处。只要榜单一发布，甚至有时还未正式发布，进士团便提前获悉了消息，派人给各位新科进士送喜报。

武宗会昌三年（公元 843 年），出身寒门的考生高退之自认为这次肯定又没戏了，考完之后便收拾行囊回老家鄠屋（今陕西周至）了，住在山间茅屋之中。可让他始料未及的是主考官王起居然顶住各方压力录取了大批寒门子弟，直到见到进士团派人给他送来喜报，高退之才知晓自己这次果真金榜题名了，也不得不惊叹于进士团高超的找人能力！

进士团通过报喜报的形式将新科进士全都聚集起来，新科进士之中通常会出代表与进士团就有关事宜进行沟通协商，录事为总负责人兼管财务支出，其余的主宴、主酒、主乐、探花、主茶等各色人等负责某项具体工作，与进士团有关人员进行具体接洽。

在进士团的张罗之下，大明宫光范门里东廊下早早就备办好酒食。新科进士们在来的路上，进士团会安排专人开道，高喊着："回避新郎君！"众人相继来到东廊下，在此歇歇脚，顺便吃些东西，等宰相们上堂后便一同前往设在中书省的宰相公署中书门下。

宰相一般会有四人，等全部到齐之后，堂吏便来收取名纸，也就是新科进士的名字和简要介绍。得到恩准后，新科进士便会随主考官进去。此时宰相一横排站立在都堂门内，新科进士们既激动兴奋，又怀有几分忐忑不安，因为站在他们面前的是整个大唐最有权势的官员，当然他们也希望有朝一日能成为宰相，手握权柄，指点江山。

堂吏通报："礼部某姓侍郎，领新及第进士见相公！"注意唐朝的相公可不是老公，专指宰相，到了唐朝后期也渐渐开始用其来称呼其他高级官员，类似于如今的"首长"。

紧接着新科状元要从人群之中站出来，致词道："今某月某日，礼部放榜，某等登第或者说幸忝成名，获在相公陶铸之下，不任感惧！"如果状元因故不能参加，将改由第二名出列致词。别看就这么短短几句话，有时还会闹出大笑话。

武宗会昌三年（公元843年），新科状元卢肇因故未能参加拜见宰相的仪式，于是便临时改由第二名丁棱来致词。丁棱本就口才不佳，不擅言谈，如今又要向一脸严肃的宰相们致辞，心突突直跳，嘴巴紧张得都张不开了，更要命的是关键时刻还忘词了。

他本来应该说"棱等登第"，却无论如何也想不起那个"第"字，接连说了好几遍"棱等登"，惹得大家一阵哄堂大笑，以至于后来有人调侃他说："你的祖上是不是善弹古筝啊！"

状元致词后向宰相们作个揖便退下，新科进士们一一走上前，通报自己的姓名，然后进行简单的自我介绍。等所有新科进士都介绍完了，堂吏高喊："无客！"

主考官向宰相长揖后便带着新科进士有序离开，参见宰相的仪式便就此结束了。主考官一般还会领着新科进士前往中书舍人院前去拜见中书舍人，中书门下和中书舍人院都位于中书省都堂，整个参见过程还有着一个令人不寒而栗的名称——"过堂"。

过堂之后，新科进士们还要向主考官谢恩，谢恩仪式一般会在主考官的私宅进行，有时也会安排在尚书都省或礼部贡院举行，极个别时也会不举行，不过到了中晚唐，谢恩已然成为例行程序。

谢恩时，新科进士一般会来到主考官宅邸门前，下马后排列成行，将自己的名帖，也就是名片呈送给看门的仆人。仆人拿着名帖进门去通报，得到主人应允后，新科进士们整齐地排在正堂前的台阶下。

状元再度出列致词，说完回到原位后，新科进士再一一前去拜见主考官，进行详细的自我介绍，最关键的环节便是谢恩。主考官可谓是新科进士们在仕途上的领路人，日后还要仰仗主考官的提携。

众人介绍完后，状元还要再度出面感谢主考官的赏识和青睐，使得自己忝列榜首。与主考官或者主考官的先人当年科举及第时名次相同者也要出列道谢，俗称"谢衣钵"。当年主考官考了第五名，如今让你也是第五名，就如同主考官将自己的衣钵传给了你，你自然要当面道谢。

谢毕，新科进士们登上台阶，状元与主考官对坐，其他新科进士有坐有站，象征性地饮酒数巡后，新科进士们便识趣地退下，整个仪式也就此宣告结束了。

谢恩仪式时，常常会有公卿前来观看，或坐或立，有的是为了挑女婿，有的是为了挑下属，有的只是为了看热闹。

三日后，新科进士还要前往主考官的私人宅邸进行曲谢。第一次谢恩主要是礼节性的，通过自我介绍和谢恩表明双方确立座主门生的关系，而第二次曲谢却带有私人宴会性质，主考官会一一详细说明录取每一名新科进士的理由。双方会通过这次曲谢来增进了解，扩大共识，就彼此关切的问题深入交换意见。那些并非权贵子弟的新科进士借此编织踏足官场后的第一张关系网。

新科进士们举行的聚会被称为"期集"，聚会地点往往会选在主考官住宅附近，为进士团代为临时租用，聚会之地也因而有了一个听着很正式的名字——"期集院"。院内设有帷帐，食案上摆着各式珍馐美味，新科进士们几乎每日都要在这里集会，很多人也因此而结下了深厚的情谊。

杏林探花宴会掀起宴饮的小高潮。杏林在曲江的西面，与慈恩寺南北相望。在宴会开始前，从新科进士们中选出两名年少俊美之人作为两街探花使，前往长安名府名园之中去采摘名花，就在这一日所有园主都会向探花使敞开大门，任凭他们采摘名花，若是被其摘走所种之花也算是一件幸事。在这一天，长安城中的官员百姓会竞相一睹探花使的风采。曾经担任过探花使的大诗人孟郊曾满怀喜悦地写道："春风得意马蹄疾，一日看尽长安花！"

这些意气风发的进士们往往还会到曲江北岸的慈恩寺，寺内种植很多牡丹，每到花开时这里便成为远近闻名的赏花之地，还有演戏的，杂耍的，做小买卖的，游人熙熙攘攘，场面热闹非凡。

之前很多进士已然在大雁塔下题过名，上书："进士某某"，及第后再找到当初的题名，在进士前面加上一个"前"字，因为他们即将以前进士的身份参加吏部组织的铨选。德宗贞元十六年（公元800年），29岁的白居易进士及第，颇为自豪地写道："慈恩塔下题名处，十七人中最少年！"

杏林探花和雁塔留名是当时脍炙人口的项目，不过在进士团的撺掇之下，新科进士们的庆祝活动还有很多，比如大相识、次相识、小相识、闻喜、樱桃、月灯、打球等，进士团可并非公益性质机构，项目越多自然花费就越多，进士团的赚头也就越大。

进士们踢足球（当时叫蹴鞠）、打马球通常会选在月灯阁，那里四周设有看台，中间是球场。

僖宗乾符四年（公元877年），新科进士们正在那里自由自在地打着马球，一群骄横的士卒却突然闯入，来人是谁也不敢招惹的拱卫皇帝的禁军神策军，不由分说便想将新科进士们统统赶走，看台上的观众见状一时间嘘声四起。

新科进士们自知招惹不起那帮人便纷纷退下场，但新科进士刘覃却挺身而出道："新进士刘覃愿意奉陪，不知可否？"那群身材魁梧的士卒打心底里看不起那帮只会读书的文人，于是便应允下来。

刘覃骑在马上左手执缰绳，右手执偃月形球杖，左冲右突，风驰电掣，运球自如，好似那球粘在他的球杖上一般。那些身材魁梧的士卒一时间竟然拿不到球，索性愤然离去，看台上顿时爆发出阵阵欢呼声。

可血气方刚的刘覃得意之余也觉得有些寂寞难耐，于是便通过进士团代他寻找妓女，但涉世未深的刘覃哪里知道长安的水深得很。

刘覃是个典型的"富二代"，仗着家资巨富挥金如土。进士团别有用心地将长安名妓天水仙哥介绍给他认识。初次见面，刘覃便看直了眼，倒在了天水仙哥的温柔乡中无法自拔，不惜在她身上大把大把地花钱。

有一日，天水仙哥因为身体原因不能前来应召，刘覃见不到她便犹如百爪挠心。在进士团百般挑唆下，刘覃不断加价，可那些钱却都流入进士团的口袋之中，天水仙哥终究还是没来，刘覃沦为了任人宰割的羔羊。

进士及第后并不会直接授予官职，通常只会授予从九品下阶的出身，并前往吏部参加关试。关试时，新科进士要向吏部员外郎谢恩，并自称是门生，不过却是"一日门生"。新科进士只要顺利通过关试（当然很少有不通过的），吏部便会发给你春关牒，相当于铨选准选证，你可以拿着春关牒去吏部参加铨选，此时"新及第进士"便正式成为"前进士"。

关试后，新科进士往往会选在长安城东南方向的曲江边的亭子里大摆筵席，系列庆祝活动在此时也达到了最高潮。随着进士及第者中权贵子弟越来越多，曲江游宴的豪华奢靡程度也达到惊人的程度，四海之内，水陆之珍，无所不有，有时还会请教坊派乐队前来演奏助兴。

就在新科进士们狂欢之际，王公大臣有时也会带着家属前来暗中观察，以便能够从中挑选出自己的乘龙快婿。皇帝若是闲来无事也会登上曲江南岸的紫云楼垂帘观看那些纵情狂欢的新科进士们。

曲江大会通常会选在关试后进行，因此也被称为"关宴"，也因是众人最后一次聚会而被称为"离会"，不过还有一个令人不寒而栗的名字——"索债宴"。

贡举及第后各种宴饮活动的花费加起来可不是一笔小数目。有时每位新科进士需要为此支付　万余贯钱，即便是中产阶级也会因此败光大半的家底，若是寒门子弟便根本无力支付，甚至个别人还不得不为此而借了高利贷，却不知几时才能从朝廷领到俸禄。如此一来，那些家贫的考生既想高中，又怕高中，左右为难，苦不堪言。

进士团头目何士参不仅是置办宴席的能手，也是协调各方关系的高手，更是个讨债的行家里手。

在曲江宴上，所有新科进士要交齐一切费用，若是某位新科进士未参加常规项目还会被"罚钱"。而且只要有一个人交不齐钱便不上菜，新科进士们都碍于面子，况且又是在如此热烈的场合，往往都会乖乖地交钱。如果确有困难便只得苦苦哀求人家能再宽限几日，但若是最后交不齐钱便休想离开长安，必要时进士团也会使出些上不得台面的手段。

进士团可是一本万利的买卖，何士参死后，他的儿子便子承父业干起了这个行当，外人休想插足其间。此时的大唐已日渐迟暮，但进士及第后的各项庆祝活动却变得越来越奢华，越来越疯狂，僖宗皇帝不得不在乾符二年（公元875年）专门下诏革除此项弊端，严格要求每位新科进士的花费不得超过100贯，各项活动必须要在四月底之前全部完成。

宴席之后，进士们便要各奔东西了，有的很快便能获得官职，有的却要等十几年甚至几十年，极个别的甚至一辈子都得不到一官半职。新科进士们之所以会如此看重及第后的各种交际应酬，是因为只有维系好座主门生关系和同年关系，日后才会飞黄腾达。

座主门生的亲密关系

科举及第者自称是主考官的门生，向主考官行拜师礼时，主考官高高在座，因此被称为"座主"。宋朝在唐朝两级考试的基础上增加了殿试，天子亲自决定录取名单和名次，因此及第者开始自称"天子门生"。

座主门生渐渐形成一荣俱荣、一损俱损的命运共同体，不过却仅限于贡举，制举虽也会设有主考官，但却由皇帝主持，主考官的影响力自然不如贡举那么大，因此制举及第者通常并不会称自己是主考官的门生。

唐朝前期，吏部考功司主管贡举，实际主持考务工作的司内副职，也就是从六品上阶的考功员外郎，地位不高，权力却不小，常常被权贵们的请托搞得焦头烂额。

考功员外郎既不敢轻易得罪那些权贵，害怕日后会被穿小鞋；也不敢悉数照办，怕引起舆论大哗，遭到弹劾或者处分。那时及第者也往往不会对主考官考功员外郎感恩戴德，有的觉得自己才华出众及第理所当然，有的觉得是自己请托的高官起了关键作用。

玄宗开元二十四年（公元736年），考功员外郎李昂主持贡举时引发了巨大的政治风波。当时高官子弟参加科考的人越来越多，这些人之间互相结党，常常是颐指气使，财大气粗，根本不把小小的主考官放在眼里。而李昂的意气用事也使得长久以来积蓄的矛盾彻底爆发了。

李昂召集赴考的举子们，信誓旦旦地说自己将会秉公取舍，谁要是胆敢请托权贵，便首先让谁落第。其中有个举人名叫李权，此人的家世背景史书中却并未记载，不过他当时胆大妄为，绝非出自寻常家庭。淮安王李神通恰恰也有个曾孙名叫李权，而且也生活在开元年间，因此两人极有可能是一个人。

李权的岳父与主考官李昂是邻居，平日里两家关系也比较好，于是便将女婿推荐给了李昂。看李昂刚刚说话的神情，李权觉得他刚刚似乎针对的是自己，顿时便觉功名无望，索性拼个鱼死网破。

李权搜罗出李昂之前的诗作，想要从中挑出些毛病，借机整治一下故意刁难自己的李昂。李昂曾写过一句诗："耳临清渭洗，心向白云间。"这句诗引用的是上古时期的一个典故，尧自认为年事已高，该隐退了，于是去找许由表示想要将王位传给他，可许由却是个淡泊名利之人，听尧说完之后不仅没有一丝喜色，反而跑到颍水边掏水洗耳朵，想要借此表明尧让自己接班的话是"恶言"。

当着考生的面，破罐破摔的李权得意扬扬地质问主考官李昂道："当年尧因年事已高，想要将王位禅让给许由，许由才去洗耳，如今天子正值盛年，你居然也想去洗耳，你究竟是何居心？"

李昂一听又气又怕，考生李权居然对自己之前的诗句进行过度解读，于是以李权狂妄不逊为由命有关部门将李权抓了起来，但李昂接受权贵请托之事随后也被曝光了。其实他一个小小的司内副职，接受请托很多时候并不是为了钱，甚至也不是想趁机捞取什么政治资本，只是单纯地怕得罪了那些权贵而误了自己的前程。

这场"二李之争"最终闹到了朝堂之上，玄宗皇帝李隆基认为考功员外郎位卑言轻，根本弹压不住那些有权有势的考生，遇上权贵请托往往也是难以拒绝。他经过慎重考虑决意将执掌贡举之权由吏部划归礼部，由礼部侍郎来主持贡举，主考官从从六品上阶官员变成了正四品下阶官员。唐朝后期，六部尚书往往并不管理本部事务，侍郎便成为各部实际上的长官，掌贡举的礼部侍郎的政治地位也进一步得到提升。

贡举关系到选才取士，一直受到朝野上下的关注，每年的主考官都会由皇帝亲自选定，一般不会让同一人连续执掌贡举，连续三年担任主考官的情形在唐朝可谓是屈指可数。皇帝有时也会委派中书舍人、其他部的侍郎来主持贡举考试，称为"权知贡举"，若是办事妥当，中书舍人（正五品上阶）大多能升任礼部侍郎（正四品下阶）。

通过科举走上仕途的官员逐渐成为高级官吏乃至宰相的最主要来源，甚至取代门荫成为入仕的正途。朝廷对执掌贡举的官员自然越来越看重，他们基本上都是名臣重臣。德宗贞元年间（公元785年—805年）和宪宗元和年间（公元806年—820年），掌贡举者各有10人，其中各有5人，也就是有半数的人最终成为宰相。

随着牛李党争愈演愈烈，执掌贡举的官员容易与及第的考生之间形成某种人身依附关系，进而结为私党，因此执掌贡举的官员极易受到皇帝的猜忌。原本出任宰相呼声颇高的王起曾于会昌三年（公元843年）、四年（公元844年）连续两年负责主持贡举考试，一时间声动京师，最终却出人意料地被外放为山南西道节度使。鉴于此，文宗、武宗、宣宗、懿宗四朝，在34名掌贡举的官员之中，能做到宰相的仅有11人，有文宗朝贾𫗧、崔郸；武宗朝陈商；宣宗朝魏扶、裴休、杜审权，懿宗朝裴坦、郑从谠、萧仿、王铎、李蔚，远低于之前半数的比例。

贡举改由礼部掌管后，主考官在录取时也有了更大的话语权，甚至可以脱离考试成绩顶先确定录取名单和名次。若是考生能攀上主考官这棵大树，不仅可以轻松及第，日后依旧会得到他的提携，座主与门生之间自然也就不再局限于传道、授业和解惑。

门生不仅对座主心怀感激之情，往往还会以实际行动来向座主报恩，最通常的做法便是对座主的子弟加以照顾。德宗朝、宪宗朝宰相郑余庆之子礼部侍郎郑瀚曾于大和三年（公元829年）、四年（公元830年）连续两年知贡举。郑瀚的门生令狐绹、魏扶均在宣宗朝拜相，对郑瀚之子郑从谠竭力提携。郑从谠很快便升任中书舍人，之后仕途一路坦荡。他也如父亲那样以礼部侍郎身份主持贡举，还曾在僖宗朝为宰相。

当然也有座主仕途不顺或者几经坎坷，门生却扶摇直上，反过来照顾昔日座主的。

长庆三年（公元823年），出身政治世家的李训进士及第，此年的主考官是礼部侍郎王起。李训的叔叔李逢吉此时为朝中宰相，因此李训的仕途原本一片光明，可他却为了彻底斗倒叔叔李逢吉的政敌，也就是另一位宰相李程，蓄意胁迫他人作伪证，事情败露后被流放。文宗皇帝李昂即位后大赦天下，他才得以返回东都洛阳，但不安分的李训却借机攀附上了与大宦官王守澄关系密切的郑注，文宗皇帝便是由手握神策军军权的王守澄所拥立。

大和八年（公元834年）八月，在郑注的竭力推荐下，李训刚刚为母服丧期满，文宗皇帝便迫不及待地任命他为四门助教。李训随后创造了升迁的神话，先升为国子博士，后升为兵部郎中、知制诰。次年九月，文宗皇帝便任命李训为宰相。也就是一年的光景，李训便从被重新起用的流放之人成为大唐宰相。

门生李训成为宰相后并没有忘记昔日座主王起。时任山南东道节度使的王起很快便被加授银青光禄大夫（从三品）。在李训的积极运作下，朝廷将王起召回朝中，将其任命为兵部侍郎、判户部事，还想任命他为宰相。可就在这个节骨眼上，"甘露之变"却爆发了，企图诛杀宦官势力的李训最终却被宦官所杀。王起虽然并非是李训同谋，却也因受到牵连而被免去判户部事，拜相自然也就成了泡影。

鉴于门生与座主之间紧密的关系，两者无论是谁出了问题，都将会受到对方的牵连。

宪宗朝宰相李吉甫因受到宦官忌恨相位摇摇欲坠，阴险狡诈而又谲诡好利的户部员外郎吕温决意趁机落井下石。他与窦群、羊士谔一向亲近，当时窦群为御史中丞，竭力推荐吕温知御史台杂事，还推荐羊士谔为御史，但身为宰相的李吉甫却迟迟未批准，导致两人一直无法调入御史台。御史台可是人人艳羡之地，此处官员不仅权力大，而且升迁快。颇感失落的吕温为此而深深地怨恨李吉甫，决意趁机将李吉甫彻底排挤出京城。

当时心力交瘁的李吉甫病倒了，乘着夜色将术士召到自己府上，因天色已晚，便将术士留宿于府邸之内。那个术士离开李府后却突然被人逮捕。在严刑拷打之下，他被迫违心地说出了李吉甫的很多不堪之事。

如获至宝的吕温将那些子虚乌有之事上奏给宪宗皇帝李纯，但宪宗皇帝却并非昏庸之君，命双方当面对质。善于察言观色的宪宗皇帝很快便查知了真相，想要诛杀无端兴风作浪的吕温，但李吉甫却不愿落下乱杀大臣的坏名声，于是苦口婆心地劝说皇帝暂息雷霆之怒。

吕温这才逃过一劫，被贬为均州（今湖北丹江口）刺史，后来又被贬往更为荒凉的道州（今湖南道县），此生再也未能回京，年仅40岁便卒于任所。时任仓部员外郎的张仲方因是吕温的门生，也被贬为金州（今陕西安康）刺史。

不论是座主、门生之间，还是同年之间，都会结成一种特殊的私人关系，成为他们混迹官场的政治资本。

德宗贞元七年（公元791年），皇甫镈、令狐楚、萧俛一同进士及第，结为同年之好，当年的主考官杜黄裳后来成为宪宗朝宰相，对三位门生也是竭力提携。宪宗皇帝李纯始终怀揣着中兴之梦，力主对割据一方的藩镇势力用兵，不过也使得国库空虚。皇甫镈因善于搜刮民脂民膏而获得了宪宗皇帝的器重，得以出任要职。皇甫镈为了巩固自己的势力，竭力推荐好友令狐楚和萧俛担任翰林学士。

元和十三年（公元818年）九月，皇甫镈成为宰相，很快便推荐萧俛任御史中丞。次年七月，在皇甫镈的推荐下，在萧俛的力挺下，令狐楚得以出任宰相。为了能让萧俛也出任宰相，两人上下运作、积极活动，不过就在此时，宪宗皇帝李纯却被宦官谋害，因搜刮民财而惹得天怒人怨的皇甫镈也随即被罢相，贬为崖州（今海南海口琼山）司户参军，至死也未能再回京。不过他们前期的努力却并未白费，就在皇甫镈被贬谪几日后，御史中丞萧俛终于如愿成为宰相。

同科进士常常互相提携，极易结成私党，牛僧孺、李宗闵、杨嗣复均是权德舆的贡举门生，情义相得，共进退，同取舍，慢慢形成了牛党，不过同科进士之中因分属不同政治派别而互相倾轧的也大有人在。陈夷行与李珏均在元和七年（公元 812 年）进士及第，同为许孟容的门生，还曾同时担任宰相，却分属李党、牛党两大政治阵营，上演了一出出惨烈的权力斗争。

门生虽然都会对座主心怀感恩之心，不过这种情分却有浓有淡，绝大多数门生向座主主动靠拢，频频示好，往往都会带着非常现实的政治需要。如果座主身居高位，大权在握，门生自然是趋之若鹜，以能成为他的门生为荣，当然也希望得到座主的提携和重用。可是宦海莫测，仕途坎坷，座主一旦失势，绝大多数门生往往会迅速抽身而走，竭尽所能地与之划清界限，撇清关系，担心自己也会受到牵连。

座主门生的关系并非是基于彼此情谊的私人关系，而是为了实现双方政治需要而结成的利益同盟，不管座主得势还是失势，在朝还是下野，对座主始终如一的门生毕竟是极少数。

元和十年（公元 815 年），礼部侍郎崔群执掌贡举，录取进士 30 人，此后不久崔群便成为宰相。他的夫人李氏时常劝他在位时为子孙们多置备些田庄，以防日后不时之需。崔群却笑着说："我已然有了 30 所上等田庄，还遍布天下，夫人还有什么可忧虑的呢？"

李氏不解地问："夫君是何时置下如此之多的产业，我怎么不知道呢？"

崔群得意扬扬道："我去年录取进士 30 人，这岂不是良田吗？"

李氏却不以为然道："难道夫君忘了自己也曾是陆相门生了吗？"

羞愧难当的崔群顿时涨红了脸。他是德宗贞元八年（公元 792 年）的进士，当年的主考官是兵部侍郎陆贽。陆贽在执掌贡举的次年便成为宰相，不过清高的陆贽在浊世之中始终一尘不染，被誉为一代贤相，却遭小人构陷而被贬往忠州（今重庆忠县），在那里度过了10年凄惨的贬谪岁月，最终郁郁而终。

崔群执掌贡举时为了自己的清名，居然专门约见了昔日恩师陆贽之子陆简礼。此时陆贽已经故去10年之久，曾执掌帝国权柄的陆贽在政治上的影响力已经微乎其微。崔群劝陆简礼暂且不要参加他主持的贡举，以免会招致世人的猜忌和指摘，门庭败落的陆简礼只得从命。崔群这么做虽看似是在维护贡举录取的公平，实则却有着落井下石的意味。陆简礼虽然后来也进士及第，但终其一生也只是个微不足道的小官。

崔群因选人得当而广受赞誉，但陆贽当初对其的知遇之恩他又何以为报呢？他对自己的座主尚且如此，还如何要求自己的门生对自己感恩戴德呢？崔群想到此居然难受得好几天都吃不下饭。

文宗开成元年至三年（公元836年—838年），时任中书舍人、礼部侍郎的高锴颇为罕见地连续三年知贡举，其他年份录取名额一般不会超过30人。但高锴每年都录取40人之多，三年总共录取进士120人，可谓是积累下丰富的政治资源。而他的儿子后来高涣连续参加科考却始终未能及第，可能是他这个儿子太不成器了，也可能是那些门生们都不肯出力，当时的人们戏称："一百二十个蜣螂推一个屎块都推不上去！"

其实科举及第还不能算真正走上了仕途，等待他们的路依旧崎岖坎坷。

第二章

岗位选择很重要

铨选，科目选，看你怎么选

令人眼花缭乱的各色官职

仕途生涯该如何规划

争当皇帝的私人秘书

宰相可不是最大的官

铨选，科目选，看你怎么选

开元盛世时，唐朝共有官员编制 18805 人，这也是官员数量最多的时期。其中中央政府官员编制为 2620 人，占官员总数的 14%，比隋朝要多出 6229 人，而汉晋时期全国官员总数仅有 7000 人左右，也就是说仅仅其增幅就相当于汉晋时期全国官员的总数。

尽管如此，官位却不够用，朝廷于是便在正员官之外又设立了员外官。职事官都有职数要求，比如吏部尚书（相当于现在的组织部部长）只能有一个，皇帝想要任命张三为吏部尚书，可现任吏部尚书李四干得也不错，于是便任命张三为吏部员外尚书，还会特别说明一下是"同正员"，也就是与正式的吏部尚书拥有相同的权力，享受相同的待遇。

员外官是皇帝给予所赏识官员的一种特殊的恩宠形式，曾在高宗至中宗时期大量涌现。这一历史时期，政治斗争激烈，皇帝想要借此来收买人心，不过这却是对官制的一种破坏，也引发了一系列矛盾。

武则天时期，吏部尚书李峤设置了 2000 多名员外官，全都将其授予权贵子弟。这些纨绔子弟却多是不学无术之辈，盛气凌人，目空一切，肆意插手单位内部行政事务，吆五喝六，说东道西，惹得那些正员官极为不满，双方矛盾不断升级。文斗不行就改为武斗，以至于双方大打出手，一时间双方打得头破血流。中宗皇帝李显继位后曾专门下令，除了长官、副长官之外的其他员外官、检校官、试官不得干预本单位日常事务。

玄宗皇帝李隆基深知员外官的弊端，大肆削减员外官，员外官管理单位事务的权力几乎被取缔。安史之乱后，员外官不仅不再管事，而且逐渐被检校官和试官所取代。而检校官和试官只是用来明确官员品级，确定官员待遇，并没有相应的行政权力。

在唐朝，不同品级官员的授予方式也是有所不同的，三品以上官员由皇帝直接授予官职，称为"册授"；五品以上官员由宰相推荐并经皇帝批准后授予官职，称为"旨授"；六品以下文、武官员分别参加吏部或兵部组织的铨选，由尚书省报送皇帝批准后授予官职，称为"敕授"。对于刚刚步入官场的人来说必须要顺利通过铨选才能被敕授官职。

太宗贞观年间，参加铨选的有7000多人，最终得到官职的有6000多人，绝大多数人都能混上个一官半职。不过随着参加铨选的人越来越多，渐渐演变成八九个人争夺一个官位，甚至10个人都争不到一个官，竞争也日趋白热化，因此从贡举及第到获得官职还有很长的一段路要走。

到了高宗皇帝李治在位时，入仕者数量不断增加，已经严重超出了官员队伍的承受能力。显庆二年（公元657年），黄门侍郎、知吏部选事刘祥道曾对当时的官员队伍进行过测算和评估。当时共有官员职数13465员，根据当时人均寿命和官员退出情况，大概需要30年的时间官员才能轮换一遍，平均每年大概有500人会退出官员队伍，因此每年补充500名左右的官员才会保持动态平衡。但每年通过各种途径获得任官资格等待着进入官员队伍的人数却超过1400人，超出了承受能力的两倍之多，此外其他年度因没能通过铨选而无法获得官职的剩余人员还有六七千人之多，可见早在唐朝第三位皇帝高宗在位时铨选的压力就已然变得很大了。

总章年间（公元668年—670年），每年参加铨选的人数多达万人，极大地超出了待分配的官职数量。这上万名参加铨选的人主要包括三类：

第一类是任职期满或因故停职的六品及以下官员，门荫出身获得参加铨选资格的人。

第二类是流外官获得铨选资格准备入流的人，当时中央和地方各级胥吏总共有35万人，是官员总数的18倍之多。

第三类是科举及第者，每年通常只有100人左右，其中进士只有30

人左右，在参加铨选的万人之中只占 1% 的比例。

面对严峻的供需矛盾，高宗时期的吏部侍郎裴行俭设立了长名姓历榜。合格者授予官职，对于不合格者要放回，无论合格人员还是不合格人员名单均要在吏部南院张榜公布。不过这段时间频繁举办制举，也使得很多才能之士可以通过制举脱颖而出并获得官职，甚至是出任令人艳羡的要职。

玄宗开元十八年（公元 730 年），裴行俭之子裴光庭担任侍中，发觉居然有人科举及第 20 余年仍未能获得一官半职，于是便颁布了《循资格》，规定官员因任期届满等因素离职后，要符合相关资历、年限的规定才能继续参加铨选，尤其是明确了需要等待的年限要求，彻底改变了过去唯才是举的做法，初衷是为了让更多的人可以获得官职，但弊端也渐渐显现出来。

为了缓解铨选压力，贡举及第者也要守选，也就是要等待若干年后才能参加铨选，进士及第后一般要守选 3 年，明经及第后一般要守选 7 年，明法及第后一般要守选 5 年，童子举及第后要守选 11 年。在长达数年的守选期间，贡举及第者并没有参加铨选的资格，当然如果成绩优秀或者表现优异也可以适当缩减守选期限，但初唐时进士及第者当年或者次年便授官的情形已经极少出现了。很多在家苦苦煎熬的贡举及第者生活落魄，处境堪忧。

即便守选期满，获得了参加铨选的资格，也不一定能顺利获取官职。吏部组织铨选一般分为"三铨"。六、七品官员为一组，由吏部尚书亲自来主持，称为"尚书铨"；八、九品官员分为两组，由吏部其他官员分别主持，称为"中铨"和"东铨"。贡举及第者通常只能参加中铨和东铨。"三铨"只是政治常态，有时为了提高选官的权威性和科学性也会进行适当调整。比如玄宗皇帝李隆基曾同时任命 10 名官员主持选官，号称"十铨"，其中有 5 名朝廷官员，5 名地方刺史，但居然没有吏部的官员，可见他意在借此来革除吏部选人的弊端。

　　铨选主要分为面试和笔试两道程序，考察"身""言""书""判"四项。面试主要考察"身""言"两项，就是看看你的体格相貌，听听你的语言表达，判定为合格的标准是"体貌丰伟""词顺言正"。据说善于捉鬼的钟馗原本就是个贡举举人，因为相貌丑陋而被淘汰。这个选人标准一直延续到了清末，如若刘墉果真是个罗锅是万万通不过面试这一关的。

　　其实铨选最关键的是"书""判"这两项，就是让你根据题目要求写两篇应用性公文。初期主要是一些疑难案件，让考生判断是非曲直并撰写案件判决书，后来渐渐也涉及一些治国用人的宏观政策，借此考察考生是否具备基本的政务处理能力。

　　贡举及第者要么通晓经义，要么词赋优美，要么能讲一大通如何安邦治国的大道理，却往往缺乏对具体问题的深度剖析，更不用说写出高质量判词了，尤其是很多寒门子弟，之前甚至从未接触过这种考题。

　　开元中期以后，玄宗皇帝李隆基基本上不再通过制举来选拔人才，有才能之人的升迁也因此受到了极大限制。面对来自朝野各方的巨大压力，玄宗皇帝只得对官员铨选制度进行相应的调整，平判入等和科目选便应运而生了。

　　朝廷用循资格以待平常之人，以平判入等和科目选来提拔才能之士，为优秀人才的脱颖而出提供了更多可能。

　　平判入等依托于正常的铨选，将那些在试判环节中表现突出的人员判定为"高等"，因为在"身""言""书""判"这四项之中，"判"最能考察一个人的政务处理能力，因此对于在试判环节中表现优异的人会被优先授予官职，这就是平判入等。唐朝大书法家颜真卿就曾凭借平判入等授朝散郎、秘书省著作局校书郎。

　　科目选是在铨选之外另外建立的一种选官形式，像科举那样分科目举行考试，前期主要设有博学宏词、书判拔萃两科。博学宏词科既要求应试者拥有广博的知识，还要有极高的文学造诣。考试内容是按照要求写三篇文章，通常是诗、赋、议论各一篇，因此也被称为"三篇"，与进士科考试内容其实并无太大区别，不过竞争却要激烈许多，一方面是因为参加科目选的要么是科举及第者，要么是在职官员，水平远在参加贡举的考生之上；另一方面是因为博学宏词科每次录取名额极少，一般只录取 3 人，个别年份只录一人或者干脆空缺，而进士科每年录取名额通常会在 20 至 30 人之间，最少也有 10 余人。书判拔萃科虽不如博学宏词科那般受推崇，但若是熟悉判词撰写的门道，其实比博学宏词科更容易通过。

博学宏词、书判拔萃两科最早都是制举考试科目，虽然科目选和制举考试内容大同小异，却也有着明显的区别。第一，举行时间不一致。科目选基本上每年都会举行，但制举却只有在皇帝下诏后才会举行，因此举行时间有着极大的不确定性，有时很多年都不举行，在唐朝后期实际上已经停办了。第二，授官机关不一致。制举由中书门下（即宰相公署）授予官职，而科目选由吏部授官，因此制举授官机关的规格更高一些。第三，授官范围不一致，吏部科目选授官最高不得超过六品，还不包括左右拾遗、左右补阙、监察御史等敕授官，但制举却并没有相应限制。第四，参选的范围不同，参加制举考试者范围广，没有出身的白衣不能参加科目选却可参加制举考试。简而言之，科目选只是制举的低配版。

后来科目选又陆续增加了三礼、三传、三史、五经、开元礼等科目，这些科目其实原本都是贡举科目，考试的内容和方法也差不多，两者的区别仅仅在于功能定位不同。参加贡举只是为了获得出身，也就是任职资格，而参加科目选是为了实际获得官职，只有获得出身的贡举及第者和在职官员才能报考科目选考试。开元二十四年（公元 736 年）之后，贡举一直由礼部主持，而科目选却一直由吏部来组织实施。

不过通过参加三礼、三传等科的科目选而获取官职的应试者很少能升至高位，因此尽管博学宏词科、书判拔萃科竞争异常激烈，却仍是那些有理想、有抱负的考生们的首选。

平判入等和书判拔萃科在考试内容上都是试判，但两者的区别还是很明显的。作为科目选的书判拔萃科一般是选限还没有到的人前来应考，平判入等则是在铨选应选者之中选拔出判词出众的人来优先授官。前者主动权在考生自己手中，后者主动权却在吏部。试判题目数量不同，科目选书判拔萃科为三道，而平判入等为二道。

朝廷还对科目选考试进行了有益的制度性探索，比如实行了锁考官制度。考试前先将考官集中起来，断绝他们与外界的来往，同时还将考生试卷进行糊名，也就是将试卷上的考生姓名封起来，使得阅卷官无法知晓这份试卷究竟是哪位考生的。这些防范舞弊的措施都在后世得到了继承和发扬。

白居易和元稹是中唐最为知名的两大诗人，并称为"元白"。他们虽是才华横溢，却也并非轻而易举就能获取官职。元稹于德宗贞元九年（公元793年）明经及第，直到贞元十九年（公元803年）才依靠平判入等入仕，这中间居然等了10年之久。白居易无疑要比他幸运些，贞元十六年（公元800年）进士及第，3年后参加科目选书判拔萃科，因名列前茅而得以授官。若是没有科目选和平判入等，两人或许还会等上许久才能入仕为官。

无论是平判入等，还是科目选书判拔萃科，对于应考者的判词写作能力都有着很高的要求，不同于贡举时华丽磅礴的诗赋和鞭辟入里的策文，所写判词就是处理日常政务时需要写的文书，更能考察一个人的实际从政能力。出身寒门的考生往往对国家律令和政务规则知之甚少，对于公文拟制的要点和标准自然也就把握不准，若想从中脱颖而出难度极大，但若是父兄之中有做官的人，便具有了某种先天优势。

元稹的祖父元悱为南顿县丞，父亲元宽为比部郎中（从五品上阶）、舒王府长史（从四品上阶），也算是朝中要员。白居易的父亲白季庚历任彭城县令、徐州别驾，而他的叔父白季康是溧水县令，他的大哥白幼文是浮梁县主簿。虽然官当得都不算大，但白居易自幼便生活在官僚家庭，对于如何处理政事也算是耳濡目染，因此他在参加科目选时所写两篇判词都被判为甲等，此事也成为他一生的骄傲。

对于明经及第者而言，其实还有另外一条路可以走，那就是继续深造攻读"研究生"，唐朝称为"大成"，寄希望于继续进修的学生们能够学业大成。每年的录取名额一般为 20 名，由贡举主管机关组织相关考试，主要考核考生对经书的理解分析能力。考试合格者便可成为"大成"，同时会被授予散官，还会发放一定的俸禄，相当于拿着工资继续上学，学习期满并结业后送吏部参加专门考试，考试合格后会加阶授官，比如你的散官阶原本是从九品下阶，那么会加阶授予你从九品上阶的职事官。那么散官和职事官究竟有着怎样的区别呢？下面将进行详细介绍。

令人眼花缭乱的各色官职

秦汉时期，一个官员通常只会担任一个官职，但到了魏晋南北朝时期，官职却变得越来越繁杂。唐朝继承了魏晋南北朝的传统，名目繁多的官职常常会令人眼花缭乱，比如前凤翔陇州节度观察处置等使、光禄大夫、检校尚书右仆射、凤翔尹、兼御史大夫、上柱国、安平郡开国公、食邑二千户崔珙。崔珙一个人的官职爵位居然有这么一大长串，其中既包括散官、职事官、勋官、使职，还包括爵位。

先来说说品级，如今公务员的领导职务共分为五档十级，分别是国家级正、副职，省部级正、副职，地厅级（也称为司局级）正、副职，县处级正、副职，乡科级正、副职。唐朝的品级比如今可多多了，居然多达三十级，从一品到九品分为正、从，四品至九品在正、从的基础上又分上阶和下阶，如正四品上阶、正四品下阶。

再来说说散官，崔珙担任的光禄大夫便是从二品的文散官，散官有文武之分，文散官大致相当于如今的公务员职级，武散官大致相当于如今的军衔。文、武散官各有二十九阶，无论是文散官还是武散官最高阶均为从一品，也就是说正一品之中并不设散官，只设职事官。《新唐书》记载武散官为四十五阶，其实武散官并没有那么多官阶，有十六阶武散官是专门授给归附的少数民族酋长。

唐朝立朝之初，散官阶是一个官员的本阶，也就是他的行政级别，往往会按照本阶来授予职事官，主要福利待遇也是按照散官品级来确定。不过后来却改由按照职事官品级来发放，散官仅仅能够决定官员的官服颜色、鱼袋形制等比较虚的政治待遇，因此散官也越来越不受重视。

散官其实很好辨认，五品以上的文散官，除了从一品的开府仪同三司和正二品的特进外，都叫什么大夫；六品以下的文散官都叫作什么郎；五品以上的武散官都叫什么大将军或者将军，六品以下的武散官都叫什么校尉或副尉。五品也成为唐朝官员品阶的一处分水岭，只有五品以上的官员才拥有门荫等政治特权，也只有五品以上官员才会有出任宰相的机会。

再说说职事官，崔琰所担任的尚书右仆射便是从二品的职事官。职事官相当于今天的领导职务，散官是授予职事官的基准，不过却经常会出现高职低配或者低职高配的现象。低职高配时通常会用"守"字，如银青光禄大夫（从三品）、守纳言（即侍中，正三品）、上柱国、汝阳县开国男狄仁杰，狄仁杰的散官阶为从三品，却担任正三品的纳言，因此用"守"字。高职低配通常会用"行"字，正议大夫（正四品上阶）、行尚书右丞（正四品下阶）、同中书门下平章事宋申锡，宋申锡的散官阶为正四品上阶，却担任着正四品下阶的职事官，因此会用"行"字。

唐朝前期，散官往往会有序晋升，比如玄宗朝宰相张九龄的散官阶基本上两年左右便会晋升一阶，最长也不超过 5 年，因此职事官与散官品级即便会有差距，却也相差并不大。但安史之乱后，散官的晋升却极不规律。

生活于中唐的大诗人白居易曾在《琵琶行》写道："江州司马青衫湿"，很多人不解江州司马分明是从五品下阶的官员，为何他还会说自己穿青衫呢？

有的学者认为白居易所指并非是官服颜色，就是随随便便穿了一件青衫而已。其实唐人对颜色通常都是有所指的，白居易自然也不例外。虽然白居易此时身为五品职事官，但他的散官却仍旧是最低一等将仕郎，而且已连续 13 年都未曾升迁，因此当时的白居易只能穿青色官服。白居易后来居然直接升为朝议郎（正六品上阶），在随后的两年时间里又连升三阶，先升为朝散大夫（从五品下阶），再升为朝议大夫（正五品下阶），获得穿着红色官服的资格。他怀着极其喜悦的心情留下了"五品足为婚嫁主，绯袍著了好归田"的诗句。文宗大和元年（公元827年），白居易拜秘书监（从三品），但他的散官阶仅为中大夫（从四品下阶），不过文宗皇帝李昂却特地赐给他紫色官服，他又兴奋地写道："紫袍新秘监，白首旧书生。"可见白居易对官服颜色是多么看重，不过他最终却在中大夫（从四品上阶）这一散官阶上停留了13年之久，由此可以看出唐朝后期散官晋升是多么的杂乱无度。

崔珙所担任的尚书右仆射前加了一个"前"字，说明他在被授予新职事官之前已经处于离任状态，此外还加了"检校"二字，这两个字可不是随随便便加上去的。在唐朝后期，加"检校"或"试"等字样的职事官便如同散官那样仅仅代表官员的品级并不代表官员的实际职掌，以至于职事官越来越像散官，使职越来越像职事官。

检校的本意为检查校阅。最初的检校官是不居其位而理其事，类似于今天的代理职务，虽然并未正式担任此职，却临时执掌有关事务。比如宇文士及为检校梁州都督，相当于代理汉中市长，虽然并非被正式任命为梁州都督，却拥有都督的相应权力。但后来检校官的内涵却发生了根本性改变，朝着阶官的方向发展，崔珙虽为检校尚书右仆射，但他却并不实际管理尚书省的事务，只是享受着从二品的待遇。

中央各部门五品以上职事官、尚书省六品以上职事官一般会被称为"检校"某官，但中书令、中书侍郎、侍中、门下侍郎却往往用"兼"，这个"兼"字并非是兼任的意思，只是表明并不实际履行职责。五品以下官员一般称为"试"某官，比如试秘书省校书郎、宣武节度使观察推官韩愈。不过若是担任五品以下（含五品）的供奉官，也就是侍奉在皇帝左右的官员，如谏议大夫、给事中、中书舍人、起居舍人、起居郎、通事舍人、左右补阙、左右拾遗等一般会被称为"内供奉"。无论是"检校"，还是"试"，抑或是"内供奉"，所对应的官职都是朝廷的职事官，因此统称为"朝衔"。

御史台的官员比较特殊，御史大夫、御史中丞一般被称为"兼"或"摄"，侍御史和殿中侍御被称为"内供奉"、监察御史被称为"里行"，被统称为"宪衔"。比如大诗人元结曾任监察御史里行、山南东道节度参谋，其实他并不在御史台上班，而是在山南东道（管辖今重庆东部、湖北北部和河南西南部）担任节度参谋，但节度参谋却属于没有品级的使职，需要依靠监察御史里行来确定品级和待遇。

作为阶官的职事官并不受职数限制，不过班位却在正员官之下，也就是说元结与真正担任监察御史的官员一同出席活动，要坐在人家的次席。

再说说勋官，崔琪被授予的"上柱国"便是勋官。勋官原本只授予立有战功之人，类似于秦朝的二十等军功爵，依据杀获敌人的多少和战功的大小来授予勋官品级。例如在两军对阵中，以少击多，杀获敌人十分之四者，被称为上获，授勋五转；杀敌十分之二者，被称为中获，授勋四转；杀敌十分之一者，被称为下获，授勋三转。勋官共有十二转，最高等第十二转为上柱国，被视为正二品，最低等第一转为武骑尉，被视为从七品。

自从高宗皇帝李治以后，战士立功授勋者多达上万人，虽然勋官也可以作为授予职事官的依据，但因勋官人数越来越多，凭此能谋上官职便渐渐成了难以兑现的空头支票。后来勋官也开始授予文官，崔琪就是个文官，却可以获得勋官的最高等——上柱国。

通过梳理唐朝西州（今新疆吐鲁番）出土的官文书可以发现，在被授予勋官最高等上柱国的人之中，既有高级文官如刺史（从三品）高某，也有高级武官如伊吾军副使、西州岸头府折冲都尉（正四品上阶）。居然还有低级文官，如蒲昌县尉，就是个从九品的小官；也有低级武官，如天山府校尉（从七品下阶）张诠；还有压根就没有品级的胥吏，如市丞玄亮；

甚至还有普通百姓，如张富琳、唐智宗等人。说明勋官授予已经颇为普遍，即便是视同正二品的上柱国也比较容易获取。

再说说爵位，崔珙被赐予的安平郡开国公便是爵位，是唐朝第四等爵位。唐朝爵位共分为十等，最高等为亲王，通常只有皇帝的兄弟和儿子才会被赐予王爵，比如李渊的儿子李世民曾被封为秦王，注意亲王都是单字的王，如吴王、魏王等，而郡王往往都是双字的王。唐朝的亲王和郡王并没有"世袭罔替"的情形，继承人继承爵位后通常会降低爵位等次。亲王去世后，他的儿子之中一般只会有一人继承王位，但也不再是亲王而是嗣王，其他的儿子照例应被封为郡公，不过皇帝却常常会格外开恩将其封为郡王，比如睿宗皇帝李旦之子李业被封为薛王。李业去世后，他的儿子李珏被封为嗣薛土，而其他的儿子只被封为郡王，如李瑗为乐安郡王，李玚为荥阳郡王。

通常情况下，不属于李姓宗室的人一般并不会被封王，只有极个别立下大功勋的朝臣才可能会被破例封为郡王，比如发动神龙政变将女皇武则天赶下台恢复李唐江山的张柬之、崔玄暐、敬晖、桓彦范、袁恕己等五位大功臣便被封为郡王，身为节度使的安禄山也被封为郡王。

唐朝的封爵有虚实之分，虽然每一等爵位都会对应一定的食邑户数，但那只不过就是个虚数。崔珙所谓的食邑二千户，也就是听着好听，却并不能兑现，只有得到实封才能实际享有所对应封户所缴纳的赋税，不过通常都会小于名义上的食邑户数。

弟弟薛王李业去世后，玄宗皇帝李隆基颇为感伤，于是赐给李业诸子实封一千户，无论是嗣王还是郡王名义上食邑都是五千户，但李瑗等人能享受一千户的实封已然是皇恩浩荡了。平定安史之乱的中兴名将郭子仪因功被封为汾阳郡王，实封也不过才二千户，还曾一度被降为一千九百户。

唐朝散官、勋官、爵位设置情况

品级	文散官	武散官	勋官	爵位
正一品	无	无	—	亲王（食邑一万户）
从一品	开府仪同三司	骠骑大将军	—	嗣王（食邑五千户）、郡王（食邑五千户）、国公（食邑三千户）
正二品	特进	辅国大将军	上柱国	开国郡公（食邑二千户）
从二品	光禄大夫	镇军大将军	柱国	开国县公（食邑一千五百户）
正三品	金紫光禄大夫	冠军大将军	上护军	—
从三品	银青光禄大夫	云麾将军	护军	开国县侯（食邑一千户）
正四品上阶	正议大夫	忠武将军	上轻车都尉	开国县伯（食邑七百户）
正四品下阶	通议大夫	壮武将军	—	—
从四品上阶	太中大夫	宣威将军	轻车都尉	—
从四品下阶	中大夫	明威将军	—	—
正五品上阶	中散大夫	定远将军	上骑都尉	开国县子（食邑五百户）
正五品下阶	朝议大夫	宁远将军	—	无
从五品上阶	朝请大夫	游骑将军	骑都尉	开国县男（食邑三百户）
从五品下阶	朝散大夫	游击将军	—	—
正六品上阶	朝议郎	昭武校尉	骁骑尉	—
正六品下阶	承议郎	昭武副尉	—	—
从六品上阶	奉议郎	振威校尉	飞骑尉	—
从六品下阶	通直郎	振威副尉	—	—
正七品上阶	朝请郎	致果校尉	云骑尉	—
正七品下阶	宣德郎	致果副尉	—	—
从七品上阶	朝散郎	翊麾校尉	武骑尉	—
从七品下阶	宣议郎	翊麾副尉	—	—
正八品上阶	给事郎	宣节校尉	—	—
正八品下阶	征事郎	宣节副尉	—	—
从八品上阶	承奉郎	御侮校尉	—	—
从八品下阶	承务郎	御侮副尉	—	—

续表

品级	文散官	武散官	勋官	爵位
正九品上阶	儒林郎	仁勇校尉	—	—
正九品下阶	登仕郎	仁勇副尉	—	—
从九品上阶	文林郎	陪戎校尉	—	—
从九品下阶	将仕郎	陪戎副尉	—	—

最后说说使职，崔珙曾经担任的"凤翔陇州节度观察处置等使"便是使职。在正式官制之外，唐朝皇帝设置了越来越多的使职，专门负责某一方面或领域的行政事务，但其本身却并没有品级。使职的设立其实是将体制内官员手中的权力进行再分配，例如兵部侍郎、判户部魏扶，虽然魏扶在兵部担任二把手，却实际管着户部的事。

使职的大量出现严重分割了职事官原有的权力，甚至到了唐朝后期不兼任使职便无法实际履行职责，例如守尚书户部侍郎、兼御史大夫、判度支皇甫镈，户部本就是财政主管机关，管理度支事务（即统筹财政收支、管理漕运等事宜）也是户部职权范围内的事情，但即便皇甫镈担任的就是户部侍郎，如若不注明"判度支"便也无权过问度支事务。

就好比财政工作原本应由财政部来负责，不过却在财政部之外又另行设立了财政工作领导小组，如果财政部部长不担任财政工作领导小组组长便无权过问财政事务，而担任这个小组组长的人也不局限于财政部部长，国防部部长、民政部部长、水利部部长等人均有可能出任财政工作领导小组组长，财政部部长仅仅表明你享受正部级待遇，却并不意味着你能管得了财政事务。

最极端的案例发生在德宗贞元二年（公元786年）正月，吏部侍郎刘滋改任左散骑常侍，与给事中崔造、中书舍人齐映一同出任宰相，此外另一位宰相李勉继续留任。在四位宰相之中，李勉为检校司徒，属于三公；刘滋和崔造的本官均为门下省的官，齐映的本官为中书省的官，四人都并非尚书省的官员，不过随后宰相齐映判兵部，宰相李勉判刑部，宰相刘滋判吏部、礼部，宰相崔造判户部、工部，四位宰相分管六部，六部的正副长官尚书、侍郎统统都靠边站。

使职的大量涌现既是因为原有官制已经不再适合现实政治的需要，却也从侧面反映出皇帝政治控制力的下降，皇帝并不能随心所欲地进行人事安排。比如想让建设部部长管理财政事务，但财政部的政治排序却在建设部之前，原来的财政部部长免职后便不好安排，于是便命建设部部长管理财政事务，而命原财政部部长管理其他部委的事务，如此两人的职务并未发生变化，只是对各自职权重新进行了划分，这样并不影响两人的政治、经济待遇。

宋朝全面确立了官员差遣制，一个官员干什么事不再取决于做什么官，而是取决于皇帝给你派什么活，这为皇帝进行政治运作提供了更大的政治空间，却也使得许多官员无事可干，冗官的大量存在使得北宋积贫积弱。

唐朝最厉害的职务是节度使、翰林学士、宰相（即同中书门下平章事、同中书门下三品），它们全都是使职。下面重点说说节度使，唐朝衰落是因为节度使，灭亡也是因为节度使。

安史之乱后，州县之上普遍设道，均由使职来统领，但究竟设置何种使职却要综合考虑当地地缘结构、军事战略、斗争形势等诸多因素，也要考虑到当事人的政治地位。例如嗣曹王李皋调任江西之前，江西只设观察使，为了彰显朝廷对李皋的器重，特地将江西观察使升格为江西节度使，李皋离任后又被降为观察使。

一般而言，节度使的政治地位要高于观察使，观察使要高于都防御使，都防御使要高于都团练使。安史之乱后，都防御使大多被裁撤，只在东都洛阳等极少数地区还继续设都防御使。由于奉行军、政、财权合一的原则，一个区域只设一个头儿，因此节度使必然兼任观察使，而观察使必然兼任都团练使或者都防御使。

使职通常还会兼任治所州的刺史，能够成为一道治所的州往往都是上州，上州刺史的品级是从三品，但一个道管辖的上州却往往并不只有一个，因此朝廷通常会授予节度使一个更高的阶官。一般的节度使往往是检校六部尚书（正三品），如李纳担任淄青平卢节度使时检校工部尚书。地位较高的节度使检校尚书左、右仆射（从二品），如裴度担任河东节度使时检校尚书左仆射兼门下侍郎。地位更为尊崇的节度使还会检校正一品的三公（太尉、司徒、司空），如李正己担任淄青平卢节度使时检校司空、朱滔担任幽州卢龙节度使时检校司徒、王武俊担任成德节度使时检校太尉兼中书令。在唐朝晚期，有的节度使甚至会检校职事官中级别最高的三师（太师、太傅、太保）。

正员官都有编制限制，比如正一品的职事官只有六个，即太师、太傅、太保、太尉、司徒和司空，而且每个职务都只能由一个人来担任，但政局动荡不安时，皇帝却往往需要用高官厚爵来拉拢人，区区六个职务根本满足不了实际需要，检校官并不像正员官那样会受编制的束缚，皇帝可以随心所欲地授予，自然也就变得越来越多。

了解了唐朝官制之后，我们再来看看贡举及第后通常会被授予什么官职呢？

仕途生涯该如何规划

科举是分科举士，不同科目的及第者获得的出身也会有所不同，最高的是秀才科，最高等可以被授予正八品上阶的出身；其次是明经，最高等可以被授予从八品下阶的出身。最受瞩目的进士科，最高等才仅仅是从九品上阶，但后期升迁却会比较快。

贡举及第的人只有通过铨选、科目选或者制举才能获得官职，正式脱去布衣，换上官服，被称为"释褐"，而你迈向官场的第一步往往也决定着你未来的命运。

科举诸科的品第出身

科目	第一等	第二等	第三等	第四等
秀才	正八品上	正八品下	从八品上	从八品下
明经	从八品下	正九品上	正九品下	从九品上
进士	从九品上	从九品下	—	—
明法	从九品上	从九品下	—	—
明算	从九品下	—	—	—
明字	从九品下	—	—	—

礼部侍郎刘太真曾于德宗贞元四年（公元 788 年）和五年（公元 789 年）连续两年执掌贡举，共计录取进士 67 人，不过因他所录取的进士之中权贵子弟过多而饱受指摘，于是被贬为信州（今江西上饶）刺史，于贞元八年（公元 792 年）郁郁而终。

刘太真去世 10 年后，为了缅怀恩师，时任中书舍人的门生裴度特地撰写了《刘府君神道碑铭并序》。裴度的祖父只是个县令，父亲也只是个县丞，但裴度却历经七朝，先后在宪宗、穆宗、敬宗、文宗四朝为相，堪称国之重臣，而改变他命运的正是他的恩师刘太真。

神道碑中列举了22位门生，经过十三四年的奋斗，其中11人已然位至五品以上高官，此外担任六品官的有4人，七品官的有3人，八品官的有3人，九品官的有1人。裴度等人此时已然在朝中担任着中书舍人这样的要职，不过同年之中也有人担任着县丞、县尉这样的八、九品的小官，因此在步入仕途之初的确需要好好规划一下自己的仕途生涯。

对于初入仕途的官员而言，上佳的选择无疑是能够留在朝中，不过中央官员数量却只占大唐官员总数的14%，其中大多数又是中高级职务，适合科举及第者的职位可谓是少之又少。因此若能有幸留在中央工作，那可是祖上烧了高香了。那些极少数幸运儿主要有以下五个去处：

第一个去处是前往秘书省担任校书郎或正字。在唐朝中央机构中，除了人们熟知的尚书、中书、门下三省外，还设有秘书、殿中、内侍三省，不过去秘书省上班并非是去给领导当秘书，而是与书打交道。秘书省负责图书管理和天文历法，还负责撰写碑志、祭文、祝文等文稿，相当于国家图书馆兼国家天文台。殿中省相当于皇帝事务管理局，下设的六个局分别负责皇帝的餐饮、用药、穿戴、住房、马匹、轿辇等事宜，虽说工作并没有什么技术含量，却是能直接与皇帝打交道，初入官场的人一般并不会被安排到殿中省工作。内侍省则是管理太监的机构。

通过梳理两唐书中的人物传记，发现132位官员的仕途生涯在中央政府起步，其中72位官员在秘书省担任校书郎（正九品上阶）或者正字（正九品下阶），占比竟然高达54.55%。其实秘书省是个小部门，仅辖著作局、司天台两个下属单位，领导职数也只有74个，而且近六成属于下辖的天文气象部门司天台。虽然秘书省并非权力核心部门，但若是能够进入秘书省工作，对于那些初涉官场的官员而言，也是个很不错的选择，虽是个清水衙门，却也是个很容易升迁的好去处。

校书郎和正字负责校正典籍、刊正文章，工作内容虽有些枯燥，却属于受到世人看重并且升迁比较快的"清官"，能够在从政之初便踏足秘书省的只有两类人：

第一类是才华横溢之人，比如 32 岁的白居易与 25 岁的元稹便一同被授官秘书省校书郎；唐宋八大家之中柳宗元也是从校书郎这个职位步入仕途的。一代神童刘晏天资颖悟，才华横溢，名噪一时，7 岁便参加了童子科考试且一举中第，授秘书省正字。

第二类是背景深厚之人，比如曾任秘书省校书郎的刘从一的祖父刘令植曾任礼部侍郎（正四品下阶），父亲刘孺之曾任京兆少尹（从四品下阶）、汝州刺史（从三品），刘从一后来也成为德宗朝宰相。

第二个去处是前往中书省、门下省任职，这两个部门与尚书省、御史台均处于政务处理中枢低位，在这四个核心部门任职的官员被称为"台省官"，属于让同僚艳羡不已的朝廷要职。通过梳理两唐书中的人物传记，发现 18 人的释褐官为中书、门下两省的官职，占在中央机关任职总数的 10.04%。这些人都是同僚眼中的幸运儿。

对于那些初入官场的人来说，通常会被安排到中书省下辖的集贤殿书院、门下省下辖的弘文馆等直属文化单位任职。崔郾、韦处厚①、丁公著三人的释褐官为集贤殿校书（正九品下阶），与太子校书品级相当，不过却要比秘书省校书郎低一阶。陆亘为集贤殿正字（从九品上阶）。王播、王起、张仲方、卢携四人的释褐官为集贤校理，蒋义的释褐官为集

---

① （五代）刘昫等撰《旧唐书·卷一百五十九·韦处厚传》中记载韦处厚释褐官为秘书省校书郎。（北宋）宋祁、欧阳修等撰《新唐书·卷一百四十二·韦处厚传》中记载韦处厚释褐官为集贤校书郎。韦处厚随后经宰相裴垍引荐入史馆，集贤殿书院隶属中书省，往往由一名宰相任集贤殿学士、知院事，由此推断《新唐书》的记载更为可信。

贤小职。奚陟、杜牧、郑颢、赵宗儒、令狐绹、郑覃6人的释褐官为弘
文馆校书（从九品上阶）。释褐官在集贤殿书院和崇文馆的官员总共有
15人。

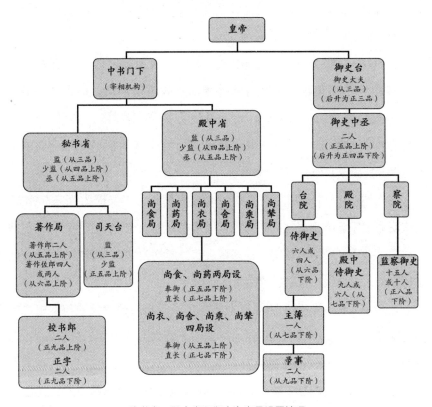

秘书省、殿中省和御史台官员设置情况

　　无论是在秘书省，还是在集贤殿书院和崇文馆，抑或是在东宫司经局
和弘文馆担任校书、正字等职务，实际工作并无多大差别，只是在集贤殿
书院和崇文馆工作接触宰相的机会更多一些，在东宫任职接触太子的机会
可能会多一些而已。

　　其实集贤殿书院和弘文馆只是挂靠在中书、门下两省而已，与两省的
核心业务并无多少关联，一入仕便能真正接触到两省核心业务的官员犹如

凤毛麟角。祝钦明、李义府曾在门下省任典仪（从九品下阶），类似于会议引导员，张尚书您坐这儿，李侍郎您坐这儿。韦执谊的释褐官为右拾遗（从八品上阶），比普通进士出身足足高出五阶，而且还在中书省担任谏官，鲜有能与他比肩之人。他之所以会被破格授官是因为其在进士及第后又参加了制举还被判定为高等。

"台省官"权力大，升迁快，官员们自然是趋之若鹜。为了解决地方官素质低下问题，促进内外官之间有效流动，朝廷确立了"不历州县不拟台省"的选官原则，也就是没有基层工作经验的官员一般不让你在中央核心部门工作，因此释褐官为台省官的官员无不是人中之龙凤。

在上述 18 人中，居然有 9 人后来成为宰相：李义府为高宗朝宰相；祝钦明为中宗朝宰相；赵宗儒为德宗朝宰相；韦执谊为顺宗朝宰相，王播为穆宗、敬宗、文宗三朝宰相；郑覃、韦处厚均为文宗朝宰相；卢携为僖宗朝宰相；令狐绹为宣宗、僖宗两朝宰相。

其余 9 人也大都是正四品以上的高官，王起虽曾遗憾地与宰相之位失之交臂，后任太子少师（从二品）；丁公著为礼部尚书（正三品）；郑颢为万寿公主驸马，任礼部尚书（正二品）、河南尹（从三品）；崔郾在朝为礼部侍郎（正四品下阶），出京为鄂岳观察使、鄂州刺史（从三品），浙西观察使、润州刺史（从三品）；杜牧为湖州刺史（从三品）；陆亘为浙东观察使、越州刺史（从三品）；蒋乂为秘书监（从三品）；奚陟为刑部侍郎（正四品下阶）、吏部侍郎（正四品上阶）。只有张仲方因受到座主吕温的牵连而仕途不畅，仅为度支郎中（从五品上阶）。

第三个去处是担任卿监官。通过梳理两唐书人物传记发现，16 人的释褐官为卿监官，占在中央机关任职总数的 12.12%。九寺五监负责具体行政事务，虽与六部互不隶属，却在业务上要受其指导。

释褐官为卿监官的官员主要被分配到太常寺和国子监这两个部门，其

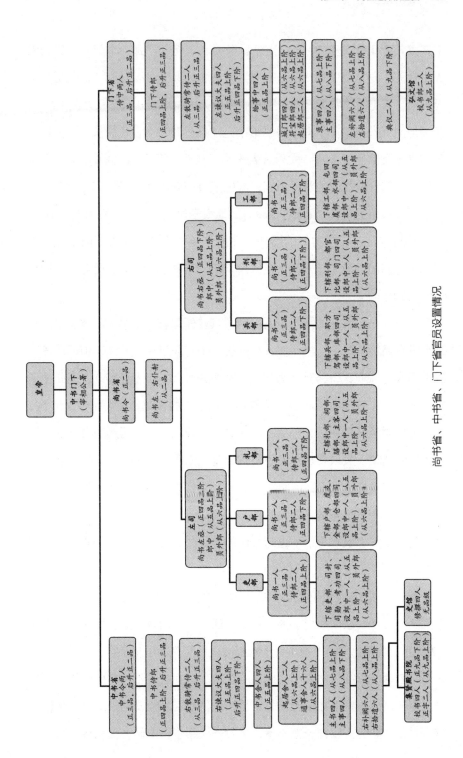

尚书省、中书省、门下省官员设置情况

中在太常寺工作的有 10 人：崔纵、杨凝、李愬、严郢、李贺 5 人为太常寺协律郎（正八品上阶）；张籍为太常寺太祝（正九品上阶），负责与神灵沟通，祭祀时跪着读祝文；王丘、韦温为太常寺奉礼郎（从九品上阶），职责与门下省典仪差不多，需要牢牢记住祭祀时每个官员的位置。大诗人王维进士及第后授太常寺太乐署太乐丞（从八品下阶），也就是太乐署的二把手，掌管祭祀时的奏乐事宜；薛钰通过门荫入仕后任宗正寺懿德太子庙令（从八品上阶），管理着供奉有懿德太子灵位的神庙，虽然不是和尚，却干着与方丈、住持类似的活儿。在国子监工作的有 4 人：归崇敬、归登父子为四门助教（从八品上阶），李绅、李慎进士及第后授官国子助教（从六品上阶）。

此外，在司农寺工作的 1 人：钟绍京曾任司农寺录事，不过录事却只是个没有品级的胥吏，虽然他获得的第一个官职已无从考证，但他应该一直在司农寺任职，一路升迁为司农寺官苑总监（从五品下阶），因此他所担任的第一个有品级的职务应该就是司农寺内的官职。在太仆寺工作的 1 人：裴胄明经及第后授太仆寺主簿（从七品上阶），这已然是很高的官阶了，进士及第一般只有从九品下阶的出身，而明经及第最高也只是给予从八品下阶的出身，以官场俩能获得从七品上阶的官员实属少见。

卿监官从事的多是事务性工作，远离政务核心而且升迁缓慢，并非是贡举及第者的上佳之选，不过却要比那些被分配到偏远州县任职的官员好上许多。

虽然上述 16 人中位至显官的也有几个，不过最终位至宰相的却只有两人。一位是武宗朝宰相李绅，对于新任职官员而言，能够担任国子助教（从六品上阶）已然是个很不错的选择。助教名义上虽是个官，但本质上却只是个老师。李绅显然志不在此，不久便辞官而去，不过却仕途坎坷，在挚友李德裕的提携下才位至相位。另一位便是玄宗朝宰相钟绍京，担任的官苑总监之职与公园园长差不多，带着一大帮子人维修一下房屋，疏浚一

九寺五监官员设置情况

部门	主要职责	长官	副长官	秘书长	下属机构
太常寺	掌管皇家祭祀等事宜，属于庆典组织部门	太常卿（正三品）	太常少卿（正四品上阶）	丞（从五品下阶）主簿（从七品上阶）	乾陵等皇帝陵庙设令（从五品上阶），丞（正八品上阶），丞（从八品下阶）；诸太子陵设令（从七品下阶）；两京郊社署、太乐署、鼓吹署、太医署、太卜署皆设令（从七品下阶）①，丞（正八品下阶）；汾祠署、两京齐太公庙署设令（从七品下阶），丞（从八品上阶）
光禄寺	掌管宴饮等事宜，属于宴会组织部门	光禄卿（从三品）	光禄少卿（从四品上阶）	丞（从六品上阶）主簿（从七品上阶）	太官署设令（从七品下阶），丞（从八品下阶）；珍馐署、良酝署、掌醢署皆设令（正八品下阶），丞（正九品下阶）
卫尉寺	掌管兵器甲仗等事宜，属于兵器发放保管部门	卫尉卿（从三品）	卫尉少卿（从四品上阶）	丞（从六品上阶）主簿（从七品上阶）	武库署、守宫署皆设令（从六品下阶），丞（正九品下阶）；武器署设令（正八品下阶），丞（正九品下阶）

① 《唐六典》与《新唐书》均记载为从八品下阶，《旧唐书》记载为正八品下阶。

续表

部门	主要职责	长官	副长官	秘书长	下属机构
宗正寺	掌管皇家宗族事宜，属于皇家内部管理部门	宗正卿（从三品）	宗正少卿（从四品上阶）	丞（从六品上阶）主簿（从七品上阶）	崇玄署设令（正八品下阶）、丞（正九品下阶）
太仆寺	掌管马匹等事宜，属于养马管马部门	太仆卿（从三品）	太仆少卿（从四品上阶）	丞（从六品上阶）主簿（从七品上阶）	乘黄署、典厩署皆设令（正八品上阶）、丞（正九品下阶），从六品下阶、正六品下阶、从六品下阶；典牧署①设令（正八品上阶）、丞（正九品下阶）；诸牧监分上中下三等，分别为从五品下阶、正六品下阶、从六品下阶；沙苑监（从六品下阶）；牧署设令（正八品上阶）、丞（从九品上阶）；车府署设令（正八品下阶）、丞（正九品下阶）；东官九牧监设丞（正八品上阶）
大理寺	掌管刑狱事宜，属于最高审判部门	大理卿（从三品）	大理少卿（从四品上阶）	正（从五品下阶）丞（从六品上阶）主簿（从七品上阶）	司直（从六品上阶）六人，负责案件审理；评事（从八品下阶）八人，负责案件审理；狱丞（从八品下阶）二人，主管大理寺监狱

① 《唐六典》《新唐书》《旧唐书》记载均不一致，本书采纳《新唐书》记载。

续表

部门	主要职责	长官	副长官	秘书长	下属机构
鸿胪寺	掌管对外接待人待礼仪、有关丧葬事官，属于外事兼丧葬服务部门	鸿胪卿（从三品）	鸿胪少卿（从四品上阶）	丞（从六品上阶）主簿（从七品上阶）	典客署设令（正七品下阶）、丞（从八品下阶）；司仪署设令（正七品下阶）、丞（正九品下阶）
司农寺	掌管粮食蔬菜水果种植、保管、盐池管理、园林养护等事宜，属于农业和园林管理部门	司农卿（从三品）	司农少卿（从四品上阶）	丞（从六品上阶）主簿（从七品上阶）	上林署、太仓署皆设令（从七品下阶）、丞（从八品下阶）；盾署设令（正八品上阶①）、丞（正九品上阶）；太原、永丰、龙门等仓设监②设监（正七品下阶）、副监（正八品上阶）；司竹监设监（正七品下阶）、副监（从八品下阶），温泉汤等监每监设监（从五品下阶）；诸宫苑总监设监（从五品下阶）、副监（从六品下阶），苑四面监设监（从六品下阶）；京都诸园苑、九成宫面监设监（正七品下阶）、副监（从七品下阶）；京都诸监设监（正七品下阶）、副监（从七品下阶）；诸屯设监（从七品下阶）；诸盐池监（从八品下阶）

① 《唐六典》与《新唐书》均记载为正八品下阶，《旧唐书》记载为正八品上阶。

② 《唐六典》与《旧唐书》记载一致，《新唐书》记载可能有误。

续表

部门	主要职责	长官	副长官	秘书长	下属机构
太府寺	掌管贸易国库等事宜，管手市场管理和经理国库部门	太府卿（从三品）	太府少卿（从四品上阶）	丞（从六品上阶）主簿（从七品上阶）	两京诸市署设令（从六品上阶），丞（正八品上阶），左藏署、平准署、常平署设令（从七品上阶），丞（从八品下阶）；右藏署设令（正八品上阶），丞（正九品上阶）
国子监	掌管官学，管手教育管理部门	祭酒（从三品）	司业（从四品下阶）	丞（从六品下阶）主簿（从七品下阶）	国子学设博士（正五品上阶），助教（从六品上阶），五经博士（正五品上阶）；太学设博士（正六品上阶），助教（从七品上阶）；四门馆设博士（正七品上阶），助教（从八品上阶），助教（从九品下阶）；律学设博士（从八品下阶①）；书学、算学皆设博士（从九品下阶）
少府监	掌管朝会活动和皇家生活所需各种器物、钱币冶炼等事宜，属于皇家手工业制作部门	少府监（从三品）	少府少监（从四品下阶）	丞（从六品下阶）主簿（从七品下阶）	中尚署、左尚署、右尚署皆设令（从七品下阶），丞（从八品上阶）；织染署、掌冶署、掌冶署皆设令（正八品上阶），丞（正九品下阶）；互市监每监设监（从六品下阶），丞（正八品下阶）

① 《唐六典》与《旧唐书》关于律学设博士品级的记载一致，《新唐书》记载可能有误。

续表

部门	主要职责	长官	副长官	秘书长	下属机构
将作监	掌管官府房屋营造修缮等事宜，属于建筑工程部门	将作监（从三品）也称将作大匠	将作少监（从四品下阶）也称将作少匠	丞（从六品下阶）主簿（从七品下阶）	左校署、中校署、右校署①、甄官署皆设令（从八品下阶）、丞（正九品下阶）；百工、就工、库谷、斜谷、太阴、伊阳监设监（从七品下阶）、副监（从七品下阶）、丞（正八品上阶）
军器监	掌管兵器制造，属于兵工制造部门	军器监（正四品上阶）	军器少监（正五品上阶）	丞（正七品上阶）主簿（正八品下阶）录事（从九品下阶）	弩坊署、甲坊署皆设令（正八品下阶）、丞（正九品下阶）
都水监	掌管河渠、河堤、渡口等事宜，属于水利工程部门	都水使者（正五品上阶）	—	丞（从七品上阶）主簿（从八品下阶）	河渠署、舟楫署皆设令（正八品下阶）、丞（正九品上阶）、河堤谒者（正八品下阶）；诸津皆设令（正九品上阶）、丞（从九品下阶）

① 《唐六典》与《旧唐书》关于右校署令、丞品级的记载一致，《新唐书》记载可能有误。

下园池，喂养一下鱼鸟，养护一下果木，还有一个职能就是看大门，不能让闲杂人等进去。原本并没有什么光明前景，可是他后来却机缘巧合地协助李隆基平定韦皇后之乱而成为宰相，被誉为"江南第一宰相"。

　　第四个去处是担任东宫官。通过梳理两唐书传记发现，14 人的释褐官为东宫官，占在中央机关任职总数的 10.6%。其中 13 人在司经局和崇文馆任职，沈传师、崔戎、梁肃、刘禹锡 4 人的释褐官为太子校书（正九品下阶），注意太子属官之中有两个校书，一个是司经局校书，被称为"太子校书"，另一个是太子官学崇文馆校书，被称为"崇文馆校书"。卢元辅、于邵、卫次公 3 人释褐官为崇文馆校书（从九品下阶），比太子校书低了两阶，在所有校书类官职之中品级最低。杨绾、常衮、卢迈、刘兹、赵骅、王式 6 人为太子正字（从九品上阶）。

　　不过也有极个别官员的释褐官为东宫实权职务，比如萧复依靠门荫出任宫门郎（从六品下阶），负责掌管宫门钥匙和宫门安全保卫工作，踏足官场之初便领先同僚一大截。这是因为他有着显赫的家世，萧复的祖父萧嵩为太子太师（从一品），父亲萧衡为太仆卿（从三品）、驸马都尉，母亲为新昌公主。

　　上述 14 人之中，有 4 人位至宰相，不过却都在代宗、德宗两朝。杨绾为代宗朝宰相，常衮为代宗、德宗两朝宰相，卢迈、萧复为德宗朝宰相。其他的 10 人之中，只有卫次公与宰相之位擦肩而过。当时朝廷大举出兵讨伐割据淮西，旷日持久的战争使得朝廷财政入不敷出，快要支撑不下去了，尚书左丞（正四品上阶）卫次公奏请宪宗皇帝李纯罢兵。其实此时宪宗皇帝也开始有些动摇了，于是便有意起用卫次公为宰相，可委任诏书刚刚下发，平定淮西的捷报便送到了。宪宗皇帝赶紧派人快马加鞭追回诏书，将其改任淮南节度使，卫次公就这样悲催地与宰相之位擦肩而过了！

　　第五个去处是担任王府官。通过整理两唐书人物传记发现，12 人的

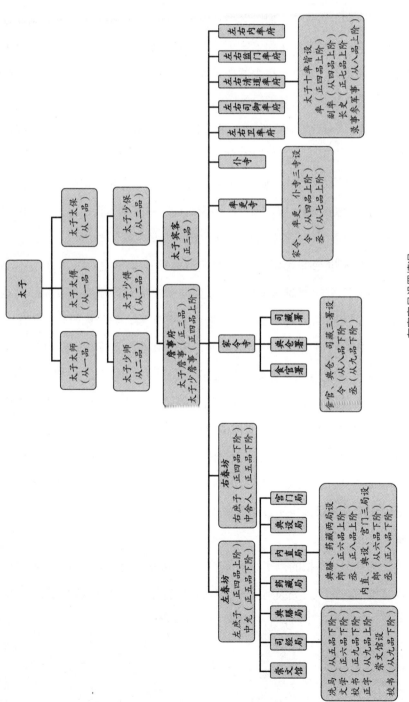

东宫官员设置情况

释褐官为王府官，占在中央机关任职总数的 9.1%。窦兢任英王府参军事，杜鸿渐任延王府参军事，高智周、王方庆任越王府参军事，王义方任晋王府参军事，韦承庆任雍王府参军事，韦见素任相王府参军事，徐齐聃任曹王府参军事，张荐任岐王府参军事，均为正八品下阶。李齐运任宁王府东阁祭酒（从七品上阶），吴少诚任王府户曹参军事（正七品上阶），唐休璟为吴王府典签（从八品下阶）。

上述 12 人要么是名门贵胄，要么便是人中翘楚，其中 6 人后来成为宰相，1 人为宰相之子。高智周为高宗朝宰相；韦承庆是睿宗朝宰相韦思谦之子，而他自己也是武则天时期宰相，弟弟韦嗣立是中宗朝宰相；王方庆为武则天时期宰相；唐休璟为武则天时期、中宗朝宰相；韦见素为肃宗朝宰相；杜鸿渐为代宗朝宰相；窦兢为睿宗朝宰相窦怀贞之子。

剩余 5 人也绝非等闲之辈。李齐运为蒋王李恽之孙，历任朝中要职，最终升迁至礼部尚书（正三品）。吴少诚依靠曾任魏博节度都虞侯的父亲所立功勋刚刚入仕便成为王府户曹参军事，后为检校司空（正一品）、同中书门平章事、淮西节度使，虽然并非是真宰相，却也是尊贵的"使相"。徐齐聃为太宗徐贤妃之弟、高宗徐婕好之兄，曾被太宗皇帝李世民赞为神童，不过却因卷入政治纷争而未能成为宰相，却也曾担任过西台舍人（即中书舍人）这样的要职。才华横溢的张荐参加进士考试时被主考官赞为"天下无双"，后任工部侍郎（正四品下阶）、兼御史大夫。唯有王义方没能成为高官，但他不仅饱读诗书而且清正廉洁，只是因受到政治牵连最高也不过是著作佐郎（从六品上阶）、侍御史（从六品下阶）。

王府官出任宰相的概率似乎比东官官还要高，这主要是因为王府之中并没有校书、正字之类级别低、权力小的虚职，几乎都是实权职位，因此在入仕之初便担任王府官的官员绝非等闲之辈！

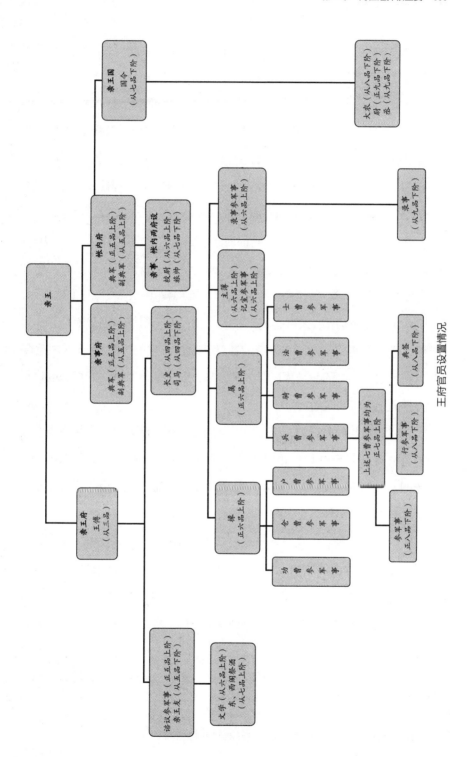

王府官员设置情况

初次为官之人，若是能够有机会在朝中当个小官是极为难得的，绝大部分会被分配到地方任职，有的在州府，有的在县里。

先来看看州府官，唐朝的府是州的高配版，虽说政治地位要高一些，但行政级别却是一样的。其实唐朝立朝之初并没有府，后来陆续将 10 个地位比较重要的州升格为府。长安所在的京兆府、洛阳所在的河南府、太原所在的太原府并称"三京"，曾设过从二品的府牧，通常由亲王担任，不过却并不常设，府内事务通常由别驾具体负责，别驾后来改为长史，又改称尹。

此后，朝廷又陆续设立了成都府（原益州，今四川成都）、河中府（原蒲州，今山西永济）、凤翔府（原岐州，今陕西凤翔）、江陵府（原荆州，今湖北荆州）、兴元府（原梁州，今陕西汉中）、兴德府（原华州，今陕西渭南华州区）、兴唐府（原陕州，今河南三门峡）等 7 个府。开元末期，唐代共有州府 328 个，府的数量却只占总数的 3%，可谓是凤毛麟角。到了宋代，府的数量才逐渐多了起来；到了明清时期，府彻底取代州成为县的上级行政区划。

唐朝的州共分为三等，四万户以上的为上州，两万户以上且不满四万户的为中州，两万户以下的为下州。上州又被进一步划分为 4 个辅州①、6 个雄州、10 个望州、10 个紧州和普通上州，上述 5 个等级的州只是政治地位略有差异，品级完全一样。

府的一把手为尹，在一些唐朝题材电视剧里居然被称为"府尹"，显然是受到后世称谓的影响。其实在唐朝府的一把手通常会被称为"京兆尹""河南尹""太原尹"等，并不会被称为"府尹"。府的二把手为少尹。注意唐朝也不会出现杭州府、徽州府这样的称谓，因为府与州绝对不会并称。

州里的一把手为刺史，别驾、长史、司马都是受刺史节制的高级官

---

① 岐州升为凤翔府，蒲州升为河中府后，四辅州便只剩下同州、华州。

员，称为"上佐"，不过具体干什么活儿却由刺史来布置。上佐之中不乏被贬官的人，往往并没有什么具体事可做。司录参军事和录事参军事只是叫法不同，受长官委托管理诸曹事务，纠察不法之事。诸曹相当于分管某一领域行政事务的局。

州府官员设置情况

府	上州	中州	下州	对应如今职务
尹一人（从三品）	刺史一人（从三品）	刺史一人（正四品上阶）	刺史一人（正四品下阶）	市长
少尹两人（从四品下阶）	别驾（从四品下阶）长史（从五品上阶）司马（从五品下阶）各一人	别驾（正五品下阶）长史（正六品上阶）司马（正六品下阶）各一人	别驾（从五品上阶）司马（从六品上阶）各一人	副市长
司录参军事两人（正七品上阶）	录事参军事一人（从七品上阶）	录事参军事一人（正八品上阶）	录事参军事一人（从八品上阶）	秘书长兼监委主任
功曹、仓曹、户曹、兵曹、法曹、士曹六曹①参军事各两人（正七品下阶）	司功、司仓、司户、司兵、司士、司法六曹参军事各一人（从七品下阶）	司功、司仓、司户、司士、司兵、司法六曹参军事各一人（正八品下阶）	司仓、司户、司田、司法四曹参军事各一人（从八品下阶）	各局局长
参军事六人（正八品下阶）	参军事四人（从八品下阶）	参军事三人（正九品下阶）	参军事两人（从九品下阶）	副秘书长
录事四人（从九品上阶）	录事两人（从九品下阶）	录事一人（从九品上阶）	录事一人（从九品上阶）	办公厅秘书
文学（或称经学博士）一人（从八品上阶）	文学（或称经学博士）一人（从八品下阶）	文学（或称经学博士）一人（正九品上阶）	文学（或称经学博士）一人（正九品下阶）	教育局局长兼学校校长
医学博士一人（从九品上阶）	医学博士一人（从九品下阶）	医学博士一人（从九品下阶）	医学博士一人（从九品下阶）	医院院长兼医科学校校长
市令一人（从九品上阶）	市令一人（从九品上阶）	市令一人（无品级）	市令一人（无品级）	市场监督大队大队长

① 《新唐书·卷四十九·百官志四》记载有田曹，但《旧唐书·卷四十四·职官志三》和《唐六典·卷三十·三府督护州县官吏》均记载府设六曹并无田曹，《新唐书》记载有误。

通过梳理两唐书人物传记发现，共有33人的释褐官为府州官，首先最好的去处便是京兆府（唐初称雍州）、太原府（唐初称并州）和河南府（唐初称洛州），其次则是其他府，再次是上州，然后是中州，最次只能是下州，所任职务大多是八品的参军事，共有20人；还有10人担任地位更高一点的司法、司仓、司户（或户曹）或功曹参军事，为正七品下阶或从七品下阶；另有2人担任录事参军；另有1人担任州司马。

在上述33人中，进士出身的极少，只有3人。无论是参军事，还是诸曹参军事，均为七、八品，而进士及第者一般只有从九品下阶的出身，若是安排到地方任职自然首选在县里。苏瑰生活在太宗至中宗时期，当时官位远没有后来那般紧张，因此进士及第后被破格授正七品下阶的桓州司马。齐映为进士科状元，后来又参加科目选博学宏词科再度中第，齐映这个学霸因表现太过抢眼而被授河南府参军事（正八品下阶）；李宗闵进士及第后授华州参军事（从八品下阶），主要是考虑到他是郑王元懿的四世孙，他的父亲李翽曾任宗正卿（从三品）、华州刺史（从三品）、镇国军防御使，而他的叔叔李夷简为宪宗朝宰相，按照门荫，三品官的儿子可以授从七品上阶的官职，因此朝廷才会将其破格提拔为华州参军事。

明经出身的有11人，明经及第者最高等可被授予从八品下阶的出身，以探案而闻名于世的狄仁杰明经及第后便被授汴州参军事（从八品下阶）。高宗、中宗时期的知名宰相裴炎在弘文馆苦学10年，精研《左传》，明经及第后被授濮州司仓参军事（从七品下阶），属于破格授官。

制举出身的有2人，制举及第者可优先安排官职，成绩突出的可以破格提拔。

剩余17人几乎都是门荫入仕，按照唐朝法令，门荫之人被授官阶最高为正七品上阶，若是皇帝格外开恩，还可以被授予更高品级的出身。最牛的当属李实，以门荫入仕后担任潭州司马（潭州为中都督府驻地，属于上州，从五品下阶），主要因为他是道王李元庆的玄孙，被封为嗣道王，后来还曾担任京兆尹（从三品），尽管起点很高，后来却因太过飞扬跋扈而被贬官。

上述 33 人主要是在府或上州任职，其中只有 2 人在下州任职，这也从侧面说明若是被分配到中州或下州任职未来很难升迁到高位。

再来看看县官，通过梳理两唐书人物传记发现，共有 135 人的释褐官为县官，其中县尉 105 人，县主簿 19 人，县丞 5 人，县令 6 人。县令为亲民之官，责任重大，即便是下县县令也是从七品下阶，秀才科最高等出身也仅为正八品上阶，其他科及第者所获出身与之相比相差更远，况且毫无实际从政经验的贡举及第者也很难处理好地方错综复杂的关系，因此 6位释褐官为县令的官员均不是科举出身。

县丞的地位比县令稍稍低一些，相当于副县长。释褐官为县丞的 5 人之中，1 人为制举，1 人为进士，3 人门荫。这唯一的 1 名进士便是武则天时期、中宗朝宰相张柬之，进士及第后被授清源县丞（正八品下阶），主要因为他曾为太学生而且被太子祭酒令狐德棻认为是不可多得的人才，于是才会被破格授官。

主簿负责纠察不法事务，相当于监察委主任。任释褐官为主簿的 19人中，进士 6 人，明经 6 人，大礼举 1 人，其他 6 人出身不明。

担任县尉可谓是绝大多数进士及第者的宿命，释褐官为县尉的有 105人，占担任县级官员总数的 77.78%，其中进士及第者 43 人，明经及第者 16 人，贡举其他科和制举 12 人，门荫和出身不明的 34 人。县尉在县级官员之中品级较低，但职责却很重，是一个很锻炼人的岗位。很多人会将县尉的职责定位为今天的公安局局长，其实这种理解未免有失偏颇。县尉指导众曹（类似于县政府各股）工作，维持社会治安只是其职责之一，此外还要负责催征税款，相当于现在的秘书长、公安局局长兼税务局局长。

在不同的县担任县尉，最终的命运也会有着很大的不同，最好的去处自然是去京县担任县尉（从八品下阶），长安、万年、洛阳、河南、太原、晋阳六县为京县，工作在天子脚下，极易迁转到朝中担任要职；其次便是担任畿县县尉（正九品下阶），京兆、河南、太原三府中除京县之外的其他县为畿县。畿县县尉通常有 6 条迁转途径，"入御史为佛道，入评事为仙道，入京尉为人道，入畿丞为苦海道，入县令为畜生道，入判司为饿鬼道"。最好的升迁路径是前往御史台担任监察御史，次优选择是前往大理寺任评事，不过这对于一般官员而言却是可望而不可及的。他们一般会升任为京县县尉，若是升任为畿县县丞或者县令则是苦海无边，若是升任为刺史佐吏恐怕将"永世不得超生"。

在上述 135 人之中，在京县任职的有 13 人，在畿县任职的有 42 人，在望县任职的有 37 人，在紧县任职的有 21 人，在上县任职的有 16 人。望县和紧县是上县之中地位比较高的县，不过官员品级与普通上县并无差别。在中县任职的仅有 2 人，在中下县任职的仅有 1 人，无法确定等次的县 3 个。

似乎绝大部分官员都有机会在上县任职，不过事实却并非如此。大唐全盛时期共有 1573 个县，其中京县只有 6 个（后来数量略有增加），占总数的 0.38%；畿县 82 个，占总数的 5.21%；望县 78 个，占总数的 4.96%；紧县 111 个，占总数的 7.06%；上县 446 个，占总数的 28.4%；中县 296 个，占总数的 18.8%；中下县和下县共计 554 个，占总数的 35.3%。

其实能够在史书中留名的要么是身居高位的大官，要么是声名远播的名人，如李白，普通官员只能是历史上匆匆的过客。其实这也从侧面反映出一个残酷的问题，若是为官之初便被分配到中下县或下县，哪怕是被分配到中县任职，恐怕这一辈子都很难再有出头之日，除非是有机会参加制举或者科目选并且表现优异才会迎来仕途的转机。

县级官员设置情况

京县	畿县	上县	中县	中下县	下县	对应如今职务
县令一人（正五品上阶）	县令一人（正六品上阶）	县令一人（从六品上阶）	县令一人（正七品上阶）	县令一人（从七品上阶）	县令一人（从七品下阶）	县长
县丞两人（从七品上阶）	县丞一人（正八品下阶）	县丞一人（从八品下阶）	县丞一人（从八品下阶）	县丞一人（正九品上阶）	县丞一人（正九品下阶）	副县长
主簿两人（从八品上阶）	主簿一人（正九品上阶）	主簿一人（正九品下阶）	主簿一人（从九品上阶）	主簿一人（从九品上阶）	主簿一人（从九品上阶）	监委主任
县尉六人（从八品下阶）	县尉两人（正九品下阶）	县尉两人（从九品上阶）	县尉一人（从九品下阶）	县尉一人（从九品下阶）	县尉一人（从九品下阶）	秘书长兼税务局局长、公安局局长
录事两人（从九品下阶）	录事两人（无品级）	录事两人（无品级）	录事一人（无品级）	录事一人（无品级）	录事一人（无品级）	办公室秘书
司功、司仓、司户、司兵、司法、司士六曹设佐、史（无品级）	司功、司仓、司户、司法四曹设佐、史（无品级）	司户、司法两曹设佐、史（无品级）	司户、司法两曹设佐、史（无品级）	司户、司法两曹设佐、史（无品级）	司户、司法两曹设佐、史（无品级）	各股股长

此外，考试时需要避讳，录取时需要避讳，授官时同样需要避讳，避讳可谓是无处不有，无时不在。

贾曾因才学出众而被朝廷任命为令人艳羡的美官中书舍人，但他居然拒不接受。上司起初以为他莫不是疯癫了，后来一了解才得知原来他的父亲叫贾忠，"忠"字与中书舍人的"中"字同音，他之所以不敢就职是担心会因此被世人讥笑和鄙夷，但如此做无异于自断前程。这个官你不当，还不知有多少人求爷爷告奶奶地抢着当呢？好在当时有人替他说话，说中书乃是官署的名字，你父亲的名讳与官署名同音不同字并不属于需要避讳的范畴。在众人的劝说之下，他才战战兢兢地上任，不禁慨叹老父母叫啥不好为什么非要叫忠呢?

贾曾这样的幸运儿毕竟是少数。王初、王哲兄弟两人均为进士出身,才高八斗,学富五车,声望日恐,于是朝廷想要安排他们到秘书省为官。这对于初入仕途的人来说可是一个很不错的选择,但他们的父亲却叫王仲舒,"舒"字与秘书省的"书"字同音,两人只得忍痛割爱,自断大好前程。

为了避讳"舒"字,秘书省、中书省、尚书省的官儿都不能当,这不是自寻死路?两人赶紧商议应当之策,决意不再避讳"舒"字,只避讳"仲"字,也就是不担任中书侍郎、中书舍人等中书省的官职,这才算是给自己留了一条活路。

他们的爷爷估计是仰慕西汉儒学大家董仲舒特地给儿子起名"仲舒",谁知却害苦了自己的孙子,让后辈儿孙们欲哭无泪。

下面说一下"入幕",也就是前往藩镇幕府任职。拥有科举出身的士人大批"入幕"始于玄宗天宝年间,当时阴险狡诈而又心胸狭窄的李林甫为了一己私利大肆排斥有识之士,很多科举及第之人苦于在朝中找不到出路而被迫远走藩镇,边塞诗两大代表人物岑参和高适都曾在偏远藩镇任职。

安史之乱爆发后,天下大乱,皇帝自顾不暇,允许节度使、观察使等封疆大吏自行征辟僚属,不过事后却要向朝廷报批,称为"摄官奏正"。

之前节度使只在边疆地区设置,后来因平定安史之乱的需要在内地普遍设立节度使或观察使,所需幕僚数量自然大幅增加。不过节度使只是个游离于正式官制之外的使职,本身并没有品级,因此节度使的那些幕僚们自然也没有品级,于是便习惯于用"朝衔"来代表自身品级,有的还带有御史台的"宪衔"。韩愈获得的第一个官职便是试秘书省校书郎、宣武节度使观察推官,虽然是在宣武镇任职,却用"朝衔"校书郎来代表自己的品级以及享受了相关政治经济待遇。

节度使僚属升迁快，待遇好，因此权贵高官的子弟们会动用各种关系前往幕府任职。玄宗朝宰相卢怀慎之孙卢杞通过门荫解褐东宫清道率府兵曹参军事，后被朔方节度使仆固怀恩辟为掌书记，试大理寺评事，后迁监察御史。即便是进士出身的官员也热衷于入幕，齐映进士及第后又参加了科目选博学宏词科的考试，被授河南府参军，随后被滑毫节度使令狐彰辟为掌书记，授监察御史，后来又被河阳三城使马燧辟为判官，迁殿中侍御史。卢杞和齐映最终都成为德宗朝宰相。

宪宗元和时期（公元806年—820年）可谓是一个极其重要的分水岭。宪宗朝进士出身的宰相共有17人，其中参加制举的有6人，参加科目选的有3人，既参加制举又参加科目选的有1人，参加科目选后又被藩镇征辟为幕僚的有3人，单纯被征辟的仅有4人，可见当时官员快速升迁至宰相依靠的仍旧是制举和科目选，而并非是被藩镇征辟，但仅仅10年后这种现象便发生了翻天覆地的变化。

文宗朝进士出身的宰相共有18人，其中经过藩镇征辟的有11人；武宗时进士出身的宰相12人，其中经过藩镇征辟的有10人；宣宗朝进士出身的宰相共有19人，其中经过藩镇征辟的有12人，其他经由辟举而位至显官的人臣更是不计其数。

唐朝后期制举几乎不再举行，科目选虽然每年都会举行，却只能算作是制举的低配版，因为很多重要官职并不在科目选的授官范围之内。对于权贵子弟而言，最便捷的升迁通道便是被藩镇征辟。虽然节度使对于那些名声大、声望高的高端人才又是写信，又是送礼金，但那毕竟只是极少数，对于一般的贡举及第者来说，若想被藩镇征辟其实难度很大，如著名诗人孟郊被郑余庆征辟为东都水陆转运判官时已是年近六旬的老翁了。

与此形成鲜明对比的是那些公卿大臣的子孙，他们若想被征辟却要容易许多，他们的祖上已然通过同年、同僚、门生、故吏为他们所编织而成的庞大关系网，将会使得他们的仕途变得顺风顺水。

　　沈传师是唐朝书法大家，尤其是楷书为当时一绝，年少时曾得到杜佑的器重。杜佑是德宗、顺宗、宪宗三朝宰相，还将自己的表外甥女许配给沈传师。杜佑的孙子杜牧进士及第后随即便被已经升为江西观察使的沈传师辟为试大理评事、江西团练巡官。

　　路岩的父亲路群曾任中书舍人、翰林学士承旨，身居要职又很有人缘，结交了一大批至交，等到路岩进士及第后，他父亲的那些故交们很多都已成为节度使、观察使，争着抢着征辟路岩。路岩也是步步高升，36岁时便成为宰相。

　　路岩的父亲路群所担任的翰林学士承旨究竟是个什么职务，居然会拥有如此之大的政治能量？

争当皇帝的私人秘书

在唐朝，地方上最牛的官是节度使，朝廷里最牛的官是宰相，而最有上升潜力和远大前途的官则是翰林学士，因此成为翰林学士也是每个在朝为官之人的梦想。

先来了解一下唐朝的翰林学士院。从唐朝第三任皇帝高宗李治开始，皇帝便从地势低矮的太极宫搬到了大明宫，除了玄宗皇帝李隆基时常居住在由他当藩王时的宅邸改建而成的兴庆宫外，其他皇帝基本上都会居住在大明宫。翰林学士院位于大明宫右银台北夹城之中的一个宽55米、长400米的狭长封闭院落，院落中有一道复门通向皇帝所居住的内廷。

翰林院是玄宗皇帝李隆基设立的，最初仅仅是为了满足娱乐生活的需要，而将某一领域技艺精湛的专业人士征召来。当时有文辞待诏、书待诏、画待诏、棋待诏、医待诏，还有精通阴阳五行之人，甚至还有德高望重的僧道，后来文辞待诏被改为翰林学士。虽然李白也曾担任过翰林供奉（也称翰林待诏），但无非是让他写写诗，寻个乐子而已。

后来翰林学士院渐渐与翰林院分离开来，翰林学士全是官员之中的翘楚，基本上都会升迁至高位，甚至还会拜相。不过翰林学士与节度使一样都是使职，并没有定员，多的时候会有9人，少的时候只有2人，不过后来渐渐保持在6人，有人出院后才会补充新的翰林学士。

翰林学士既是皇帝的机要秘书，也是皇帝的贴身顾问，被誉为"天子私人"和"内相"。翰林学士之所以被称为"天子私人"是因为中书省原本是皇帝的秘书机构，中书舍人是专门为皇帝撰写诏书的政务秘书，起居舍人是专门记录皇帝言行的工作秘书，但除了这些正式"秘书"外，皇帝往往还会任命其他官员为翰林学士，负责草拟重要诏书，就如同是皇帝自己聘用的私人秘书。翰林学士之所以会被称为"内相"是因为翰林学士不仅要草拟诏书，还要做皇帝的侍从顾问，遇到疑难问题，皇帝常常会首先询问较为信任的翰林学士。

翰林学士不仅分割了中书省草拟诏书的权力，也分割了宰相参政议政的权力，当值时位于禁中，即便是宰相，也只有遇到紧急公务时才有权请求皇帝奏开延英殿议事，没有皇帝征召就不能随便入宫。

由于宰相机构中书门下设在中书省，中书省的重要性在三省之中不断凸显。为了削弱中书省的权力，皇帝先是命其他官员"知制诰"，与中书舍人享有同等的撰写诏书的权力，又设立翰林学士院进一步分割中书省草拟诏书的权力。

关于翰林学士与中书舍人和知制诰官员的职权划分，并未在制度上予以明确，不过在政务实践中，中书舍人和知制诰官员主要负责为宰相撰写以政府名义下发的文书，称为"外制"，而翰林学士主要负责撰写以皇帝名义下发的文书，称为"内制"。外制主要包括一般官员任命、日常行政性事务，而内制主要包括将相任免、封王立后、号令征伐等重要事项，不过翰林学士们平时草拟的最多的是以皇帝名义对朝廷重臣、藩镇节度使呈报的表疏奏报的礼节性回复，类似于今天的批复。

翰林学士、中书舍人拟定制文情况

姓名	时间和任职	制文总数（篇）	内制类（篇）	外制类（篇）	规范率（篇）	史料来源
陆贽	德宗朝翰林学士	81	79	2	97.5%	《陆宣公集》
白居易	宪宗朝翰林学士	122	114	8	93.4%	《白居易集》
封敖	武宗朝翰林学士	26	26	0	100%	《全唐文》
白居易	穆宗朝中书舍人	233	5	228	98%	《白居易集》
杜牧	宣宗朝中书舍人	100	1	99	99%	《全唐文》
薛廷珪	昭宗朝中书舍人	66	2	64	97%	《全唐文》

唐朝中央政府决策主要分为 3 个步骤：先是召开御前会议，皇帝与宰相对重大军政事务研究确定大政方针；宰相们随后召开宰臣会议，拟定具体实施方案报皇帝批准后实施；若是宰相之间出现较大分歧或者将要出台的政策影响重大，牵涉面广，宰相们有时也会召开百官会议，广泛征求朝臣意见。

若是上述 3 个步骤的会议对某些事项议而未决，或者虽有决议，但皇帝对决议并不认同，往往还会征求翰林学士的意见，这时翰林学士便可献言献策；若是皇帝对决议并无异议，吩咐翰林学士拟定诏书，但翰林学士却对此有不同看法，也可以向皇帝提出自己的建议。尽管有的翰林学士品级并不高，只是六、七品的中下级官员，却依然可以对皇帝决策施加重大影响，因此史书上时常会留下翰林学士进谏的相关记录。

谁要是与某位翰林学士成为政敌，那么将会陷入极其被动的境地。若想赢得先机就必然要千方百计地让他从翰林学士院出院，哪怕是通过升官加薪的方式也要将他从皇帝身边挤走。

要想成为翰林学士必须要在核心部门的核心岗位上工作，因为皇帝选人的视野毕竟很有限。如若你在偏远州县任职，即便再有才华，再有政绩，恐怕也很难入得了皇帝的法眼。即使是在朝中仕职，就算在九寺五监担任"卿监官"一般也没有什么机会进入翰林学士院，因为皇帝主要从尚书省诸司员外郎、中书舍人和知制诰的官员中选择翰林学士，其次便是从尚书省诸司郎中、左右拾遗、左右补阙、起居郎中之中选择翰林学士，其他官员虽也有机会，但能任职概率却并不大。

能够有幸成为翰林学士的官员，品阶最高的是正三品的太常卿和六部尚书，最小低的仅仅是九品的校书郎，不过皇帝最喜欢从五、六品的官员中选拔翰林学士，官太大不好控制，官太小历练少，经验少，恐难当大任。

皇帝选拔翰林学士时非常重视官员的个人素质，听话而又不乱说话，拥护皇帝领导，严守工作纪律，遵守皇帝旨意，尤其是不能把宫廷秘事随意散布出去。还有就是要出身清白，不拉帮结派，不徇私枉法。最后才是才华出众，特别是文稿写作能力要比较出众。大诗人白居易入职翰林学士院之前还曾接受过相关测试，按照要求撰写三份诏书，撰写一份批答（即批复），撰写一首诗，虽不像科考那么严格，但若是没有点儿真本事恐怕也进不了翰林学士院的大门。

翰林学士要轮流到翰林学士院值班，哪怕是晚上都要留人值守，因此学士院内设有床、被褥和洗漱用品，甚至有时翰林学士要通宵达旦撰写诏书，曾任翰林学士的元稹曾留有"麻制例通宵勘写"的诗句。宣宗皇帝执政初期，大唐成功收复被吐蕃所侵占的河湟故地，当时翰林学士刘琢一人在院内值班，接连起草了上百份诏书。如此高强度的工作无论对脑力，还是对体力都是一种极大消耗，也是对个人能力的极大挑战，因此那些翰林学士们每次从翰林院下班回家都会有如释重负之感。

参加宫廷内宴时，翰林学士的座次仅次于宰相，坐在一品官员之上，可谓是荣耀无比。在中晚唐时，翰林学士被视为宰相的接班人，皇帝也习惯于从翰林学士或者曾担任过翰林学士的官员中挑选宰相。从德宗至懿宗时期，34%的翰林学士最终得以出任宰相，而在宰相之中有42%的人曾担任过翰林学士。

宪宗皇帝李纯首设翰林学士承旨，并选择年深德重者担任，位在其他翰林学士之上。首任翰林学士承旨是后来成为宪宗朝宰相的郑絪。58%的翰林学士承旨最终得以出任宰相，比翰林学士中位至宰相的比例高出了24个百分点。元稹著《翰林承旨学士记》记载："（翰林学士承旨）十一人而九参大政。"从宪宗到穆宗期间，11名翰林学士承旨中居然有9人得以出任宰相，可见翰林学士承旨多么受皇帝赏识！

德宗至懿宗时期翰林学士出任宰相情况

朝代	翰林学士人数（人）	翰林学士位至宰相人数（人）	翰林学士中位至宰相者比例	宰相人数（人）	宰相总曾任翰林学士人数（人）	宰相总曾任翰林学士者比例
德宗	21	7	33%	35	5	14%
顺宗	2	0	0	7	1	14%
宪宗	20	9	45%	26	9	35%
穆宗	11	5	45%	12	5	42%
敬宗	4	1	25%	5	1	20%
文宗	27	7	26%	20	10	50%
武宗	13	6	46%	12	7	58%
宣宗	26	10	38%	22	13	59%
懿宗	30	8	27%	20	16	80%
总计	154	53	34%	159	67	42%

宪宗至懿宗时期翰林学士承旨出任宰相情况

朝代	翰林学士承旨人数（人）	翰林学士承旨位至宰相人数（人）	翰林学士承旨中位至宰相者比例	宰相人数（人）	宰相总曾任翰林学士承旨人数（人）	宰相总曾任翰林学士承旨者比例
宪宗	10	7	70%	26	7	27%
穆宗	5	5	100%	12	4	33%
敬宗	1	1	100%	5	0	0
文宗	8	3	38%	20	6	30%
武宗	4	2	50%	12	5	42%
宣宗	9	6	67%	22	7	32%
懿宗	15	6	40%	20	12	60%
总计	52	30	58%	117	41	35%

宰相可不是最大的官

唐朝宰相并非是一个具体职务而是泛指参与最高决策的官员，具体包括哪些官员，这在不同时期却有着很大差异。因为唐朝宰相制度的成型经历了一个漫长而又复杂的过程，若想精准识别哪些人是宰相其实并不太容易。

唐朝宰相制度演变情况

朝代	当然宰相	委任宰相
高祖李渊时期	尚书令、尚书左仆射、尚书右仆射中书令、侍中（初称纳言）	无
太宗李世民时期	中书令、侍中尚书令实际不再授予尚书左仆射、尚书右仆射，并于贞观二十三年退出当然宰相的行列	加授"参议朝政""平章国计""专典机密""参知机务"或"参议政事"等名目不一的职衔的官员；加授"同中书门下三品"的官员，包括尚书左、右仆射
高宗李治时期	中书令、侍中	永淳元年之前一般加授"同中书门下三品"，有时也会加授"参知政事"；永淳元年之后加授"同中书门下三品"或"同中书门下平章事"的官员
中宗李显睿宗李旦时期	中书令、侍中	加授"同中书门下三品"或"同中书门下平章事"的官员
玄宗李隆基时期	中书令、侍中（一度称黄门监）（有时不设，或者虽设却不满员）	加授"同中书门下三品"或"同中书门下平章事"的官员
肃宗李亨时期	中书令、侍中	加授"同中书门下三品"或"同中书门下平章事"的官员。鉴于平定叛乱的需要，开始大量授予节度使"使相"官衔
代宗李豫及其以后时期	中书令、侍中（升为正二品，渐渐退出宰相行列）	加授"同中书门下平章事"的官员

唐朝立朝之初，朝廷确立了三省六部制，尚书省主要负责行政执行，中书省主要负责草拟诏书等秘书性工作，门下省主要负责政令的审核和封驳。

三省长官定期前往设在门下省的政事堂商议政事。当时的宰相均为三省长官，也就是尚书省正长官尚书令（正二品）、副长官尚书左仆射（从二品）和尚书右仆射（从二品）、中书省长官中书令（正三品）、门下省长官侍中（正三品）。

此时尚书省的政治地位明显高于其他两省，既参与决策，又负责执行。在《开元令》之前，尚书省正、副长官，即便是下辖的吏部尚书的班位都在中书、门下两省正长官之前。不过尚书令却只有秦王李世民担任过，此后便长期空置，高宗皇帝李治在位时正式废除，史书中记载的原因是太宗皇帝李世民曾担任过该职，可李世民也曾担任过太尉、司徒、中书令等职，为何偏偏只废除尚书令呢？

根本原因在于尚书令权力太大，在大唐立朝后很长一段时间里，尚书令李世民长期领兵在外征战，尚书左仆射便成为宰相之中的首相，若是空缺，尚书右仆射便是首相，中书令和侍中只能屈居次席。

太宗皇帝李世民给三省长官以外的官员加上诸如"参议朝政""半章国计""专典机密""参知机务"或"参议政事"等名目不一的头衔便可令其进入政事堂参与最高决策，不过政治地位却要逊于三省长官。

贞观十七年（公元643年），太宗皇帝李世民任命李勣为太子詹事、同中书门下三品。这是"同中书门下三品"这个宰相职衔的首次出现，获得这个职衔的官员便可以享有与中书、门下两省长官同样的参政议政的权力，因为当时中书、门下两省的正长官均为正三品。

贞观二十三年（公元649年），太宗皇帝李世民任命李勣为尚书左仆射、同中书门下三品。这标志着尚书左、右仆射退出了"当然宰相"的行列，如若不加授"同中书门下三品"的职衔便不再是宰相，而后来不加授

"同中书门下三品"渐渐成为常态。曾经位高权重的尚书左、右仆射也就此被排挤出了权力核心。

永淳二年（公元683年），体弱多病的高宗皇帝李治去世，朝廷重臣裴炎受命辅政，由侍中改任中书令，为了表示对他的尊崇，政事堂也从门下省搬到了中书省。

玄宗开元十一年（公元723年），中书令张说上奏将政事堂改为中书门下，同时还设立了吏房、枢机房、兵房、户房和刑礼房，标志着中书门下由单纯的议事机构变为政务决策与中枢处理机构。尚书省的地位就此一落千丈，许多敕旨和敕牒不再经尚书省便直接下发到有关部门，而制书类下行文书虽仍旧需要经尚书省签转，但尚书左、右仆射的签署权却渐渐被剥夺了。

曾经的"首相"尚书左、右仆射不仅不再是宰相，甚至都不再实际主持尚书省的内部事务，逐渐沦为下野宰相、朝中重臣或者卸任节度使的名誉性职务。尚书省逐级成为以尚书左、右丞为实际长官并受中书门下领导的制敕签署转发机关。虽然尚书左、右丞，六部尚书，侍郎仍是跻身宰相的重要跳板，却已然明显逊于中书、门下两省，而且很多尚书省的官员一旦出仕宰相后往往会改仕或兼仕中书、门下两省的职务。

永淳元年（公元682年），黄门侍郎郭待举、兵部侍郎岑长倩、秘书员外少监郭正一、礼部侍郎魏玄同四人"共与中书门下同承受进旨平章事"。这是"同中书门下平章事"这个宰相职衔首次出现，从此之后便与"同中书门下三品"成为专用的宰相职衔。宰相职衔也由纷繁复杂变为相对固定。

一品至三品官中，除了侍中、中书令之外的官员出任宰相通常会加授"同中书门下三品"，而四品、五品官员担任宰相通常会加授"同中书门下平章事"。宰相也渐渐从职事官变成了使职。

职事官都有员额要求，尚书令被废置后，尚书左仆射、尚书右仆射、中书令（两员）、侍中（两员）全都满员也不过才 6 个人，但"同中书门下三品"和"同中书门下平章事"却只是使职，并不受数量限制。

至德二载（公元 757 年），肃宗皇帝李亨任命李麟为同中书门下三品。这是"同中书门下三品"这个职衔最后一次出现。十年后，也就是大历二年（公元 767 年），代宗皇帝李豫将中书令、侍中从正三品升为正二品，自此与尚书令同一品级，同时将中书侍郎、门下侍郎的品级从正四品上阶升为正三品。随着中书、门下两省长官升为二品官，"同中书门下三品"自然也就失去了存在的意义，彻底退出了历史舞台。

不过中书令、侍中却因地位显赫而很少实际授予群臣，从大历二年（公元 767 年）至天祐四年（公元 907 年）唐朝灭亡，在长达 140 年的时间里，只有 17 人[①] 曾短暂担任过中书令或侍中，两职空置时间居然长达一百余年。即便担任此官，通常也只是荣誉性质，并不实际管理本省事务，侍郎才是两省真正的长官。

在唐朝后期，"同中书门下平章事"成为宰相的专属职衔，除了节度使之外，只要拥有这个职衔，不管品级高低都是宰相。其实宰相本身并无品级，从一品官到五品官都能担任宰相，武宗朝宰相李德裕是一品官，因为他的本官为太尉（正一品）。德宗朝宰相崔造、齐映却只是正五品上阶，因为他们的本官分别为给事中、中书舍人。

纵观大唐 289 年的历史，担任宰相的多是三品官。很多人会感到困惑，宰相为何不是最大的官呢？位居正一品的职事官有三师（太师、太傅、太保）和三公（太尉、司徒、司空），但他们却既不管理官署，也不可自行征辟下属，只不过是皇帝的高级顾问而已，但皇帝问不问他，问后究竟听不听，那就不一定了。从一品职事官太子太师、太子太傅、太子太

---

① 郭子仪、李怀光、李晟、浑瑊、马燧、韩弘、裴度、田弘正、白敏中、王铎、郑从谠、韦昭度、崔胤、韩建、徐彦若、朱温、王重盈。

保与三师、三公的处境类似，位虽高但权却不重。

自从尚书令被撤销后，正二品中便没有了职事官的身影，直到代宗大历二年（公元 767 年），侍中与中书令的品秩从正三品升为正二品，正二品之中才有了职事官，但此后侍中与中书令也不再轻易授予朝臣。

在从二品职事官中，尚书左、右仆射已经被逐出权力核心，并无多少实权，而太子少师、太子少傅、太子少保与三师、三公一样都是没有什么实权的虚职。府牧与大都督一般也是遥领，府内事务由府尹负责，大都督府内的事务由大都督府长史负责。德宗皇帝李适为了安抚高级将领，在左卫、右卫等十六卫设立上大将军，在六军（左右羽林军、左右龙武军和左右神武军）设立统军，均为从二品。除了左右金吾卫还承担着巡逻治安的职能外，其他十四卫均沦为无兵可调的空衙门，而身为老牌禁军的六军每军也仅有千余人，因此上述上大将军和统军品级虽高，听起来挺威风，却不过是个光杆司令而已。

一品、二品职事官位虽高，但权却并不重。高官往往更难驾驭，容易给皇权带来威胁，因此宰相多为三品官，最低为五品官。这种制度的安排也使得那些宰相们有着巨大的上升空间，自然会更加尽心竭力地为皇帝做事。如李德裕在武宗朝为相之初为门下侍郎（正三品）、同中书门下平章事，后因辅政有功升为司空，再升为司徒，最后升为太尉。当然皇帝对谁不满意想要撤换谁，又不想伤害彼此情感，往往会先将他们的本官提升一级，然后再免去其宰相职衔。

唐朝一共有多少宰相呢？不同史书有着不同记载，但误记、漏记的现象却普遍存在，目前学界比较认可的数字为 379 人。唐朝共有 289 年的历史，平均每年宰相为 1.31 人。西汉存续 230 年，共有宰相 45 人，平均每年 0.2 人；北宋存续 167 年，任用宰相 72 人，平均每年 0.43 人；南宋存续了 152 年，任用宰相 63 人，平均每年 0.41 人。唐朝年均宰相人数是西汉的 6.55 倍，北宋的 3.05 倍，南宋的 3.2 倍，由此看来在唐朝担任宰相的机会要比其他朝代要多很多。

即便如此，若是生在穷乡僻壤恐怕也不会有多大希望，只有生对了地方，拜相的机会才会大幅提升。在 379 名宰相之中，11 人籍贯不明，只有 368 人籍贯可考，生在北方，也就是秦岭淮河以北地区的宰相点比竟然高达 86.7%，其中关陇地区（今陕西大部和甘肃、宁夏部分地区）占 44%，关东地区（今河北、河南、山东、山西）占 42.4%，河西走廊地区仅出过一位宰相赵彦昭，占 0.3%，因此在宰相数量方面，北方要彻底碾压南方。

生在南方的宰相仅占总数的 13.3%，其中淮南占 2.3%，江南占 6.8%，荆襄占 3.1%，岭南和巴蜀地区占 1.1%。岭南（今广东、广西）只出过张九龄、刘瞻、姜公辅 3 位宰相，其实 3 人都不是土生土长的岭南人，都是祖上南迁到岭南。巴蜀（今四川）只出过李义府一位宰相。

从秦汉到隋唐，政治斗争主要表现为东西之争，也就是关陇地区官员与关东地区官员之间的争斗，比如唐朝最为知名的牛李党争，牛党党首牛僧孺是今甘肃灵台人，李宗闵是今甘肃秦安人，而李党党首李德裕却是河北赞皇人。

这种政治格局直到北宋中期才有了根本性改观，随着南方官员的强势崛起，身居要职的南北方官员也日趋均衡。北宋中期主导改革的王安石便是江西抚州人，新党之中南方人居多，而反对改革的官员中北方人居多，东西之争演变为了南北之争。到了明清时期，无论是明朝风云人物于谦、严嵩、张居正，还是清朝中兴名臣曾国藩、李鸿章、左宗棠无不是南方人，至此，在数量上南方官员彻底碾压北方官员。

这种变化是江南经济迅速崛起的必然结果。在明清时期科举成为当官的正途，而脱产读书却需要足够的经济支撑，况且江南文化氛围浓厚，南方考生的综合素质普遍高于北方考生，以至于明朝洪武三十一年（公元 1398 年）录取的 51 名进士之中居然连一个北方人都没有，这在朝野上下引起轩然大波。太祖皇帝朱元璋无奈之下只得设立"南北榜"，也就是南方人和北方人分开考试，分别录取，以免北方人彻底丧失从政的机会。这种翻天覆地的变化恐怕是唐人所不敢想象的。

生在一个好地方只是拜相的前提条件，若想在仕途上走得远还必须要有一个好出身，若并非是进士及第，几乎没有出任宰相的可能。宰相绝佳的升迁路径是 20 多岁进士及第；30 岁左右在中央政府任职，要是实在无法留京，选择到京县或畿县当个县官也是个不错选择；40 岁左右成为六部郎中、员外郎，最好能够进翰林学士院，或者在御史台担任侍御史或殿中侍御史；50 岁左右升迁为六部尚书或侍郎、中书舍人、给事中或者中书、门下两省其他重要官职，抑或出任淮南节度使、剑南西川节度使等大藩镇的节度使，这才算具备了出任宰相的基本资格。

其实皇帝选择宰相的视野颇为有限，如若你是在偏远州县任职，即便干得再好，能力再强，也很难脱颖而出。如果在核心岗位任职，能力又特别出色，才华特别出众，抑或得到宰相或其他重臣的推荐，才有机会成为宰相。

官员担任宰相后通常会改任或兼任中书侍郎、门下侍郎；有时也会改任门下、中书两省其他官职，如左、右散骑常侍，左、右谏议大夫等；有时也会继续担任原职，此类官员主要是之前担任尚书、侍郎等尚书省的职务或者太子宾客以及太子左、右庶子等东宫官。

好不容易当上了宰相，上任后都需要干些什么呢？唐朝立朝之初，尚书左、右仆射，中书令，侍中一般上午会到政事堂议事，当时宰相也就五六个人，讨论完之后便各回各的部门，进一步落实决议内容。后来宰相人数却渐渐多了起来，中宗时期宰相人数一度激增到 10 余人，以至于多得连政事堂里都坐不下，议事时总是乱糟糟的，使得很多事议而不决。

玄宗皇帝李隆基执政时汲取了宰相人数过多的教训，将宰相人数限定为 2 至 3 人，而且明确 1 人为首相，其他的宰相只是首相的配角，姚崇、宋璟都曾为首相，对于开创"开元盛世"发挥了重要作用。不过后来李林甫、杨国忠先后成为首相，却酿成了"天宝危机"，最终引发了安史之乱。

鉴于首相制度的种种弊端，李隆基的儿子肃宗皇帝李亨尝试优化宰相制定，适当增加宰相人数，保持在 4 人左右。经过慢慢演变，首相通常为太清宫使，剩余 3 位宰相依次为弘文馆大学士、监修国史、集贤殿大学士。肃宗皇帝李亨还确立了宰相轮流秉笔制，每 10 日换一次，轮流在政事堂值班处理日常政务，希望借此实现某种权力均衡，但每位宰相往往都会按照自己的行事风格来处理政事，以至于朝廷政策朝令夕改，轮流秉笔制度便渐渐被废弃了。

唐代后期，创立了延英殿议政制度。宣政殿前的西上阁门西侧是延英门，门后便是延英殿，与位于延英门外的宰相机构中书门下仅有一墙之隔。早朝之后，皇帝便会移驾延英殿，若是发生重大变故或紧急事件，延英殿也会随时打开，君臣可连日在殿内议事。

皇帝往往会将宰相等官员依次召入殿内。延英殿这座原本并不起眼的偏殿，后来的名气却丝毫不逊于宣政殿、紫宸殿等气势恢宏的正殿。参加延英议政的官员最初只有宰相，后来人员范围渐渐有所扩大。进入延英殿上奏本司事务的诸司长官被称为"待制"，有时也会从其他常参官中选出两人召入延英殿奏事，主要是为了征求中下级官员意见建议，被称为"巡对"，后来也有刺史等地方官被召入延英殿中议事，但宰相之外的官员通常只是个配角。

一般性政务由宰相在宰相公署中书门下写成书面奏请，也就是"熟状"，皇帝若是没有异议便用御笔写一个"可"字，送交有关部门办理，不过军国大事，宰相往往要在延英殿内向皇帝当面禀报。宰相奏事时是坐着而并非是立着，这既是为了表示对宰相的尊崇，更是因为现实需要，因为有时一讨论便是大半天，甚至一整天，若是一直站着，别说是那些年长的宰相，即便是体格健壮的小伙子恐怕也吃不消。

为了做好保密工作，如果殿内还有其他朝臣，宰相必须要等到他们退下之后再奏事，而且奏事时四位宰相必须同时在场。通常只有议题涉及宰相本人，出于回避的考虑才会暂时剥夺有关宰相的议事权力。这种"同奏同议"的制度不仅宰相要遵守，皇帝也必须要遵守。

德宗皇帝李适曾密令宰相刘从一与萧复商议如何处置淮南节度使陈少游跋扈违令、图谋不轨之事，特别叮嘱刘从一千万不要让另外两位宰相李勉、卢翰知晓，但此举却遭到萧复的抨击。他说："如若李勉、卢翰不适合当宰相，您可以罢免他们，但只要他们还在相位，我们便不应对他们有所隐瞒。"

延英殿议政制度的确立，客观上促使皇帝必须要勤政，按时与朝臣商议国家大事，不能再像玄宗皇帝李隆基执政后期那样沉浸于杨贵妃的温柔乡中而难以自拔，将政事全都交由宰相处置。皇帝也可借此牢牢掌控决策大权，宰相公署中书门下只能处理一般性政务，宰相丧失了对重大方针政策的独立决策权。虽然 4 位宰相因品级不同、职务不同而有高低之分，但宰相的权力却也不似之前那么大了。

若是在唐朝后期担任宰相，首先要面对的便是翰林学士的分权。翰林学士号称"内相"，为皇帝拟定重要诏书，工作地点在皇宫之内。皇帝遇到政事难以决断时，往往会首先征求翰林学士的意见，这在一定程度上分割了相权，不过最严峻的威胁还是来自宦官，若是得罪了宦官，宰相定然干不长。

宪宗皇帝登基后任用郑余庆、郑絪为宰相，还留用了前朝宰相杜佑，此外任命宦官刘光琦为枢密使。刘光琦善于揣测皇帝心思，利用中书主书滑涣牢牢掌控着朝政。当时身为宰相的杜佑、郑絪都因畏惧宦官势力而对此敢怒而不敢言。郑余庆与同僚商议政事时，滑涣仍旧像往常那样说三道四。见一个微不足道的七品小官居然敢对宰相们指手画脚，怒不可遏的郑余庆痛骂了滑涣一顿，并将他赶了出去，虽说是出了气，却也打了刘光琦的脸，因此他的宰相生涯也变得极为短暂。

郑余庆于永贞元年（公元805年）八月在其尚书左丞任上被顺宗皇帝李诵任命为宰相，但他被罢相的时间却记载不一。《新唐书》记载郑余庆于元和元年（公元806年）十一月被罢为河南尹①，《资治通鉴》却记载他在元和元年五月被罢为太子宾客，《资治通鉴》的记载应该更为可信。郑余庆应是先在五月被罢相，改任闲职太子宾客，但滑涣在当年九月便因受贿案发而被处死，宪宗皇帝对郑余庆的看法也有所改观，于当年十一月将其升任河南尹，所以《新唐书》应该是将两个时间节点弄混了。就是因为得罪了依附于宦官的一个小官，郑余庆仅仅当了10个月的宰相便被罢免，可见当时宦官权势之大。

由于皇帝恩威难测，朝臣之间又暗战频频，再加上宦官从中煽风点火，唐朝宰相的任期一般都不太长。每位宰相平均在任时间只有三年零五个月，连续任职10年以上的宰相仅占宰相总人数的5%；任职3年以内的宰相占比却高达62%；任职1年以内的占宰相总人数的28%；任职1个月以内的占宰相总人数的3%。黄巢义军兵临城下之际，僖宗皇帝李儇任命王徽为宰相，但当夜他便仓皇逃离了都城长安，新宰相王徽在逃亡半路被黄巢义军捕获，真可谓是"一日宰相"。

虽然成为宰相是每个官员毕生为之奋斗的目标，但宰相其实是个高危职业。67人在宰相任上病逝，53人被杀或被迫自杀，31人次辞职或被迫致仕，16人次被流放，105人次被贬官或免官，上述非正常退出宰相岗位的人居然占到了宰相总人次的55.28%；只有220人次算得上是"体面下课"，仅占宰相总人次的44.72%。之所以用"人次"来统计是因为一人多

---

① 《新唐书·卷六十二·宰相表中》中记载为被罢为河南尹，但《新唐书·卷一百六十五·郑余庆传》却记载被罢为太子宾客，同一史书却记载不一。

次为相的情形在唐朝很常见，比如昭宗朝宰相崔胤曾四度出任宰相。

　　宰相最好的归宿首先是升职后被罢相，开元名相宋璟担任宰相时的职务为吏部尚书兼黄门监（即侍中），这两个职务都是正三品，罢相后任散官开府仪同三司（从一品）。侍中（正三品）裴耀卿、中书令（正三品）张九龄被罢相后分别担任尚书左、右丞相（即尚书左、右仆射，从二品）。宪宗朝宰相门下侍郎（正三品）、同中书门下平章事李夷简被罢相后任检校尚书左仆射（从二品）、同中书门下平章事、淮南节度使。唐朝后期，宰相出任节度使通常还会挂着"同中书门下平章事"的职衔，以示尊崇，不过却从真宰相变为名誉性质的"使相"，但李夷简的官阶却从正三品升为了从二品。

　　其次是罢守本官，德宗朝宰相刑部尚书、同中书门下平章事高郢，吏部尚书、同中书门下平章事郑珣瑜同时被罢守本官，他们仍旧分别担任刑部尚书、吏部尚书，但却不再是宰相了，也就是被免去同中书门下平章事的职衔。这种情形主要针对在中书省、门下省以外的官员。

　　再次是平级调任其他职务，德宗朝宰相关播为中书侍郎（正三品）、同中书门下平章事，被罢相后不宜再在政务核心部门中书省任职，于是改任刑部尚书（正三品），品级未变，只是班次在中书侍郎之后。

第三章

当官可是个辛苦活

基层官员不好干

上朝可不轻松

绩效考核绝非走形式

官员可不是铁饭碗

当官就怕父母亡

一招不慎便受处分

基层官员不好干

对于那些通过科举走上仕途的官员来说，历经十余年，甚至几十年的奋斗才混上个一官半职，自然是怀着喜悦的心情走马上任，不过很多人随即便会发现理想很丰满，现实很骨感。

著名边塞诗人高适是个愤世嫉俗的"愤青"，曾当过八年的农民，后来离开老婆孩子热炕头开始浪迹天涯，写下许多气势雄浑的边塞诗。他 32 岁时曾前往长安参加贡举，不过却遗憾落第了，之后又过上了放浪形骸的日子。直到 46 岁时再度参加贡举有道科，终于高中，那一年是玄宗天宝八年（公元 749 年），更为幸运的是他在高中的当年便被授官封丘县尉。

高适被安排在县里工作，这也是绝大多数科举及第者的分配去向——担任县尉，这是县令的重要属官。

唐朝的县分为三六九等，不同县的同一官职的品级高低各不相同，比如京县县令为正五品上阶，地位最低的下县县令仅为从七品下阶，两者居然相差了十一阶之多。

县令是县里的一把手，县丞是县令的副手，不过由于县丞并没有明确的职责范围，因此没有事是他该管的，也没有事是他不该管的。大事管多了，怕县令不高兴；小事管多了，又怕下属不乐意。因此很多县丞绝大部分时间只是在签转文书，在该签名的地方签个名，至于其他的事，县令让干啥就干啥，没让干索性就喝喝茶、聊聊天，在县里显得可有可无，无足轻重。

这个位子可谓是安于现状者的首选，但混日子总有混到头的时候。安史之乱后，州县凋敝，民不聊生，朝廷开始裁减官员数量，压缩财政开支。代宗皇帝李豫、德宗皇帝李适曾两度在全国范围内大规模裁撤县丞，以至于很多县不再设县丞。

主簿是县里的三把手，专司纠察官员违法之事，还有勾检文书之责，其实这两个活儿都是在挑毛病：一个是挑人的毛病，看看有没有失职渎职的，有没有贪污受贿的；另一个就是挑文书的毛病，看看文件里有没有错别字，有没有表述不恰当的地方，账簿里有没有记载不清晰或者记错账的地方。在敦煌和吐鲁番发现的唐朝文书中经常会出现用红笔写的字，还有用红笔画的钩，那些应该就是当时的主簿所留。安史之乱后，主簿同样面临着裁员问题，不过县里却有一大摊子活儿等着主簿去做，因此并不会像县丞那样索性就不设了，只是两名主簿被缩减为一人，也就是原本两个人干的活儿如今却由一个人来承担，不过有些原本只设置一名主簿的地方也会顶风增设为两人。

在县里所有带有品级的官员之中，县尉级别最低，但职责却最重，既负责维持治安，又负责催征赋税，还负责指导下属各部门工作。

当时政治变得越来越昏暗，明哲保身和阿谀奉承的实用主义思潮逐渐成为官场主流，社会贫富分化日益加剧，以至于"朱门酒肉臭，路有冻死骨"。

见很多同僚在上官面前极尽阿谀奉承之能事，生性清高的高适自然很是反感。看到那些在温饱线，甚至是死亡线上苦苦挣扎的穷苦百姓，高适又心生怜悯，但若是一味地发善心却又难以完成上级下达的财政收入任务。

内心极为痛苦的高适专门写了一首《封丘作》："我本渔樵孟诸野，一生自是悠悠者；乍可狂歌草泽中，宁堪作吏风尘下？只言小邑无所为，公门百事皆有期；拜迎长官心欲碎，鞭挞黎庶令人悲。"

到了唐朝后期，州府之上普遍设道，由节度使或者观察使来统领。担任节度使的官员往往还会兼任负责行政事务的观察使、负责财政事务的支度使、剿灭叛乱的诏讨使、主管屯田事宜的营田使等大大小小十几个，甚至几十个使职，类似于今天有的地方的党政领导担任好几十个领导小组的组长。不过节度使兼任使职时往往都会设副使、判官、巡官、推官等官员，由他们来负责具体工作。这些官员们有时是为了工作需要，有时单纯为了刷存在感，发文布置工作，莅临检查工作，那些州县官员们却不得不小心陪着，谦卑地笑着，心里却在不停地抱怨着。

很多基层官员像高适那样：满腔热血投身社会，却屡遭打击身心疲惫；日日应酬天天喝醉，身上本事逐渐作废；收入可怜啥都嫌贵，巴结上司处处破费；青春年华如此狼狈，苟且偷生窝囊一辈。

高适不愿继续过这种噩梦般的生活，干了三年便辞官而去，前往长安等处游历。像高适这样的人原本很难登上高位，但他日后却出人意料地飞黄腾达了。

首先是跟对了人混。在不同的人手下做事往往会有不同的结果，彻底改变他命运的人是与他同样怀揣着"游侠梦"的哥舒翰。

哥舒翰出生于名门望族，父亲哥舒道元是突厥别部突骑施哥舒部酋长，后任大唐安西副都护，而他的母亲是西域于阗国（今新疆和田西南）公主。身为"官二代"的哥舒翰的前半生可以用"不靠谱"来概括，整天跟一帮朋友喝酒赌博，游戏人生，是一个典型的"啃老族"。

不过父亲的突然离世却使得哥舒翰醉生梦死的生活戛然而止。在为父亲守孝期间，他开始深刻反思自己浑浑噩噩的前半生。守孝期满，朝廷感念他父亲的功绩准备任命他为长安县县尉。这对于初入仕途的人来说是个令人艳羡的美差，但哥舒翰却对这个从八品下阶的小官并不感冒，反而认为这是对自己能力的一种侮辱，愤然离开繁华的长安前往茫茫的西北戈壁。他在一代名将王忠嗣的提携之下迅速成长起来，担任陇右、河西节度使。

高适与哥舒翰不期而遇，他虽是个文人，却有着武将的豪气和胆略，成为哥舒翰麾下掌书记。

过了两年多，安史之乱已经爆发，李隆基命威名赫赫的哥舒翰来镇守潼关。作为哥舒翰的幕僚，高适也得以入朝担任左拾遗（从八品上阶）、监察御史（正八品上阶）。他此时已经 52 岁了，却依旧只是个八品官，但也就此获得了上朝的资格。正是因为高适成了朝会上的常客，玄宗皇帝李隆基才对他渐渐有了些许印象，为他后来的发迹奠定了基础。

其次是跟对了人跑。高适入朝为官的转年，潼关失守，都城长安一时间岌岌可危，监察御史高适追随玄宗皇帝李隆基逃往成都。与皇帝患难与共的高适被破格提拔为谏议大夫（正五品上阶），完成了从八品官到五品官的巨大跨越。仅仅 4 个月后，53 岁的高适出任淮南节度使，后来改任剑南西川节度使，成为大唐首屈一指的封疆大吏。

高适的确是成千上万基层官员中的佼佼者和幸运儿，他昔日的那些同僚们大多仍旧在艰苦的岗位上忍着、挨着，凭借几年，十几年，甚至几十年的功劳、苦劳偶尔迁转一两阶，也有一些官员任期届满后并未被授予新的职务，或者厌倦了当官日子，被动或主动地离开了其实并不舒适的体制内。

上朝可不轻松

唐代的朝会分为常朝、朔望朝和大朝会。常朝是定期举行的小型朝会，一般会选在单日举行。在京五品以上文官，中书省、门下省和御史台六品以下的供奉官，尚书省六部员外郎（从六品上阶）和太常博士（从七品上阶）可以参加常朝，被称为"常参官"。三品以上武官每隔三日参加一次常朝，每月大概会参加九次朝会，被称为"九参官"。朔望朝比常朝规模要大一些，参加人数也更多，于每月初一、初六、十一日、十五日、二十一日、二十六日共举行6次，五品以上的武官以及折冲府在京城轮岗的有关官员也获准参加，被称为"六参官"，此外三品以上的退休官员也获准参加朔望朝。大朝会是新年、冬至等特殊场合举行的最大规模朝会，弘文馆、崇文馆和国子监的学生在大朝会时也有机会朝见天子，被称为"四时参"。

供奉官是指侍奉在皇帝左右的近臣，中书省、门下省六品以下供奉官主要包括记录皇帝言行的文秘人员即居舍人（从六品上阶）和起居郎（从六品上阶），引导百官就位的服务人员即通事舍人（从六品上阶）、掌管官门开启和掌管钥匙的安全保卫人员即城门郎（从六品上阶）、保管皇帝印章的秘书人员即符宝郎（从六品上阶）以及专门负责进谏的左、右补阙（从七品上阶）和左、右拾遗（从八品上阶）等。御史台六品以下供奉官包括侍御史（从六品下阶）、殿中侍御史（从七品下阶）和监察御史（正八品下阶）。御史们品级虽不高，却负责监察百官，因地位特殊也被列为常参官。

其实早朝对于那些官员而言是极为痛苦的，因为早朝实在是太早了。天不亮，宫中的内侍们便开始忙碌起来，点燃香炉，铺好席子，摆好用具，而官员们也穿戴整齐上路了。暗夜下的长安城，看到路上有隐隐闪现灯笼的火光，多半是赶着去上早朝的官员。

在立朝之初，无论是皇帝还是官员仍旧习惯乘车出行，不过后来却渐渐改为骑马。王公贵族索性将闲置不用的车统一存放到太仆寺，只在接受皇帝诏书、前往陵墓祭拜、结婚等屈指可数的几个重要场合才会选择乘车。

很多人觉得好不容易当上了官，骑马上朝时是不是会前呼后拥，威风得很。奸相李林甫一生害人无数，"毁"人不倦，坏事做多了便总怕被人谋害，于是每次上朝时都会让步骑兵数百人严加护卫，还要求金吾卫在自己路过时静街，不让闲杂人等靠近。不过这却只是个特例，因为即便是宰相也常常是仅带几个随从而已，因为朝廷对于官员的侍从数量有着严格的规定。

唐朝官员随从数量①

随从数量	唐朝前期	唐朝后期
七骑	一品职事官 开府仪同三司	一品职事官
五骑	二品职事官 特进	二品职事官 中书、门下两省三品官
三骑	三品职事官 三品散官	三品职事官 中书、门下两省五品官 尚书省四品官
两骑	四品、五品官员 仅有五品以上散官或者五品以上 卸任官员	四品、五品官员
一骑	六品以下官员	六品官员 仅有五品以上散官或者 五品以上卸任官员

唐朝前期，散官基本上与职事官拥有相同的出行待遇，但后期却基本按照职事官品级来配备随从，而且七品以下官员一般不再配备随从，除非

---

① 唐朝前期内容依据《礼部式》，唐朝后期内容依据《王涯奏文》。

是常参官才允许配备一名随从。

按照规定，即便是一品大员也不过获准带7名随从，不过也有两个例外情形：一个是到长安以外的地方去公干，为了彰显朝廷威严可以适当多带随从；另一个就是勋绩显著、职事繁重的官员可以不受上述限制，这无疑为那些得宠的官员逾越礼制开了一个口子。

由于早朝的时间比较早，离大明宫比较近的官员还好些，若是住得比较远的官员凌晨三四点就得起床。不少官员路上还会不停地揉着惺忪的睡眼，打着大大的哈欠。

御史台的官员会催促百官赶快列队，官员们这才懵懵懂懂地分列两行，排列整齐。此时天渐渐亮了，监察御史点完名之后，宫门才缓缓打开，众位官员准备进宫。

身材魁梧的监门校尉手中拿着门籍，上面有准许入朝人员名单及其基本体貌特征，随后便开始"唱籍"。官员们大声喊出自己的名字，监门校尉查看门籍上是否有此人，若是有便高声回应道："在！"路过第二道门时依旧要"唱籍"。

通过重重盘查后，文武百官在通乾门、观象门南侧再次整队，他们面前便是宣政门，文官从东门而入，武官从西门而入，入门时监门校尉还会再一次"唱籍"。

文武百官缓缓进入宣政殿，宰相和中书、门下两省官员在香案前站好，其他官员分列两旁，按照一品班、二品班直到五品班从前往后排，相同品级的官员之中尚书省官员会排在最前面。

站好之后，皇帝才缓缓走来，不过此时他的身形却被御扇挡住，直到在御座坐定之后，御扇才会缓缓分来。皇帝身后左、右两侧各留三把御扇，此时百官们才看清皇帝的庐山真面目，若是第一次上朝或许还会有些小激动。

左、右金吾大将军高声报告："左右厢平安！"在通事舍人的协助之下，宰相率领百官给皇帝行叩拜大礼，这个过程被称为"行香拜表"。若是衣帽不整或者没有站在班位上要被罚一个月的工资，若是"行香拜表"之后才姗姗来迟将会被罚一个季度的工资。

上朝奏事时可不能有一丁点纰漏，否则不仅会被世人耻笑，还会被罚钱。宣宗大中十一年（公元 857 年）正月初一，贺正大典上，80 多岁的太子太师卢钧率领百官上朝。若是常朝一般会由宰相来领班，但大典时却往往由德高望重的老臣来领班。此时的卢钧虽是须发皆白，却依旧声音洪亮，举止得体，令百官们叹为观止。

次年，朝廷又挑了个老臣领班，此人便是已经 81 岁高龄的太子少师柳公权。他历经七朝，曾担任过翰林学士承旨，担任三品以上高官 20 余年。大典在大明宫含元殿举行，柳老爷子早早地就在外面候着，仅仅从丹凤门走到含元殿就有 400 多步远，高耸入云的含元殿还坐落在高达 10 余米的台阶之上，对于腿脚不便的老年人来说，攀上如此之高的台阶简直要人命！

柳老爷子进殿后累得呼哧带喘，向皇帝道贺时原本要说"圣敬文思和武光孝皇帝与天同休"，前面很长的一串是宣宗皇帝李忱的尊号，读起来很是拗口。或许是受东汉光武帝刘秀的影响至深，柳老爷子居然将"和武光孝"说成了"光武和孝"。朝臣居然连皇帝的尊号都读错了，宣宗皇帝听后自然很生气，后果也很严重。柳老爷子被罚了一个季度的俸禄。而他的遭遇不仅没换来世人的同情，还招致一片斥责之声：这么大岁数了居然还不退休？

可人家柳老爷子心态好，官照样当着，俸禄照样拿着，就是不退休。柳老爷子又干了两三年，身体实在顶不住了，才以太子太保之职致仕。读到此处，可能很多人会问，在唐朝当官是不是很好混日子呢？

绩效考核绝非走形式

估计很多人会以为平日里唐朝官员可能是拿本闲书看半天，泡着茶水喝半天。这样的官员自然也有，不过却属于极少数。

文宗大和三年（公元829年）三月，58岁的白居易因连续请病假超过百日而被免去了刑部侍郎之职，改授闲职太子宾客、分司东都，从此白居易过上了自由惬意的生活。他此次返回洛阳直至去世便再也未曾离开过洛阳。

此后在长达13年的时间里，白居易除了担任3年多的河南尹，还担任了并没什么事可干的闲职近10年之久，朝廷原本还想任命他为同州刺史，不过却被他硬生生地拒绝。在仕途生涯的最后阶段，白居易基本没啥事，却依旧拿着丰厚的俸禄，很是惬意地混日子，直到武宗会昌二年（公元842年），他71岁高龄时被免去了太子少傅的闲职，彻底结束了长达39年的为官生涯，并自得其乐地说道："人言世事何时了，我是人间事了人。"

不过只有似白居易这样的高官才有资格过上此等生活，对于绝大多数官员，尤其是基层官员而言，当官其实是个辛苦活儿。

朝廷对官员的功过、品行和才能有着一整套完整而又严格的考核制度，被称为"考课"，类似今天的绩效考核。考课制度与官员铨选相挂钩，依据官员现实表现确定不同的考核等次，进而进行升降赏罚。每年都会对官员进行"小考"，评定出官员当年的考核等次；每隔3年（有时是4年或5年），朝廷还会组织一次大考，根据考核期限内的总体考核等次来决定相关官员是升官、留任抑或降职。

考课由吏部下设的考功司来具体负责。考功郎中（从五品上阶）负责京官的考课，考功员外郎（从六品上阶）负责外官的考课。由于他们的品级并不算高，只能负责四品及以下官员的考课，三品以上官员的考课必须呈报皇帝裁决。不过有时皇帝也会任命其他大臣担任考校使，负责京官或外官的考课，同时命门下省给事中和中书省中书舍人担任监考使，监督考课工作。

尚书省六部各司每年会按照各自职权将地方州县的有关情况报送给考功司，比如有没有发生自然灾害，出没出现过祥瑞，税款收得怎么样，户口是增加了还是减少了，盗贼是多了还是少了。朝廷也并非仅仅听汇报，还会派遣监察御史或者巡察使、观察使等分道察访，于每年九月三十日前将被考核人员的政绩报送考功司。这些基础材料将会作为考功司进行考课的重要依据。

考课完成后，京官和地方各州的朝集使也将会齐集尚书省，主持考课的官员会当场宣布考核结果，被考核人员名单和考核等次还会公开张挂3天。

被考核官员如若对考核等次有异议还可提起申诉。有关部门将会进行复查，如若最终认定考核结果的确有问题，可以更改考核等次，但若是经过复查认为申诉理由并不成立，那么提起申诉的官员可就要倒霉了，他的考核等次将会被降低一等，以示惩罚。这也是唐朝申诉制度中的一个瑕疵，如今普遍确立了"上诉不加刑"和"复议不加重处罚"的原则，如此，对判决或者行政行为有异议的人可以放心大胆地提起诉讼或行政复议。

考核工作结束后，考功司将会发给被考核官员考牒，类似于今天的公务员考核登记表，作为考课等次的凭证。

朝廷对官员的考核主要分为两个维度：一个是品德操守维度，要求官员要有"四善"，也就是官员的德（品德高尚）、慎（清廉审慎）、公（公平公正）、勤（勤勉工作）四个方面；另一个就是个人政绩维度，根据不同的工作岗位确立了"二十七最"，比如牧养肥硕，蕃息孳多，为牧官之最，你若是主管饲养动物的官员，所管的那些动物被养得膘肥体壮，还产下很多崽，那么你就是最称职的牧官。

如今公务员考核分为四个等次，也就是优秀、称职、基本称职和不称职，但唐朝考课结果却被划分为九个等次：

第一等为上上等，工作成绩占一个最，四善全都具备，才会被评为上上等；

第二等为上中等，工作成绩占一个最，只具备三善，差一个善，那么便会被评为上中等；

第三等为上下等，工作成绩占一个最，仅仅具备两善，差两个善，那么便会被评为上下等；

第四等为中上等，如果工作成绩一般，并没有达到最的标准，却具备两善，那么便会被评为中上等；

第五等为中中等，如果工作成绩一般，并没有达到最的标准，四善之中只占了一条，那么便会被评为中中等；

第六等为中下等，如果工作成绩一般，并没有达到最的标准，四善之中一条也不具备，却能基本胜任工作，那么将会被评为中下等；

第七等为下上等，如果有点权便任性，处理政务不公，那么将会被评为下上等；

第八等为下中等，如果损公肥私，玩忽职守，那么将会被评为下中等；

第九等为下下等，如果为官谄媚狡诈，大肆贪污受贿，那么将会被评为下下等。

乍一看有点眼花缭乱，其实也很好理解，将其分为上、中、下三个大类，每个大类中又分为上、中、下三个小类，如此便可细分为 9 个考核等次。考核结果与每名官员的前途命运和福利待遇都息息相关。

中中等是唐朝官员考核的基准等次，获得中中等不奖不罚，获得中上以上的等次，每进一等便会增加一个季度的工资。比如获得中上等会额外多得一个季度的工资，获得上下等会额外多得两个季度的工资，获得上中等会额外多得三个季度的工资，获得上上等会额外多得一年的工资。若是获得中下等以下的等次，每退一等便会减少一个季度的工资，比如获得中下等一年只能领取三个季度的工资，获得下上等一年只能领取两个季度的工资，获得下中等一年只能领取一个季度的工资，之前多发放的工资要统统上缴朝廷。

被考核官员一般不会被轻易评定为下中等和下下等，除非是犯了罪或是犯了大错，一旦被评定为这两个等次其后果也很严重，会丢掉官职。

唐朝官员的犯罪行为需要区分是私罪还是公罪。私罪是为了一己私利所犯之罪，比如贪污、受贿等，处理起来相对重一些；公罪是在执行公务过程中因过失或疏忽所犯之罪，比如玩忽职守等，处理起来相对轻一些。

若犯的是公罪，被评定为下中等，虽不会被免职，但当年却只能领到一个季度的工资。因犯了公罪而被评定为下下等，因犯了私罪而被评定为下中等或下下等，将会被免去现任官职，收缴当年工资，追回任官告身。

今天若是官员犯了罪会被开除党籍、开除公职，肯定没有重返官员队伍的可能，但唐朝却与今天有所不同，那些犯了罪的官员还有东山再起的机会。

唐朝官员根据工作岗位的不同，3 至 5 年便会进行一次大考，大考的结果也决定着一个官员的进退流转。在考核周期内，如果每一年的考核等次都是中中等，那么便可以晋升一阶；如果其他年都是中中等，但有一年却是中上等，那么便可以晋升两阶；如果其他年都是中中等，但有一年却是上下等，那么便可以直接晋升三阶。

如果一个官员在考核期限内各年的考核等次波动比较大，出现了中下等怎么办呢？如果其他年度都是中中等，但有一年却是中下等，那么你便不能晋升；如果在其他年度曾获得过中上等，那么便好办了，可以用一个中上等来抵消一个中下等；如果在其他年度曾获得过一个上下等，那么便可以抵消两个中下等。

举个例子，某个官员上任第一年热情很高涨，工作很努力，被评定为上下等，第二年热情有些减退，被评定为中上等，后面两年因消极怠工均被评定为中下等。这位官员第一年所获得的上下等可以抵消后两年的两个中下等，那么他4年工作总体评价便是中上等，依旧可以晋升两阶。

如果一个官员某一年获得了上上等或者上中等，即便考核期内出现了中下等、下上等或下中等，依旧可以直接晋升三阶，不受差评的影响。但如果出现了下下等，不管之前评定为什么等次，都将会被直接免职。

农业是立国之本，人口变化、土地增减、收成好坏，往往会影响着王朝的盛衰。因此在唐朝，朝廷专门针对地方官设置了相关考核指标，制定了考核等次升降奖罚办法。辖区内户口每增加十分之一，刺史县令便可以提升一个考核等次，比如原来是中中等，可以提升为中上等；户口减损十分之一，也会降低一个考核等次；农业收成增加十分之二，可以提升一个考核等次；减产十分之一，降低一个考核等次。这些举措是为了促使地方官员恪尽职守，努力工作，进而使得唐朝长治久安，不过也在无形中增加了地方官的工作压力。

专门针对州县官的户口、收成等考核指标都是定量分析，努力程度与工作成果不一定成正比。辖区内那些大龄剩男剩女们不成家，不生孩子，地方官员干着急也没用，要是冷不丁遇上什么自然灾害或战争，眼睁睁着人口大量减损，也只得自认倒霉。农业生产本就是靠天吃饭，遇上旱灾、水灾、蝗灾什么的，颗粒无收也是常有的事。

由于考核压力大，晋升空间小，唐朝官员往往都不愿意到地方任职，从中央重要岗位调到地方工作，即便是品级升了好几阶，依旧会被视为贬谪。这也使得州县官相较中央政府官员素质普遍偏低。为了应对朝廷考核，地方官要么自求多福，要么大肆造假，也就是所谓的"数字出官，官出数字"，上级压下级，一级压一级，层层加码，马到成功；下级骗上级，一级骗一级，层层注水，水到渠成。

针对上述情形，朝廷专门出台了"不历州县不拟台省"的政策，也就是若想在尚书省、中书省、门下省、御史台等中央核心部门任职必须要有基层工作经验。"历州县"指的是在县里担任县令，在州里担任刺史、上佐（即别驾、长史、司马）或录事参军。不过安史之乱后，地方官员的待遇却普遍好于京官，尤其是藩镇幕僚升迁快，挣得多，与唐朝前期正好相反，大家都争着往地方跑。

虽然唐朝的考课制度很严厉，但考核指标却有很多是定性分析，不同考核者的评判标准往往会不一样，可谓是仁者见仁，智者见智。有人要求高，有人要求低；有人要求严，有人要求松。有的觉得在工作时间干好本职工作就是勤，但有的却认为"5+2""白＋黑"才是勤。不同考核者对同一考核对象的评价结果有时也会有所差异，被考核官员特别会演戏，特别会作秀，往往也会蒙蔽负责考核的官员，同时负责考核的官员手中也掌握着很大的自由裁量权，为权力寻租提供了空间。

高宗朝宰相卢承庆早年担任考功员外郎时曾遇到过这样一件事，某位负责漕运的官员在押运漕粮途中因遭遇恶劣天气，漕船不慎沉没，致使船上粮食损失殆尽。鉴于他在工作中出现了如此严重的失误，卢承庆直接给他评了个"中下等"，这也就意味着那位官员将会被罚去一个季度的工资。一般的官员听闻自己被评为"中下等"肯定会据理力争，但人家却一句话也没说，平静地接受了这个结果。

卢承庆见状大为惊奇，主动说："漕船损毁，漕粮损失，皆是因天气的缘故，还是改为中中等更为妥当！"中中等是9个等级中的中间等次，获得这个等次也就不用罚一个季度的工资了，但那个官员的脸上却没有一丝喜色，仿佛这一切都与自己无关。卢承庆随即赞赏道："真是宠辱不惊啊！还是给你中上等吧！"

那位负责漕运的官员就因为自己态度好，考核等次居然从中下等变为中上等，从扣一个季度工资变为多发一个季度工资。虽然这段记载是在用褒扬的口吻来称赞卢承庆洞察秋毫、爱惜人才，但也从侧面看出官员考核工作有着很强的主观性。对同一位官员所做的同一件事，不同的考核官员往往会评定不同的等次，即便是同一位考核官员也会因内心变化而做出不同的判断，很难做到完全的客观公正。

大考之后，几家欢喜几家愁，而那些因表现优异而获得升迁资格的官员是不是马上就能升官呢？

官员可不是铁饭碗

你要是在唐朝为官，必须要逾越正六品上阶这道门槛，否则任期届满后必须要重新参加铨选，还会受《循资格》的影响而停选一段时间，只有担任五品以上的官职，你才算真的拥有了铁饭碗，但对于绝大多数官员而言终其一生都迈不过那道门槛。

对于六品以下官员而言，任期届满后，无论是原地踏步，还是晋升官阶，都需要重新参加铨选。由于参加铨选的人越来越多，获得官职的概率也就变得越来越小。玄宗朝宰相裴光庭便奏请皇帝李隆基同意后出台了《循资格》，核心思想就是论资排辈，循序迁转，虽然很不合理，却在某种意义上实现了相对公平。

《循资格》实施之前，有人进士及第后连续参加了 20 多年铨选，却始终未能获得一官半职，有人及第当年参加铨选便被授官。之所以会出现如此之大的反差，除了参选者个人能力存在差异外，主管铨选的官员的态度也很关键。

为了革除铨选弊端，也为了让更多的候选者能够获得官职，《循资格》应运而生了，最核心的制度安排就是所有参加铨选的人，无论是贡举及第的举人，还是通过门荫入仕的高官子弟，还是获得入流资格的流外官，抑或任期届满的官员，全都需要按照规定守选。所需等待的年数被称为"选数"，根据你的品级资历来确定你重新参加铨选所需的选数。品级越高、资历越老，需要等待的时间便越短；品级越低、资历越浅，需要等待的时间便越长。最短的只需要等 1 年，最长的却需要等上 12 年。

《循资格》的实施对于那些有理想、有抱负的年轻官员而言，无疑是无情的打击和残酷的折磨，不过这也极大地提升了铨选授官的概率，使得一些原本并没有机会为官的待选之人能顺利当上官，实际上这就是在通过牺牲有才华、想干事的官员的利益来达到"利益均沾"的目的。

《循资格》在诞生之初便饱受争议，时行时废，不过朝廷却始终找不到更为有效的办法，于是便一直断断续续地将其沿用到了唐朝灭亡。虽然《循资格》的具体内容并未流传下来，不过通过对官员任职情况可以大致梳理出，畿县县令一般需要守选 3 年，上县县令一般需要守选 5 年左右，中县县令一般需要守选 6 年左右，中下县、下县的县令一般需要守选 7 年左右。京县县令为正五品上阶，不用参加铨选，自然也就不需要守选。

德宗朝欧阳詹曾给宰相郑庆余上书诉说自己艰难的仕途生涯。他参加了 5 次科举考试才进士及第，随后又参加了 4 次铨选才获任四门助教（从八品上阶），任期为 4 年，任期届满后需要守选 5 年，也就是说历经 10 年才能获得升迁，一般会升任太学助教（从七品上阶），任期同样是 4 年，任期届满后依旧需要守选 5 年，历经 20 年才能升迁到国子助教（从六品上阶），若是从参加科考算起，他历经 30 年却依旧只是个助教。

欧阳詹虽向宰相大吐苦水，但比起那些在偏远州县任职的官员来说，他还算是幸运的。绝大多数在基层任职的官员即便 30 岁时通过贡举或者通过门荫取得出身，往往 40 岁时才能获得一官半职，到 60 岁时仍旧只是个小县尉的大有人在。其实 30 岁时能够进士及第已经算是少进士了，五六十岁，甚至 70 岁才贡举及第的都不稀奇，他们在有生之年还不一定能混上一官半职，即便能幸运地当上官，任期届满后还不一定能等到守选期结束。

只有极少数幸运儿不用守选，比如在任期间自己任职的州县突然升格了。德宗皇帝李适因处置失当而引发了泾原兵变，仓皇逃亡梁州（今陕西汉中），并在那里改元"兴元"。叛乱平定后，重返长安的德宗皇帝时常会记起流亡梁州时的那些事，感念当初收留自己的那些人，于是下诏将梁州升为兴元府，梁州下辖的南郑县升为京县，取得与长安县同等的政治地位。

假如你当时恰好是南郑县县令，原本只是从六品上阶的上县县令，随着南郑县升格，是不是意味着你也能升为正五品上阶的京县县令呢？这不过是你一厢情愿罢了！德宗皇帝颁布的《改梁州为兴元府升洋州为望州诏》写得很明白"至考满日放选，依本资处分"，大考期满后可以直接参加铨选，并不用守选，这算是一种很大的优待了，不过却要按照原来的品级重新安排工作。州县升格这种大事可不是一般人能够遇得上的。

对于绝大多数官员而言，如若能获得减选的待遇便谢天谢地了，可以少等上一两年，甚至好几年的时间。

唐朝减选的名目也是五花八门，层出不穷。辖区内户口增加了可以减选，辖区内赋税增长了可以减选，考核结果为上等的可以减选，纳粮资助边防可以减选，愿意到偏远地区任职也可以减选。当时官员们大都不愿意到广东、广西、贵州任职，尤其是不愿到这些地区的下县任职，因为当时那里环境恶劣、瘴气横行，即便没日没夜地工作也干不出什么政绩，万一水土不服还可能会小命不保。那些给故去皇帝守陵的官员，若是将陵区打扫得很干净，墓碑擦得锃亮，也可以获得减选。最不可思议的是跟随皇帝去南郊祭天居然也能获得减选，跟着皇帝在祭台上嗑儿个头居然胜似苦十好几年！

六品以下的中下级官员常常是既盼着任期届满，因为任期不满便不能升迁；又担心任期届满，因为一旦届满还得守选，要么归隐故里，要么四处游历，要么卖文求生，生活窘迫的待选官员比比皆是，甚至有人受不了这份清苦，只得另谋职业，此生都不再为官。

当官就怕父母亡

虽然五品以上官员并不受《循资格》的影响，不过他们却害怕一件事，那就是服丧。

按照唐朝律法，凡是应当斩衰三年、齐衰三年的官员都必须要解除官职，斩衰与齐衰都是丧服的形制。丧服一共分为斩衰、齐衰、大功、小功、缌麻五种。斩衰是用最粗的生麻布制作而成，裁断的地方不能纤边儿，看着好像是被斩断似的，因此被叫作斩衰。齐衰与斩衰所用衣料几乎相同，不过齐衰裁断的地方却会纤边儿，看上去比较整齐，所以被叫作齐衰。大功是用粗一点儿的熟麻布制成，小功是用稍细一些的熟麻布制成，缌麻是用很细的熟麻布制成。

斩衰这种丧服一穿便要穿3年，儿子、未嫁的女儿为父亲服丧，承重孙为祖父服丧，妻子和妾为丈夫服丧均要穿斩衰。女儿出嫁后，其丈夫便成为她最亲近的人，只在丈夫死后穿斩衰，父亲去世后，她所用丧服会降低两个等次，变为穿齐衰一年。如果女子被丈夫休掉或者双方离婚后回到娘家，她又变为家族中的一员，若是此时父亲去世了，依旧要穿斩衰。"承重孙"这个称谓如今已经很少使用了，用的更多的是承重墙一词。嫡长子先于父母亡故，即便还有其他儿子，但丧事却通常会由嫡长子的嫡长子，也就是嫡长孙来操办，那么嫡长孙便成为承重孙，也就是承担主丧重任的孙子。承重孙此时承担的实际上是儿子的角色，因此也要穿斩衰。

齐衰的穿着时间也要分人，有的穿3年，有的穿1年，有的穿5个月，最短的只穿3个月。如儿子为母亲服丧便要穿3年；丈夫为妻子服丧只穿1年，比妻子为丈夫服丧要低两个等次；儿媳服丧按照规定只穿1

年，但在民间却往往与丈夫一样穿 3 年[①]；重孙子以及未嫁的重孙女为爷爷的父母服丧穿 5 个月；重孙子以及未嫁的重孙女为奶奶的父母服丧只穿 3 个月。

丧服并不仅局限于晚辈为长辈穿，也适用于夫妻、兄弟这样的平辈之间，晚辈去世后，长辈也要穿丧服。

唐朝官员一般为男性，当官时通常都 30 多岁了，祖父母大多已故去，即便仍然健在，也未必就是承重孙，因此官员因服丧而被解官的主要情形就是自己的父亲或母亲去世。

很多人会说古代是一夫多妻制，其实自古以来实行的都是一夫一妻多妾制。男人的妻子通常只能有一个，要是在古代娶多名女子为妻也会犯重婚罪，但对于纳妾的数量却并没有限制。不过妾及其所生的庶子在家中的地位却比较低，从生活中的一点一滴中都能透露出他们在家中只是"二等公民"。

父亲去世后，无论是正妻所生的嫡子，还是妾所生的庶子，抑或是过继到家中的嗣子，一律要穿最重的孝服——斩衰，而且一穿便是 3 年，若是当官之人还需辞官回家丁忧。有的嗣子与父亲有一定的亲缘关系，比如是叔侄关系、甥舅关系等，有的是血缘关系较为疏远的族人，但有的是没有任何亲缘关系的外人，不过一旦完成过继手续，彼此便成为法律上的父子，这点与现在是一样的。不过还有一个特殊规定，那就是你虽过继到了父亲家中，但双方实际上并未共同生活，父亲对你也没有养育之恩，在这种情形之下你也要为他服丧，不过却无需像亲生儿女那样穿斩衰三年，而是穿齐衰 3 个月。

为母亲丁忧便稍稍复杂些，按照《周礼》和《仪礼》的规定，为母亲服丧的形制要比父亲低一等，也就是需要穿齐衰三年。若是母亲去世时，

---

① 敦煌出土文书 S.1725 记载："妇为姑爸（即公公婆婆）齐衰三年。"

父亲仍旧健在，那么便要再减一等，也就是只穿一年，因为父亲为母亲服丧时穿齐衰一年，做儿子的总不能超过父亲吧。

这折射出的是男尊女卑的观念，父亲被奉为家中至尊，而母亲却难以享有与他真正平等的地位。

上元元年（公元 674 年），武则天提出应该对重男轻女的旧制改一改了，母亲去世后，不管父亲是否健在，儿子和未出嫁的女儿均要穿齐衰三年。这些规定虽被纳入《垂拱令》，却因遭到很多朝臣的激烈反对而屡屡停罢，不过最后还是成为了定制。

在唐朝为母亲服丧的要求其实有很多种。如果你是正妻所生的儿子，亲生母亲去世后服丧要穿齐衰三年；如果母亲被父亲休掉或者抛弃，那么她便成为你的"出母"，或者在父亲死后另嫁他人，成为"嫁母"。无论是出母还是嫁母，实际上已经不再是父亲家的人了，不过子女与亲生母亲的血缘关系却难以割断。出母或者嫁母去世后，按照之前的礼制，作为父亲继承人的儿子不能为出母或嫁母穿丧服，其他儿子要穿齐衰一年。玄宗朝颁布诏书要求所有儿子都要为亲生母亲穿齐衰三年，所以不管母亲现在是哪家的人，她是你生母的身份永远也不会变。

如果你只是妾生的庶子，那么你便要称呼父亲的正妻为嫡母（也称为君母）。由于正妻的地位要比妾高许多，因此无论是正妻生的嫡子，还是妾生的庶子，都应尊奉嫡母为母亲，若是嫡母去世，必须要穿齐衰三年。

如果你父亲原来的妻子去世了，又续娶了新的妻子，或者父亲与原来的妻子离婚了，再婚娶了新的妻子，注意不包括新纳的妾，那么无论你是前妻所生的嫡子，还是妾所生的庶子，人家都会成为你的继母。继母实际上是一种特殊的嫡母，双方虽并无血缘关系，但若是继母去世了，你依然要为她穿齐衰三年。

如果你的亲生母亲只是个妾，地位比较低下，若是她去世了，你虽是她的亲生儿子，但你如果被父亲定为家中的继承人，也就享有了嫡子的地位。那么你名义上的母亲便成了你父亲的正妻，而你的亲生母亲也变成你的庶母，你便只能为去世的生母穿级别最低的丧服，也就是穿缌麻三个月。虽然礼法如此，但人家毕竟是你的亲生母亲，按照惯例你依旧要解除官职回家丁忧。

孟郊《游子吟》中有"慈母手中线，游子身上衣"的诗句，诗中的慈母多被翻译成慈祥的母亲，实际上在唐朝慈母是个专属称谓，特指将你抚养成人的庶母。比如你父亲的某个妾始终未曾生育，你是另外一个妾所生，你的亲生母亲被你的父亲抛弃了或者因病去世了，父亲便将你交给那个妾抚养，而且明确说今后她就是你的母亲了，人家便成了你的慈母。正妻所生的嫡子一般不会交由妾来抚养，即便交给妾抚养，妾一般也不会获得慈母身份。如若是慈母去世了，你也要像为母亲守丧那样穿齐衰三年。

如果你原本只是父亲的同宗（比如侄子等），因父亲家中无子或者是其他什么原因，过继到了父亲家中，那么抚养你的那个女人便是你的嗣母。如果你并非同宗，与父亲也没有任何血缘关系，你过继来到这家之后，那个抚养你的女人便是你的养母。不过唐人十分看重血脉传承，收养外姓人往往会被视为乱了家族血脉，因此并不倡导这种收养行为。

其实嗣母和养母不过是民间称谓，并非当时的法律名词。如果你是由正妻直接养活，那么嫡母便是你的嗣母或养母；如果你是由妾来抚养，那么慈母便成为你的嗣母或养母。她们去世后，你都要穿斩衰三年。

这中间还有一个重要问题，虽然你过继到了别人家中，但有朝一日你的亲生父母去世了，你该不该为他们服丧呢？你过继后与亲生父母实际上已经断绝了法律上的关系，但出于孝道的原因，你应当为其穿齐衰一年，不过却不用像其他儿子那样拿着哭丧棒，因为你已经成为别人家的儿子，只是因感念生养之恩才来参加葬礼，但按照政治惯例，你也应该解官。

无论你是嫡子，还是庶子，抑或是嗣子，与你没有任何血缘关系的父亲的妾都是你的庶母，这种所谓的母子关系其实较为疏远。如果你小时候，人家曾给你喂过奶，或者曾经养育过你，但双方却并未确立正式的母子名分，那么你也可以称呼人家为乳母，这比一般的庶母要亲近些，但亲近程度却要远逊于慈母。庶母、乳母去世后，你只需要穿最轻的孝服，也就是穿缌麻3个月，并不需要解官。

父亲可以纳妾这一行为将原本很简单的事情搞得如此复杂。无论是父亲去世，还是嫡母、继母、慈母去世，哪怕她们沦为了出母或嫁母，你都必须要回家丁忧。如果你是承重孙，你的爷爷去世，你也要解除官职回家。庶子为自己的亲生母亲服丧，过继到别人家的儿子为自己的亲生父母服丧，按照惯例也都应解除官职。

父母去世无论是在现在，还是在古代，都是件天大的事，在唐朝尤其如此，不管是对你的前途命运，还是对你的个人生活都将会产生重大影响。一个体恤儿子的父亲，就不要频繁娶妻，试想死一个妻子，儿子就要回家守孝三年，刚刚官复原职，你又娶一个，死了之后儿子又得回家丁忧，若是你娶个不停，儿子又怎会有出头之日？

虽然自古以来便有为父母守孝三年的说法，但实际守孝期限却只有27个月，也就是两年零三个月。在这段时间内，那若是擅自脱下丧服换上吉服，也就是看起来比较高贵典雅的礼服，你便涉嫌构成"释服从吉"之罪，按照唐朝律法，你将会被判处3年徒刑。宪宗朝，陆博文、陆慎余兄弟在为父守丧期间便穿着华服大摇大摆地逛街，最终被人告发。两人被官府捕获后笞打40下，陆慎余被流放循州（今广东惠州），陆博文被遣返回原籍居住。因此，服丧期间随便穿衣服那可是要坐牢的，为了寄托对逝去父母的哀思之情，那些时尚的服饰还是暂且收一收吧！

守丧期间，你若是听歌、看戏、看杂耍，也属于犯罪行为，将会被判处 3 年徒刑。要是参与下棋、打牌等娱乐活动，所受处罚会轻一些，也会被判处 1 年徒刑。即便是偶尔碰上唱戏的，出于好奇凑过去听两声、看两下，依旧要被杖打一百。

宪宗皇帝李纯的死与他的儿子穆宗皇帝李恒脱不了干系。父亲还未下葬，穆宗皇帝便迫不及待地亲临大明宫丹凤门，宣布大赦天下，随后在城楼上观看热闹的乐舞和杂戏，他看得津津有味，可群臣却看得忧心忡忡。他后来又去视察左神策军军营，不过却并非为了慰劳将士，而是为了找乐子。看到那些被摔倒在地的将士们痛苦呻吟着，他却在开怀大笑。虽然没有人敢，也没有人能按照律法来惩处穆宗皇帝，但他的所作所为却遭到朝臣们的一致抨击。

守丧期间，你若是参加宴会，将会被杖打一百下。宪宗元和十二年（公元 817 年）四月，梁国公主驸马于季友在为嫡母服丧期间居然与进士刘师服饮酒到深夜。为此，于季友所有的官爵都被统统削去，还被笞打一顿后发配到忠州（今重庆忠县）安置，不仅官当不了了，连老婆都见不了了。那个与他一起喝酒的进士刘师服被流放连州（今广东连州），一顿饭居然毁了两个男人的光明前途。

守丧期间，一旦老婆怀了孕，你将会被判处一年有期徒刑。如果是父母去世前怀上的，只是在守丧期间生下的，则不予治罪。古代避孕措施比较落后，很多夫妻担心意外怀孕而不得不禁欲，甚至在长达 27 个月的时间里都不得不分床睡。这条刑律看上去有些不近情理，于是朝廷又出台了一个变通政策，如若在服丧期间生了儿子，在他人告发之前自首，便可以免罪。这条有些不近人情的禁令直到明太祖朱元璋在位时才予以废除。

守丧期间，你若是娶妻，也将会被判处 3 年徒刑；若是纳妾，因为妾的身份比妻要低，因此可以罪减三等，不过依然会被判处一年半的有期徒刑；如果女方家长明知你在服丧期间，仍旧把女儿嫁给你，也得负责任，不过却可以罪减五等，也就是杖一百；如果事先并不知情，那么便不予追究责任。无论你是在服丧期间娶的妻，还是纳的妾一律被视为非法，且被强制离婚或分开。

如果婚事是父母去世前便定好的，你只不过是奉父母之命成婚，便不用被治罪，但举行婚礼时不能大宴宾朋，也不能吹吹打打。很多人以此为借口脱罪，以至于守丧期间不许娶亲的法律形同虚设，比如张茂宗就曾在为母亲守丧期间迎娶义章公主，这场婚礼之所以能够如期举行是因为张茂宗拿出母亲所写的遗表，意在说明自己迫不及待地完婚是为了完成母亲临终前的遗愿。

守丧期间，你若是迫不及待地要与兄弟们分家、分财产，也会被视为一种不孝的行为，将会被判处一年徒刑。

守丧期间也不能谋求功名，比如参加科举考试、入仕为官等，如若已经为父母守丧满25个月却未满27个月时谋求官职，被称为"冒哀求仕"，将会被判处一年徒刑；若是根本就不满25个月便求取官职，那么便是"释服求仕"，处罚起来会更重，将会被判处3年徒刑。

上述是唐朝法律的禁止性规定，也就是谁都不能逾越的法律红线，除此之外，还有一些道德性规范。

守丧期间，你要从外表上让人一眼便能看出你的悲痛欲绝，所以你要经常哭，时刻哭，撕心裂肺地哭，感天动地地哭。

裴敬彝在母亲去世后便把自己的眼睛给哭瞎了，所以他们家也被人称为"义门裴氏"。那些时尚的衣服不能再穿了，那些护肤品也不能再用了，甚至不能随随便便洗澡洗头，头上有了疮才能洗头，身上发痒了才能洗澡。唐朝开国功臣淮安王李神通的长子李道彦为父亲守丧期间几乎毁了容，脱了相，世人争相称赞他是个孝顺恭谨的大唐好儿子。

守丧期间，饮食上也要有所节制，不能吃肉喝酒，只能吃些简单的素菜，甚至连盐这样的调味品都不能吃。一天两天还行，但时间一长便受不了了。本来就因失去至亲而悲痛过度，还这也不让吃，那也不让吃，身体所需的营养一时间难以补充，身子骨稍稍差一些的人连丧期都没出便病逝了。

守丧期间要少说话，甚至不说话，也就是"非丧事不言"，除了料理丧事外，几乎不与他人进行语言上的交流。嗣曹王李戠守丧期间3年不说话，还有更狠的，梁文贞30年都不曾开口，家人要是有什么事问他，只能写在纸上，估计是因悲伤过度而造成语言功能障碍。

那些丧期未满便被朝廷起用的官员却不得不说话，总不能靠写字或者打哑语来布置工作吧。只是你只能谈论公事，不能随便说别的无关话题。

宝应元年（公元762年），宗室子弟李涵被代宗皇帝李豫任命为太子左庶子、兼御史中丞、河北宣慰使，主要工作就是前往河北地区宣传朝廷的大政方针，慰劳当地百姓。可走到半路的时候，他的母亲却突然去世了。按照制度，他应丁忧解除官职，但临时更换宣慰使又多有不便，于是便将他夺情起复，但李涵却又是个大孝子，到了州县驿站，除了公事之外，其他的话一概不能说。等专项工作结束后，他便上奏朝廷请求继续为母亲守丧，最终得到了代宗皇帝李豫的恩准。

父母下葬后，为了继续守护在父母身边，儿子要在父母的坟墓旁搭个篷子或者建个草庐，睡草垫，枕土块，俗称"庐墓"。当时还流行"负土成坟，恭植松柏"，也就是父母的坟头是儿女们一捧土一捧土堆起来的，还要在四周种植松柏。前面提到过的李道彦便是这么干的，不过要做到这些其实并不容易，需要具备以下三个条件：一是对父母足够爱；二是身体足够强，若是没点儿力气恐怕也种不了树；三是胆子足够大，想想夜晚独自住在坟地里是种什么感觉？

上述法律规定和道德规范既针对普通百姓，也针对官员。不过还有一条专门针对官员的特殊规定，那就是父母去世后要丁忧，辞官回家为父母料理丧事，若是故意隐瞒父母死讯，一旦东窗事发将会被判处两年半的徒刑。

在今天的人们看来，这简直不可思议，就因为操办父母的丧事，两年多不能上班，是不是有些太过了？

其实在孝文化盛行的唐代，丁忧制度也有着它存在的合理性，很多官员不到 20 岁便踏上科考之路，幸运的话考三五年便能及第，但才华平庸的考二三十年都未必能如愿高中。按照任职回避的规定，官员不能在家乡任职，绝大多数官员因工作繁忙或生活拮据并不能将父母接到自己身边侍奉，虽然每隔 3 年便会给长达 1 个月的定省假，但很多官员却因工作繁忙等原因而难以回家，与父母亲人总是聚少离多。父亲或母亲去世后，那些官员们便可利用丁忧的机会远离钩心斗角，远离烦琐公务，为逝者哀悼，为生者尽孝，也是难得的亲近家人的机会。

丁忧有时也会让你的仕途出现转机，那些在丁忧期间将孝道演绎得淋漓尽致的官员将会赢得极高的声誉，也会积累很高的人气，守丧期满再度为官时，不少人会因此被授予令人艳羡的官职。

宪宗元和元年（公元 806 年），元稹出任左拾遗（从八品上阶），因敢于直言进谏，很快便得到宪宗皇帝李纯的召见，不过却因锋芒太露，惹怒了权贵，仅仅 5 个月后便被贬出长安，担任河南县县尉（从八品下阶），后来他因母亲去世辞官在家丁忧。31 岁的元稹守丧期满后出任监察御史（正八品上阶），不仅官阶一下子升了三阶，而且还身居要职，前途一片光明，只可惜后来元稹与宦官争抢驿站上厅，不仅本人被打而且还被贬往地方，一待就是 10 年之久。

其实有些孝顺之人即便是守丧期满后仍旧会选择在家乡陪伴逝去的父母，有的甚至终身不再为官。

丁忧有时也可以让官员躲避灾祸。那些身居要职的官员往往也会处于权力的旋涡之中，稍有不慎便可能会招致不测之灾，甚至还会惹来杀身大祸。李景俭是汉中王李瑀的孙子，自认为有经天纬地之才。当时太子李诵身边的大红人韦执谊、王叔文对他都颇为器重，觉得他是个难得的人才。李诵登基称帝后，韦执谊出任宰相，王叔文担任翰林学士，成为朝中最有权势的两个人。

正当李景俭憧憬着美好未来时，他的母亲却突然病逝了，他只得悻悻地回家守丧。此时顺宗皇帝李诵因中风已然不能说话了，但韦执谊、王叔文却依旧强力推行"永贞革新"，严重触动了宦官们的利益。仅仅8个月后，手握神策军军权的宦官们便逼迫李诵退位，拥戴太子李纯提前继位。

韦执谊被贬为崖州（今海南海口琼山）司马，最终在偏远荒凉的崖州了却残生。王叔文被赐死，其他参与改革的官员大多被贬到偏远州任司马，比如大文豪柳宗元曾在南方荒凉之地任职长达14年之久，接到回京的诏书后还未出发便病逝了，唯独李景俭因丁忧而幸运地逃过了一劫。

因此对于很多被贬往偏远地区任职的官员来说，丁忧也是个难得的休息机会。

尽管如此，对于绝大多数官员而言，丁忧仍旧是个噩梦，在守丧期间这也不能干，那也不能干，生活品质会严重下降，一旦辞官回家，职务丢了，收入也没了。官位永远是稀缺，尤其是人人垂涎的要职一旦失去，便可能会是一辈子。经过27个月的漫长等待之后，朝中可能早就变了天，唐朝宰相平均在任时间只有三年零五个月，朝中主政的人都换了，那些丁忧官员的命运自然也就平添了更大的变数。

不过也有特例，如果皇帝认为某位官员是不可或缺的，就会下诏将其"夺情起复"，不用等到守孝期满便可以被重新起用。两唐书和唐代墓志所记载的丁忧官员共有326位，通过分析他们的起复情况便可大致了解当时政局情形。

唐朝前期，政权尚未稳固，很多高级官员都被"夺情起复"。不过随着局势的日渐稳定，官员守孝期满再继续为官便成为政治常态，除中宗时期曾短暂上升外，总体而言夺情起复官员所占比例呈下降趋势。玄宗皇帝李隆基在位时，仅有 25% 的高官被夺情起复，不过骤然而至的安史之乱却使得天下大乱，很多正在丁忧的武将被朝廷提前征召回朝，导致夺情起复的官员比例在肃宗朝迅速激增至 50%，此后数据虽有所波动，却始终居高不下，主要是越来越多的地方大员被朝廷违心地起复，折射出朝廷控制力的下降和政治秩序的混乱。

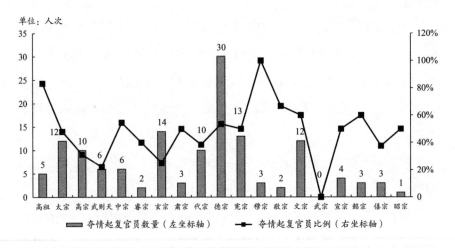

单位：人次

唐朝夺情起复官员情况

究竟哪些官员才会被夺情起复呢？如果你只是中下级官员，你想都不要想了，因为那些被夺情起复的官员可都是有头有脸的大人物。

第一类是朝廷重臣，如太宗、高宗两朝宰相长孙无忌，太宗朝宰相房玄龄，睿宗、玄宗两朝宰相张说，玄宗朝宰相张九龄等。这些被夺情起复的无不是皇帝所倚重的股肱之臣，朝廷离不开他们而他们也还有着很多政治理想需要去实现。

第二类是当世名将。自古便有"金革夺情"的制度，大将对于战争的胜利、边疆的安宁有着无法替代的作用。侯君集曾追随秦王李世民征战四方，屡立战功，还曾积极策划并参与了玄武门之变，自此成为李世民的亲信。他于贞观四年（公元 630 年）任兵部尚书、参预朝政，成为宰相，两年后却不得不因丁忧而离职，但仅仅守丧 7 个月便被夺情起复，随后协助大将李靖（哪吒的父亲托塔李天王的历史原型）灭东突厥，大破吐谷浑，最为辉煌的战绩是领军灭高昌国，威震西域。李勣原名徐世勣，字懋功，是《隋唐演义》中神机妙算的徐茂公的原型人物。他为了大唐安宁四处征战，两击薛延陀，大破东突厥，痛击高丽。为防范突厥南侵，他曾在并州（今山西太原）任职长达 16 年之久，李世民称赞他一人胜似一座长城。在并州任职期间，他的父亲病逝，但北部边陲离不了他，很快便将他夺情起复。安史之乱爆发后，来瑱、段秀实等将领也纷纷被夺情起复，投身到平定叛乱的历史洪流之中。

第三类是地方大员，唐朝前期被起复的主要是都督或刺史，后期主要是节度使。那些割据一方的节度使们往往都是父死子继，有时也会传位给侄子或部将，朝廷常常是鞭长莫及。父亲尸骨未寒，儿子却恳请朝廷任命自己为新任节度使，朝廷迫于无奈只得乖乖就范。如王武俊、王士真、王承宗祖父三代均任成德节度使；王廷凑、王元逵、王绍鼎、王景崇、王镕祖孙五代相继担任成德节度使；田承嗣、田悦、田绪、田季安、田怀谏、田弘正四代六人相继担任魏博节度使。

在朝廷实际控制区域，一些任职时间较长的节度使有时也会利用手中的军权来要挟朝廷。广德元年（公元 763 年），卫伯玉出任荆南节度使，后来他的母亲去世了，朝廷原本决定让王昂代替他出任节度使，可卫伯玉并不想轻易交权，于是唆使手下将士拒绝接受朝廷诏令。当时安史之乱刚刚平定不久，代宗皇帝李豫又是个善于妥协退让的人，只得无奈地将卫伯玉夺情起复。自此，卫伯玉连续担任荆南节度使长达 13 年之久，直到病逝前夕才主动离职。这种事在唐朝后期屡屡发生，以至于朝廷不得不违心地一次又一次地夺情起复那些原本并不想起复的人。

第四类是宦官和内官。这两类特殊官员都是皇帝身边的人，虽说对于朝政而言并非是不可或缺的，但对于皇帝而言却是离不了的人。史书文献上有记载的曾被夺情起复的宦官只有 3 人，分别是刘泰伦、杨复光、杨复恭。

刘泰伦丁忧前为朝议郎（正六品上阶）、行内侍省内谒者监（正六品下阶），夺情起复后为朝议大夫（正五品下阶）、行内侍省内谒者监。职事官仍是内谒者监，但散官阶却一下子便升了三阶。注意那个"行"字说明他散官品级高于职事官品级，如果要是低于职事官品级便用"守"字。

杨复光是个善于带兵打仗的宦官，他母亲去世时，正值黄巢起义如火如荼之际，僖宗皇帝李儇只得将他夺情起复，任用他为天下兵马都监，相当于"剿匪"总司令。杨复光虽是个宦官，却胸怀大志，在平定黄巢起义过程中立功者多是他的门生故吏，而他自己也曾亲自出马劝降黄巢手下大将朱温，还劝说河东节度使李克用率军入关中，收复了都城长安，因此他被赐号"资忠辉武匡国平难功臣"，不过却在人生高光时刻暴病而亡。

咸通十年（公元 869 年），杨复光的堂弟杨复恭的父亲杨玄翼去世了，当时担任宣徽使的杨复恭因丁忧而去职。宣徽使为宣徽院的长官，负责祭祀、朝会、宴饮等事宜。懿宗皇帝李漼将杨复恭夺情起复并升为枢密使。但杨玄翼、杨复恭都是宦官，压根就没有血缘关系，朝廷却硬让杨复恭守孝三年，即便杨复恭有眼泪也是硬挤出来的。

上官婉儿是目前史书文献中记载的唯一一位曾被夺情起复过的内官。上官婉儿的母亲去世后，她所担任的昭容（正二品）之职被免去。景龙三年（公元 709 年）十一月，她被夺情起复为婕妤（正三品），品级降了一等。

夺情起复的决定权在皇帝手中，能否被起复，何时被起复，其实本就不是那些丁忧的官员们应该考虑的，他们最应该考虑的是如何早日回乡告慰逝去的父亲或母亲的在天之灵。不过在唐朝后期却涌现出越来越多的官员，他们怀揣着各式各样不可告人的目的，不遗余力地谋求夺情起复，甚至还大肆活动，不惜大把大把地花钱。

有的官员是想继续捞钱，守丧期间的官员究竟有没有工资，史书之中并没有明确记载，即便发放一定的生活补助，收入水平也会大幅下降。工部侍郎张说在任时凭借一个人的收入便可养活百口之家，但丁忧期间却不得不靠卖文为生。为了继续过好日子，丁忧的官员们自然会盼着早日复职。当然也有人是被债主逼的，昭宗朝宰相韦贻范在任时大肆受贿，卖官鬻爵，就在他数钱数到手抽筋儿的时候，却不幸去丁忧。那些债主们闻讯后纷纷跑到他的府上一哭二闹三上吊，你答应我们的事还没办成呢？你许给我们的官还没当上呢？韦贻范一时间被搞得焦头烂额，只得绞尽脑汁地想着要起复。

有的官员会担心因丁忧而错过提拔的机会。王播在三原（今陕西富平）县令任上干得风生水起，政绩斐然，年度考核成绩在天下各县之中名列前茅，也获得了德宗皇帝李适的赏识，皇帝想要对他委以重用，可就在这个关键时刻，他的母亲却突然去世了。等到守丧期满复出时，皇帝却已换成了顺宗李诵，王播也只是被任命为驾部员外郎。没过几个月，皇帝又换成宪宗李纯。虽然王播后来也位至宰相，却已然是16年之后的事情了，若是他的母亲能再多活几年，或许他很快便能拜相。

有的官员是想通过夺情起复实现理想。顺宗皇帝李诵继位后强力推行"永贞革新"，大胆改革德宗朝的种种弊政，但改革的核心人物王叔文的母亲却在这个紧要关头突然去世了。他不得不辞官而去，却又担心改革派会因此而群龙无首。他的党羽王伾等人不遗余力地请托旁人想要将他夺情起复，不过最终却未能如愿。在宦官们的拥戴之下，太子李纯提前登基称帝，"永贞革新"也就此戛然而止。王叔文谋求起复既是为了推动改革，也是为了维护自己的政治利益。

有的官员只是爱慕虚荣。在人们的观念中，只有皇帝离不了的人，大唐离不开的人，才会被夺情起复，因此夺情起复便成为身份地位的象征，也被视为实现人生价值的一种体现。

下面来看一看夺情起复的程序：

第一步是闻丧解官。听到父亲或者母亲去世的消息后，你要马上提出辞官申请，当然也有一些特殊人员不能丁忧，主要是小军官（校尉以下、卫士防人以上）和亲卫、勋卫、翊卫之中充作皇帝或者太子侍卫的人，这些人只会得到百天的假期，以便回乡料理父母丧事。若是请事假或者病假超过百天将会被免职。

第二步是夺情恳辞。你辞职后便可回家料理丧事了，如果皇帝认为你是朝中不可或缺的人，往往会派遣宦官前往你的家中，赐给你一些财物，以示慰问，同时还会宣读夺情起复的诏书。此时不管你有多么欣喜若狂，都要保持淡定，绝对不能随随便便就遵旨，应该表现得诚惶诚恐，甚至是痛哭流涕，恳请皇帝能够收回成命，以成全你的孝子之心。这些话的确是一些人的真心话，比如时任工部侍郎的张说的母亲于中宗景龙元年（公元707年）去世，他是这么说的，也是这么想的，最终放弃了夺情起复的宝贵机会，但绝大多数人不过是在逢场作秀罢了。

第三步是奉旨起复。恳辞未果之后，不管是悲，还是喜，你都要大哭一番，告诉亲朋好友，你不能为死去的父亲或母亲尽孝了，要去为国尽忠了。一些贪恋权位的官员随后便屁颠屁颠地前去赴任了，丝毫没有不能为父母尽孝的愧疚，甚至个别人还暗暗责怪父母死的真不是时候。

凡是被夺情起复的官员要么被提拔使用，要么是官复原职，只有极个别的官员会被降级起复，这多半是因自己犯了什么错误，或者受到其他人或者其他事的牵连。在夺情起复之后，在剩余丧期内，官员依然要遵守服丧的有关规定。

本着吉凶相克的原则，被起复的官员不能参加慰问、祝贺、宴会等喜庆活动，因为这些活动通常会有歌舞乐曲表演，按照唐朝律法，即便是不小心听到了，也应被杖打一百。

由于被起复的官员一般都会被加官晋爵，按照礼制应该奏乐，有时还会安排歌舞，但那些鼓吹署的乐工们往往只是站在相应位置或者跟随在官员身后，做做样子罢了，并不会真的吹出声来，这可是滥竽充数的好差事！

官员被起复后仍不能脱去丧服，但穿着丧服去单位上班又多有不便，于是他们往往会身着素服而不是日常所穿的官服去单位处理政务，不过一旦下班回家后依然要换成丧服。由于服丧未满的官员不能身穿华丽的礼服，因此通常并不会参加冬至等隆重的大朝会。

兵部侍郎（正四品下阶）、同中书门下平章事吕谭刚刚当了 4 个月宰相，母亲便去世了，他只得黯然离开权力核心岗位。但肃宗皇帝李亨却对他恋恋不舍，于是便将他夺情起复。吕谭重返工作岗位后便一直穿着素服上班。吕谭随后升任三品官，府门前也因此获得了列戟的资格。

按照唐朝规定，门前列戟分为六等。皇帝祭祀祖先的太庙以及皇帝所居住的宫殿门口会摆放二十四戟，通常在门的左、右两侧各摆放一个戟架，分别插十二根戟；太子居住的东宫门前可摆放十八戟；正一品职事官府门口可摆放十六戟；文散官开府仪同三司（从一品）、拥有嗣王或郡王爵位、拥有勋官上柱国或柱国并且是二品职事官的官员、京兆府、河南府、太原府、大都督府、大都护府门前可摆放十四戟；拥有勋官上柱国或柱国并且是三品职事官的官员、中都督府、上州、上都护府门前可摆放 12 戟；国公、拥有勋官上护军、护军并且是三品职事官的官员府门前、下都督府、中州、下州府门前允许摆放十戟。若想在自己府门前列戟至少得是三品以上职事官，而且还得有护军以上的勋官或者具有国公以上的爵位。

　　皇帝亲赐门戟，宰相吕谭得知后自然是大喜过望，穿着丧服便想要跑出去谢恩，却被手下人给拦下了，说皇帝赐给咱们家门戟那可是天大的喜事，您怎么能穿着丧服去谢恩呢？这可是大大的不吉利呀！吕谭赶忙换上礼服后出去谢恩。但这里是他的家，并非是衙门，即便是在衙门里也不应穿礼服，他因这件事而被世人讥笑了许久。

　　朝廷还会给那些被起复的官员一些特殊假期以供他们前去哀悼先人。比如每月的初一、十五分别会给他们一天哭假。

　　大、小祥各给 7 天假，小祥是父母去世后一周年（即第 13 个月）举行的祭祀活动；大祥是父母去世后两周年（即第 25 个月）举行的祭祀活动。子女脱去孝服的祭祀活动被为禫，也会给 5 天假。

　　由于官员通常都是异地任职，有的家乡还与任职地相隔很远，因此无论是大、小祥还是禫，朝廷都会给予相应的程假，也就是来回往返会给相应的假期，从而保证回家的官员有充足的时间进行祭祀和哀悼。

一招不慎便受处分

在唐朝，若是官员犯了错，甚至犯了罪，也将会受到朝廷惩处，主要有贬官、免官、除名和流放四种方式。

唐朝的官职并不能简单地只看品级，更要看其内在的含金量，比如因工作交接失误导致值班时出现空岗，给事中（正五品上阶）元彦冲被贬为邠州（今陕西彬州）刺史，中书舍人（正五品上阶）梁升卿被贬为莫州（今河北任丘）刺史。两人原本担任的官职都是正五品上阶，而邠州和莫州都属于上州，上州刺史为从三品，若是单从品级上看，两人可都是连升了五阶，怎么还被视为贬官呢？

中书舍人和给事中都位于政务处理中枢，掌握着驳正权，也就是对上行文书即百司奏抄进行审核，认为不合适的直接退回去；还有封还权，对下行文书即皇帝的制敕进行审议，认为不妥的也可以要求皇帝进行修正。中书舍人和给事中受到皇帝的器重和同僚的看重，前景自然是一片大好，有时给事中或中书舍人在任上时便可以被直接任命为宰相。比如贞元二年（公元786年）正月十一日，给事中崔造、中书舍人齐映一同拜相，当然更多人是先升任门下侍郎、中书侍郎或者六部侍郎后再出任宰相，但一旦被贬往地方任职，不仅出任宰相无望，升迁也会变得极为困难，很多出京到地方任职的官员终生都难以再回长安。

由此看来，从重要京官贬为地方官，即便品级会有所提升，但依旧会被视为贬官。唐代前期，共有154位京官被贬为刺史，其中之前担任正四品及以上官职的有126人，占总数的84%，之前担任从四品及以下官职的有28人，占总数的16%。唐代后期，共有146位京官被贬为刺史，其中之前担任正四品及以上官职的有126人，占总数的48%；之前担任从四品及以下官职的有 77 人，占总数的 52%。上州、中州、下州刺史分别为正三品、正四品上阶和正四品下阶，因此从四品及以下官员哪怕是担任下州刺史，品级依旧会有所提升，这也就意味着在唐代后期被贬为刺史的官员之中，有超过半数的官员的品级会比贬官前还高。

即便是不离开京城，若是从台省官被贬为卿监官，远离了政务中枢，哪怕品级有所提升也属于贬官。

贞观十六年（公元 642 年），太子李承乾因患脚病行走不便，魏王李泰通过亲信大肆结交朝中大臣，企图夺取太子之位。李承乾顿觉自己的地位岌岌可危，于是想着效法父亲李世民发动政变，但事情败露后却被废为庶人，幽禁在右领军府。

按照长幼顺序，魏王李泰成为太子之位最有力的争夺者。给事中（正五品上阶）崔仁师奏请册立魏王李泰为太子，但册立储君之事随后却发生了戏剧性变化。太宗皇帝李世民当面审问李承乾时，李承乾说自己之所以会如此做全都是被李泰逼的，李泰一直在处心积虑地谋求太子之位。李世民得知真相后勃然大怒，将魏王李泰降为东莱郡王。崔仁师自然也因此而倒了霉，被贬为九寺之一鸿胪寺的副长官鸿胪少卿（从四品上阶）。

在唐朝前期，担任东宫官的官员往往都是很有前途的官员，比如太宗皇帝李世民去世前一年任命宰相李勣为太子詹事，意在让他辅佐即将继位的儿子李治，可见东宫官有多么重要。但在玄宗皇帝李隆基之后，东宫官却渐渐不为世人所看重，居然沦为闲职，因此很多官员会被贬为东宫官。

贬官有时是将你从品级高的官职贬为品级低的官职，有时虽是平级调动，甚至品级还可能会有所提升，但却从重要岗位调整为次要岗位，这也属于贬官，因此贬官与否并不能仅仅只看品级，更要看调整前后官职的重要性和含金量。

下面说一说免官，就是将你担任的职事官、散官和勋官一并免去，不过通常并不会免除爵位。被免官满 3 年后可以重新为官，吏部将会按照你之前的本阶，也就是散官品级，降两阶并授予你新的官职。不过职事官的品级未必与散官品级相一致，因此职事官的品级未必一定是降低了两阶。

崔仁师被贬为鸿胪少卿（从四品上阶）后，又升为民部侍郎（正四品下阶），虽然品级下降了一阶，却再度从"卿监官"转为"台省官"，因此也会被视为升迁。民部后来因避太宗皇帝李世民之讳而改称户部，此称呼一直沿用到了清末。

贞观十八年（公元 644 年）七月二十三日，唐朝即将大规模征伐辽东，崔仁师被任命为馈运副使，负责后勤保障工作。他在押运粮草时发现士卒逃亡却并未及时上报，因此而被免官，不过很快又被起用，担任中书舍人（正五品上阶），比免官前担任的民部侍郎低了三阶。

太宗朝大理少卿（从四品上阶）孙伏迦因工作失误被免官，后来又起用为刑部郎中（从五品上阶），比原来的官职低了四阶。

被免官后再度复出时所担任的职务比之前低三四阶属于政治常态，不过也有个别官员的官阶不仅不会降反而还会有所提升。

文宗大和二年（公元 828 年），南曹令史李干等 6 名胥吏非法出具告身签符，因为他们本来就是干这个的，所以他们所伪造的告身签符到了以假乱真的地步，居然导致 65 名假官成功上任。东窗事发后，朝野上下为之震惊，作为主管官员，吏部员外郎（从六品上阶）杨虞卿因犯有渎职失察之罪而被免官。

不过后来牛党党首李宗闵、牛僧孺相继出任宰相，身为牛党要人的杨虞卿与他们的关系又一向密切，很快便被重新起用为右司郎中（从五品上阶），居然比免官前所担任的官职还高出了四阶，而且左、右司郎中的实际政治地位也要高于六部二十四司郎中。被免官后复出居然也能大幅升迁实在令人大跌眼镜。

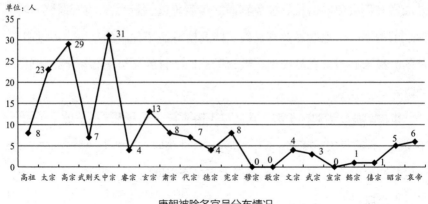

单位：人

唐朝被除名官员分布情况

　　除名是比免官更重的一种处罚，遭受除名的官员，官职和爵位将会被一同削去。除名可以作为流放的附加刑，比如睿宗永昌元年（公元689年），宰相韦待价出任安息道行军大总管，率大军征讨吐蕃，副将阎温古逗留不前，又恰逢大雪，粮草供应不足，导致唐军损失惨重。实际掌握朝政大权的武则天得知此事后震怒不已，将阎温古斩首，将韦待价除名，流放绣州（今广西桂平）。除名有时也会作为主刑而被单独使用，太宗贞观十七年（公元643年），太子李承乾因谋反而被软禁，太子右庶子（正四品下阶）令狐德棻作为东宫官而受到政治牵连，被朝廷除名。

　　通过梳理两唐书，162名官员曾被除名，其中唐朝前期共有115人，占总数的70.99%；唐朝后期共有47人，占总数的29.01%，可见除名在唐朝前期使用的概率远远大于唐朝后期。

　　按照规定，受到除名处分的官员之前的任职经历要被统统清零，6年处分期满后可以按照官员初入仕途时的出身授予相应官职。虽然制度这么规定，但在实际操作中，那些被除名的高官往往很快便能重新身居高位。

　　因受太子李承乾牵连而被除名的令狐德棻在次年便被重新起用为雅州刺史（从三品）。他获得的第一个职务是隋朝药城县（今安徽利辛）县长，却并没有赴任，归附大唐后，被高祖皇帝李渊任命为起居舍人（从六品上阶）。他遭除名后被再度起用时显然并未按照他的出身进行授官。

"三箭定天山"的名将薛仁贵也是如此。高宗咸亨元年（公元670年），逻娑道行军大总管薛仁贵率领5万大军护送吐谷浑王返回被吐蕃人侵占的故地，却因出师不利而被吐蕃40余万大军包围于大非川。薛仁贵无奈之下只得与吐蕃首领和议，这才得以退军，吐谷浑王国故地也至此被吐蕃人彻底吞并，薛仁贵因此次战败而被朝廷除名。

高宗咸亨二年（公元671年），高丽遗民发动叛乱，新罗出兵援助，朝鲜半岛一时间烽烟四起，此时已经被除名为平民的薛仁贵被再度起用为鸡林道总管。

薛仁贵入仕既不是通过门荫，也不是通过科举。他青年时家境非常贫寒，以种地为生，听说太宗皇帝李世民亲征辽东，于是便毅然从军。因骁勇善战而屡立奇功，太宗皇帝召见他，直接授予他游击将军（从五品下阶）、云泉府果毅都尉（从五品下阶）。

鸡林道总管属于行军总管，是临时设置的军事职务，并没有品级，不过根据之前担任过行军总管的高级将领的品级进行推算，应为三品上下，明显高于薛仁贵从五品下阶的出身。

命运多舛的薛仁贵在上元年间（公元674年—676年）又被流放象州（今广西象州）。关于流放的原因，我国史书大都避而不谈，新罗史书记载薛仁贵曾在伎伐浦（今韩国锦江口）被新罗人打败，薛仁贵被流放应该与此次战败有关。在沉寂五年之后，高宗皇帝李治因感念薛仁贵昔日功勋命其再度复出，官拜瓜州（今甘肃瓜州）长史，很快便升任右领军将军（从三品）、检校代州都督（正三品）。薛仁贵虽然之前既被除名过，也被流放过，但复出后依然能迅速升迁到三品官。

流放是一种仅次于死刑的刑罚，按照唐代律法，共有12类204种罪行可能会被判处流刑。流放比徒刑（也就是关进监狱）还要重，可能很多现代人对此并不太理解，到当年的广东广西待几年，难道不比关在监狱里舒服吗？其实在唐朝很多遭受流刑的人会死在中途或是流放地，可谓是一种并不会被直接处死的"死刑"。流放分为特流、常流、五流和长流四类。

特流是最轻的一种流刑，流放期限为 3 年，期满后不用在当地居作便可直接返回原籍。

常流是最常见的流刑，分为流放 2000 里、流放 2500 里和流放 3000里三种，流放期限都是 6 年，期满后还需在当地居作 1 年，不过官员却不用在流放地居作便可直接回家。

五流是五种特殊的流刑，分别是加役流、反逆缘坐流、不孝流、子孙犯过失流和会赦犹流。一些原本应判处死刑的犯人会因朝廷格外开恩被判处加役流，流放 3000 里，流放期满后需要在当地居作 2 年，而常流却只需居作 1 年。反逆缘坐流是因受到谋反、谋逆牵连而遭受的流刑。不孝流是因对老人不孝而被判处的流刑，比如得知父母死讯后却隐匿不报，诅咒父母、祖父母等。子孙犯过失流是因过失（如耳目所不及、思虑所不到）导致祖父母、父母死亡而遭受的流刑。会赦犹流是指遇到朝廷大赦也不能得到赦免的流刑，子孙犯过失流遇到大赦也不能得到赦免。

长流是指一直要在流放地待着，与会赦犹流的区别在于长流并没有流放期限，除非遇到针对你的特赦，否则你永远也不能离开流放地。

中央司法机关大理寺和地方州府都有判处流刑的权力，不过却要上报刑部核准，刑部要在规定期限内做出裁定。得到刑部的符文后，大理寺与地方州府并非立即会将流刑犯押往流放地，通常为一个季度遣送一批。

南方的流刑犯一般会被流放到西北陇右地区，主要集中在西州（今新疆吐鲁番）和伊州（今新疆哈密）两地。北方的流刑犯一般会被流放到江南抑或更为遥远的岭南（今广东、广西和越南北部）。东部的流刑犯一般会被流放到剑南（今四川地区）和黔中（今贵州地区）。

唐朝前期，流放岭南的官员为 138 人次，占总数的 70.77%，而唐朝后期，流放岭南的官员为 68 人次，占总数的 62.96%，因此岭南始终是唐朝官员流放的首选之地。唐朝前期，流放次选之地是剑南（今四川和云南一部分），而到了唐朝后期，却变成了黔中（今贵州），主要是因为南诏的不断入侵使得剑南地区战乱频繁，以至于剑南的治所成都府曾数度被南诏攻破，朝廷只得将流放地东移到了黔中。安史之乱后，陇右地区被吐蕃人占领，官员自然也就无法再被流放到那里，于是改由流放到天德军（今内蒙古巴彦淖尔市阴山山脉南麓）。

流放地人员分布情况

单位：人次

时代	岭南	剑南	黔中	江南	陇右	山南	河北	关内	天德军	不明	总数
前期	138	18	8	8	5	6	1	1	0	10	195
后期	68	1	20	6	0	4	0	0	3	6	108
总计	206	19	28	14	5	10	1	1	3	16	303

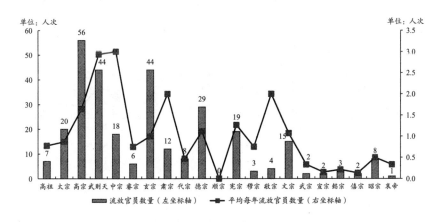

唐朝流放官员变化情况

正史中关于官员被流放的记载共有 303 人次，这只能算作冰山一角，因为只有品级高的官员或者名气大的官员才会被史书记载，规模庞大的中下级官员很难在史书之中留下只言片语，不过我们却依旧可以借此管中窥豹。

高宗皇帝李治在位期间留有记载的被流放官员数量最多，居然有 56 人次，占总数的 18.48%；武则天时期被流放官员数量位居第二；中宗皇帝李显前后两次登基，但在位时间仅有 6 年，成为年均流放官员数量最多的时期。从高宗到中宗复位这段时间，各派政治势力展开了激烈斗争，直到玄宗皇帝李隆基在位时，政局才渐渐稳定下来。

以安史之乱爆发为分水岭，在此之前的唐朝前期共有 138 年的时间，在此之后的唐朝后期共有 151 年的时间，尽管唐朝后期比唐朝前期多出 13 年而且还包括混乱不堪的唐末，但被流放的官员数量却只有唐朝前期的一半，这说明到了唐朝后期不再轻易使用流放这种极端的惩处手段。

不过在流放官员数量大幅减少的同时，唐朝后期贬官数量却在大幅增加，增长了 28%，说明政治斗争从未停歇，只是换了一种方式而已。

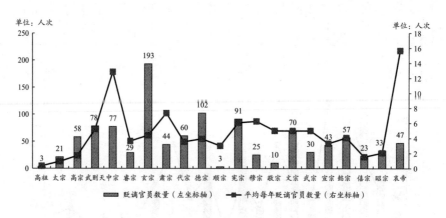

唐朝贬谪官员变化情况

流放地都是偏远荒凉之地，但贬官地分布却更为广泛，几乎遍布大唐的整个疆域。虽然岭南也是重要贬官地，却只占总数的 22%，远远小于流放的比例。贬官地最为密集的区域为江南，唐朝前期占到总数的 24%，不过到了唐朝后期却上涨到 32%。江南虽然离长安比较远，却逐渐成为大唐的"米袋子"和"钱袋子"，将曾在朝中担任要职的官员贬往那里，朝廷既能对这类官员进行惩戒，又能改善江南地区的治理状况，可谓是一举两得。

贬官地人员分布情况

单位：处

时代	岭南	剑南	黔中	江南	陇右	山南	河北	关内	河南	河东	淮南	总数
前期	78	34	23	108	6	64	24	24	52	21	25	459
后期	164	19	24	207	1	121	10	14	57	12	9	638
总计	242	53	47	315	7	185	34	38	109	33	34	1097

注：关内包含京畿道，不包括贬谪后在长安任职的京官；河南包含都畿道，不包括贬谪后在洛阳任职的京官。

究竟是什么原因导致如此之多的官员被贬或者被流放呢？占到总数的64%的是政治原因，本质上就是站错了队，跟错了人，说错了话，办错了事。

贬官流放原因统计表

罪名	政治原因 受到谋反谋逆牵连、得罪权贵、党争失利、触怒皇帝等		非政治原因 军事失利、失职渎职、贪污受贿、道德败坏、遭受连坐	
	人次	占比	人次	占比
流放人次	207	68.32%	96	31.68%
贬官人次	711	62.7%	423	37.3%

注：包括被贬为京官的情形。

在唐朝289年的历史之中，官员被贬或被流放曾出现过三个高潮，这段时间也恰恰是政治斗争最为激烈的时期。

第一个时期是高宗至中宗时期。这段时间政变频发，朝政不稳。该不该废除王皇后，该不该册立武则天为皇后，该不该允许武则天辅政，该不该罢黜中宗皇帝，该拥立还是该反对武则天称帝？中宗复位后，如何处置以武三思为首的武氏集团？中宗被毒杀后，该不该追随韦皇后？睿宗登基后，是该站在太平公主一边，还是站在太子李隆基一边？

每一次艰难的抉择都关系着自己的前途命运，甚至是身家性命，即便每一次选择都恰到好处，也未必能够高枕无忧。老谋深算的狄仁杰便经历了前一秒为宰相、后一秒为阶下囚的巨大人生转折。面对严刑逼供的酷吏，他觉得自己若是再拒不认罪，很可能会被他们活活折磨死，只得违心地认了罪。不过他趁着酷吏们松懈之际，偷偷地从被子上撕下一小条，写下自己的冤情，塞在棉衣之中，想方设法请人将棉衣送回家中。他的儿子狄光远见到父亲的帛书之后紧急求见武则天，狄仁杰这才侥幸逃过一劫。

第二个时期是宪宗至武宗时期。宪宗皇帝李纯力主用武力铲除那些割据一方的藩镇。当时朝中分裂为主战派和主和派，起初只是政策之争，不过后来却渐渐演变为意气之争，进而分化出以牛僧孺、李宗闵为首的牛党和以李德裕为首的李党。牛党当政时，李党人士悉数被贬出朝廷，而一旦李党掌权，牛党人士又悉数被逐出京城，不过他们主要是被贬谪而并非流放，彼此的争斗虽惨烈血腥，却还没有到你死我活的地步。

武宗皇帝李炎在位时，宰相李德裕一时间权倾朝野，将自立为昭义节度使的刘稹一举铲除，还意外发现了政敌李宗闵与刘稹勾结的证据，于是便将李宗闵长流封州（今广东封开县），牛党另一位党首牛僧孺也被贬为循州（今广东惠州）长史。

虽然在武宗朝担任宰相6年之久的李德裕曾为社稷立下大功，但新即位的宣宗皇帝李忱却很是厌恶这位前朝旧臣，很快便让太尉（正一品）、门下侍郎（正三品）、同中书门下平章事李德裕以同中书门下平章事衔出任荆南节度使，紧接着李德裕被贬为东都留守，又被贬为太子少保（从二品）、分司东都，彻底沦为闲职官员，但他的那些政敌们却依旧不肯轻易放过他，他也继续被贬为潮州（今广东潮州）司马，最终被贬为崖州（今海南海口琼山）司户。

在不到两年的时间里，李德裕便从正一品的宰相一路被贬为遥远的海南岛上一个从八品下阶的小官，最终在那里忧愤而死。李德裕下台后，流放封州的李宗闵改任郴州司马，但他还没有来得及离开封州便与世长辞了。循州司马牛僧孺改任衡州长史，随后又被召回朝中担任太子少师，但很快也病逝了。随着三位政治强人的先后辞世，这场延续了28年之久的党争也至此彻底落下了帷幕。

第三个时期是唐朝末年。昭宗、哀帝时期，大唐皇帝彻底沦为宣武节度使朱温手中的政治傀儡。为了给篡权做准备，除了依附于朱温的官员外，朝中官员陆续被贬，朝堂上竟然为之一空。

被贬谪的官员需要自行准备行李赴任，而官府会派遣专人将被流放的官员押往流放地。流刑犯允许携带老婆、小妾同行，也好彼此能有个照应，如若是爷爷、奶奶、儿子、孙子实在放心不下愿意一同前往，通常也会得到准许，不过却要自行前往，并不能随流刑犯同行。

虽然唐朝律法规定流刑犯骑马要日行70里，骑驴和步行要日行50里，坐车要日行30里，但流行犯一般只能步行前往，禁止骑马和乘车。

高宗朝宰相李义府在皇帝面前谄言自媚，暗地里却胆大妄为，干了许多不法之事。术士说他的宅第之中有很多冤魂在游荡，那些冤魂怨气大得很，只有积蓄2000万钱方可将那股怨气压制住。于是李义府更加肆无忌惮地搜刮钱财，卖官鬻爵，最终被人告发。

高宗龙朔三年（公元663年），李义府被长流于巂州（今四川西昌市）。东台侍郎薛元超上疏朝廷请求恩准李义府以马匹代步，却因违背了"流人禁乘马"的旧制而被贬为简州刺史。李义府属于长流犯，并没有流放期限。乾封元年（公元666年），高宗皇帝李治封禅泰山后兴奋地大赦天下，但李义府却并不在赦免之列，最终忧愤而死，时年53岁。

在唐代前期，流刑犯通常会被押送到都督府，如流放岭南的官员，一般会先被押送到广州都督府或桂州（今广西桂林）都督府；流放剑南的官员，一般会先被押送到益州（今四川成都）大都督府；流放陇右的官员，一般会先被押送到凉州（今甘肃武威）都督府。即便是流放地比都督府还要近，也要先行前往都督府办理完交割手续后再前往流放地。有时判决书中只会说流放岭南，并未明确具体流放地点，具体地点由当地都督府自行确定。

到了唐朝后期，都督府虽然并未被全部裁撤，却大多名存实亡，被流放官员改由先被押送到节度使官衙，不过之前的都督府驻地往往就是后来的节度使治所，比如岭南节度使和广州都督的驻地都在广州。

普通老百姓被流放抵达当地都督府或节度使衙门后，如若家属尚未到达，需要先行在附近服劳役，这段服劳役的时间也会被计入流放时间。但判处流刑的官员不需要罚做劳役，往往会在当地等待家属到来，双方会合后再一同前往流放地。

流刑犯在流放地需要戴着钳或盘枷，只有生病时或者有人为其担保时才允许摘下来，但被流放官员却拥有特权，一般并不需要戴着钳或盘枷。普通流刑犯需要干劳役，官府也会给他们发放官粮，每隔10天还会放1天假，腊八节和寒食节各给两天假，不过休假期间不能随便外出，但这些假却并非白放，日后都需要再补回来。

被流放官员虽可以免受劳役之苦，但官府却不会为他们发放官粮，只得依靠之前为官时的积蓄艰难度日。一个人的吃穿用度还小些，若是拖家带口来到流放地，生活起来自然极为不易，不过若是遇到什么生活困难，也可以向官府申请粮食和衣服，但事后却需要偿还。虽然绝大多数被流放官员都会变得穷困潦倒，不过最令他们恐惧的还是被政敌随意罗织个罪名而被处死。

在李隆基发动唐隆政变铲除韦皇后的那天夜里，号令诏敕均出自刘幽求一人之手，刘幽求后来也得以出任宰相。李隆基亲手将父亲李旦再度送上皇位，而他也被破格立为太子，不过他与强势的姑姑太平公主之间的矛盾却越来越深。睿宗皇帝李旦夹在中间颇为难受，索性便退位成为太上皇，将皇位提前传给了儿子李隆基。刘幽求劝说玄宗皇帝李隆基诛杀与太平公主过从甚密的宰相崔湜、窦怀贞等人，但李隆基却担心这样做会招致政局动荡，只得作罢，不过此事却意外泄露出去，刘幽求因此获罪，被流放封州（今广东封开）。

广州都督周利贞与刘幽求的政敌崔湜颇为要好，封州又恰恰是广州都督的辖区，因此崔湜暗中授意周利贞以逗留不前为由趁机杀掉刘幽求。桂州（今广西桂林）都督王晙对崔湜的阴谋有所察觉，于是便将刘幽求强行扣留于桂州。周利贞屡次发公文索要刘幽求，宰相崔湜也屡次催逼王晙立即遣送刘幽求，但王晙却顶住各方压力不为所动，刘幽求这才幸免于难。后来李隆基以姑姑太平公主发动叛乱为由将她的党羽崔湜、窦怀贞等人全部诛杀，走投无路的太平公主被迫自杀身亡。李隆基彻底掌控了政权，很快便将刘幽求召回朝中再度任用他为宰相。即便是与皇帝关系密切的前宰相都沦为任人踩踏的蝼蚁，其他被流放官员更是如同草芥一般。

一些被流放官员因难以忍受凄苦的流放生活或是为了避免被屠杀的命运有时也会铤而走险，选择逃亡，不过一旦被捕获通常都会被处死，不过也有极个别的幸运儿会奇迹般地死里逃生。

裴伷先是高宗朝著名宰相裴炎的侄子，高宗皇帝李治去世前夕命宰相裴炎辅政。但继位的中宗皇帝李显却是个恣意妄为的皇帝，想要任用岳父韦玄贞为侍中，又想要任命乳母的儿子为五品官，结果遭到以裴炎为首的朝臣们的极力反对。裴炎协助太后武则天废了皇帝李显，册立她另外一个儿子李旦为皇帝，不过此时武则天的野心却是急剧膨胀。傀儡皇帝李旦一直被幽闭于深宫之中，裴炎本想趁着武则天出游龙门之机使用武力强迫她还政于睿宗皇帝李旦，却因武则天临时取消出游计划而不了了之。光宅元年（公元 684 年）九月，徐敬业在扬州起兵反抗武则天，裴炎再度恳请武则天还政于睿宗皇帝李旦，最终却惨遭杀戮。

裴伷先因为伯父裴炎仗义执言而被流放岭南，那些与他有着相同境遇的流刑犯几乎都惨遭屠杀，唯独他侥幸逃脱。裴伷先之所以能够幸运地逃过一劫首先是因为善于获取女子芳心，其次是因为善于经商，再次是因为善于交际。

裴伷先流放岭南期间娶了卢氏为妻，还生了个大胖小子裴愿。卢氏去世后，裴伷先因不堪忍受凄苦的流放生活带着儿子裴愿偷偷跑回了家乡，却因他人告发而被官府抓获，杖责一百后被流放位于大西北的庭州（今新疆吉木萨尔）。

不过裴伷却在那里看到了无限商机，开始从事红火的边境贸易，短短五年时间家产便达到几千万。他有钱之后还迎娶了当地部落首领的宝贝女儿为妻，而这个部落有数万之众。两人结婚时，女方陪嫁了大量黄金、牛羊、骏马，使得他的家财变得更为雄厚。裴伷还养了数千名食客，专门为他打探消息，一旦朝中有什么风吹草动，他便会立即知晓。

此时武则天已经登基称帝，当时流传着令她心神不安的谶语："代武者刘。"刘与流同音，当时很多李唐宗室和忠于李唐的官员都惨遭流放，武则天担心这些被流放的人会聚集起来作乱，于是派出十位使者分赴十道，决意杀光所有被流放之人。

提前得到消息的裴伷先带着妻子，在300多亲信的护送之下，踏上了北逃之路，谁知却因迷了路，一个晚上只走了30多里。天亮后，北庭都护派兵前去缉拿逃跑的裴伷先。裴伷先的岳父闻讯后也派出兵马告诫官府追兵不要斩尽杀绝，但裴伷先还是被官军擒获。

此时朝廷派来的使者已经到了，当地官员将流放人员名单报给了朝廷使者，不过名单上却并没有裴伷先的名字。这并非是那些官员发善心，而是他们担心裴伷先万一抓不回来，自己势必会受到惩处。就这样，名单之上的流放之人统统被诛杀，唯独裴伷先活了下来。

见该杀的人都已被杀光，善于作秀的武则天随即便翻了脸，斥责那些杀人如麻的使臣曲解了她的意思，擅自冤杀流放之人，为了显示自己的大度和慈悲，武则天下旨将所剩无几的流放之人统统赦免。大难不死的裴伷先这才战战兢兢地回到了家乡。

睿宗皇帝李旦登基称帝后感念宰相裴炎当初因替自己说话而无辜惨死，于是多方寻找裴炎的亲属，不过其亲属却大都死于非命，只找到了九死一生的裴伷先。裴伷先自此扶摇直上，担任三品以上高官近 40 年之久，直到 86 岁时在工部尚书（正三品）、东京留守任上去世。

流放期满后，那些被流放的官员才能获准返回原籍，不过此时很多人已然穷困到没钱回家的地步。虽然他们依旧可以前往吏部参加铨选，不过随着铨选时的竞争日趋激烈，即便是贡举及第者想获得一官半职都很困难，何况是身上留有污点的流放官员。只有像薛仁贵、刘幽求那些曾为朝廷立下大功勋的高官才会有东山再起的机会，或者像裴伷先这样的极少数幸运儿，皇帝出于对他们祖上的感激和怀念将其召入朝中为官，而其他流放官员很难再有机会踏足仕途，只能另谋出路了。

第四章

官员们的福利待遇

官员能挣多少钱

当官有没有福利分房

官员的医疗保障

衣服是朝廷发的

令人瞠目结舌的退休制度

官员能挣多少钱

唐朝官员的收入可谓形式多样，既有实物收入，也有货币收入，主要分为禄米、土地和俸料三大类，使得官员的生活可以得到全方位的保障。

禄米就是直接给官员发粮食，一般是黄澄澄的小米，所需小米一般会从京城的太仓中调取。唐朝建立后最不缺的便是粮食，隋朝在洛阳洛口仓储存了大量粮食，虽经隋末战火洗礼，但绝大部分粮食却得以保存下来，直到太宗贞观十一年（公元 637 年），已然吃了十九年都未曾吃完。

不过若是遇上大灾之年，仓库里没有了小米，有时也会发白花花的盐。

最初朝廷只会给京官发放禄米，但时间一长那些地方官便有了意见——我们都是朝廷任命的官员，凭啥我们就没有禄米呀？我们在地方吃苦受累，收税维稳，抛家舍业，你们却在京城吃香的、喝辣的。

唐朝第二任皇帝李世民听到广大地方官的呼声之后，召集有关部门紧急研究此事。地方官的人数是京官的六倍之多，若是满足广大地方官的要求，那可是一笔不小的费用，不过李世民最终还是一咬牙一跺脚说，发！

至此，所有官员都可以按照自己的本官阶（即散官品级）来领取相应的禄米，不过地方官却要比京官减一等。

禄米原本是一年发一次，但有的官员却抱怨时间间隔太长，想吃的时候还没发，发了又一下子吃不了那么多，禄米放的时间长了又容易变质。

开元盛世时，粮食产量猛增，以至于粮仓之中储存的粮食部分发霉。玄宗皇帝李隆基下诏将禄米由全年一次性发放改为每半年发放一次，同时还提高了八、九品官员的禄米发放标准，借此激发基层官员干事创业的热情。

唐朝官员禄米发放情况

单位：石

品级	武德、贞观年间（京官）	贞观年间（外官）	开元年间（京官）	开元年间（外官）
正一品	700	650	700	650
从一品	600	550	600	550
正二品	500	470	500	470
从二品	460	430	460	430
正三品	400	370	400	370
从三品	360	330	360	330
正四品	300	280	300	280
从四品	260	240	250	240
正五品	200	180	200	180
从五品	160	140	160	140
正六品	100	95	100	95
从六品	90	85	90	85
正七品	80	75	80	75
从七品	70	65	70	65
正八品	60	57.5	67	64.5
从八品	50	47.5	62	59.5
正九品	40	37.5	57	54.5
从九品	30	27.5	52	49.5

唐朝还有福利分田制度，不过这却并非官员的特权，朝廷也会给老百姓分配田地，18 岁以上的男子都有权获得 1 顷田，其中 80 亩为口分田，20 亩为永业田，不过这些田却并非是白得的，老百姓需要给国家上缴租赋。

官员也可以获得田地，田地分为职分田和永业田，均按照职事官的品级分配，但只有五品以上散官且并无职事官的官员可以按照散官阶来确定永业田的发放标准。

职分田与任职状况息息相关，一旦离任职分田便会自动转给下一任。外官的职分田比京官还要优厚，主要是因为长安及其周边地区并没有那么多地可以分给京官，而外地州县可供分配的土地就相对多一些。

土地紧张时，朝廷曾多次收回长安附近区域的职分田分配给没地的贫苦农民，按照每亩给付两升粟的标准对失去职分田的官员进行补偿，不过那些被收回来的职分田后来还是会重新分配给官员，职分田制度一直延续到了唐末。职分田的地租为每亩两斗到六斗不等①，一斗等于十升，可见职分田地租收入比官府给予无地官员的补偿要多得多。

永业田不同于职分田，属于官员的私人财产。但问题是现存历史文献之中只有分配标准，却并未留下关于实际分配的相关记载，即便是在敦煌户籍残卷中也没有找到职事官或勋官分到永业田的相关证据。或许在立国之初朝廷的确给那些开国功臣们分过永业田，却并未长期执行下去，可能诱人的永业田制度不过是朝廷给官员们画的一张永远也吃不到嘴里的大饼罢了。

唐朝官员田地分配情况

品级	武德时期职分田（京官）	武德时期职分田（外官）	景龙以后职分田（内官）	景龙以后职分田（外官）	永业田
正一品	12 顷	—	12 顷 4 亩	—	亲王 100 顷 职事官 60 顷
从一品	12 顷	—	12 顷 4 亩	—	职事官 50 顷 郡王 50 顷 国公 35 顷
正二品	10 顷	12 顷	10 顷 4 亩	12 顷 4 亩	职事官 35 顷 上柱国 30 顷

---

① （北宋）王溥撰《唐会要·卷九十二·内外官职田》中记载："（开元）十九年四月敕，天下诸州县，并府镇戍官等职田顷亩籍账，仍依允租价对定，无过六斗。地不毛者，亩给二斗。"

续表

品级	武德时期职分田（京官）	武德时期职分田（外官）	景龙以后职分田（内官）	景龙以后职分田（外官）	永业田
从二品	10 顷	12 顷	10 顷 4 亩	12 顷 4 亩	职事官 35 顷 县公 25 顷 柱国 25 顷
正三品	9 顷	10 顷	9 顷 4 亩	10 顷 4 亩	职事官 25 顷 上护军 20 顷
从三品	9 顷	10 顷	9 顷 4 亩	10 顷 4 亩	职事官 20 顷 侯 14 顷 护军 15 顷
正四品	7 顷	8 顷	7 顷 4 亩	8 顷 4 亩	职事官 14 顷 伯 12 顷 上轻车都尉 10 顷
从四品	7 顷	8 顷	7 顷 4 亩	8 顷 4 亩	职事官 12 顷 轻车都尉 7 顷
正五品	6 顷	7 顷	6 顷 5 亩	7 顷 5 亩	职事官 8 顷 子 8 顷 上骑都尉 6 顷
从五品	6 顷	7 顷	6 顷 5 亩	7 顷 5 亩	职事官 5 顷 男 5 顷 骑都尉 4 顷
正六品	4 顷	5 顷	4 顷 5 亩	5 顷 5 亩	职事官 2 顷 50 亩 驮骑尉 80 亩
从六品	4 顷	5 顷	4 顷 5 亩	5 顷 5 亩	职事官 2 顷 50 亩 飞骑尉 80 亩
正七品	3 顷 50 亩	4 顷	3 顷 55 亩	4 顷 5 亩	职事官 2 顷 50 亩 云骑尉 60 亩
从七品	3 顷 50 亩	4 顷	3 顷 55 亩	4 顷 5 亩	职事官 2 顷 50 亩 武骑尉 60 亩
正八品	2 顷 50 亩	3 顷	2 顷 55 亩	3 顷 5 亩	2 顷
从八品	2 顷 50 亩	3 顷	2 顷 55 亩	3 顷 5 亩	2 顷
正九品	2 顷	2 顷 50 亩	2 顷 5 亩	2 顷 55 亩	2 顷
从九品	2 顷	2 顷 50 亩	2 顷 5 亩	2 顷 55 亩	2 顷

注：唐朝的亩是按照步来衡量的，宽 1 步，长 240 步为 1 亩，100 亩为 1 顷。

高宗皇帝李治虽是一个政治能力远远不及老婆武则天的弱势皇帝，却也是个积极为手下那帮官员谋福利的好皇帝。他于永徽元年（公元650年）确立了完备的俸料制度，包括俸钱、料钱、杂用，职事官还配有防阁或庶仆。俸钱相当于官员的基本工资，每月发放一次。料钱相当于官员的伙食费补贴，杂用是官员自备上班所需物品的工作补贴。五品以上官员配防阁，六品以下官员配庶仆，这些人都从百姓或者官员子弟中招募，分配给官员驱使和差遣。很多人并不愿意在那些官员手底下当劳力，于是便缴纳一定数额的钱，称为"课文"。如果官员不雇或者少雇人手，课文钱便成了官员的个人收入，实际上官员根本用不了那么多人手来给他打杂，因此"要钱不要人"便成了心照不宣的潜规则。

乾封元年（公元666年），高宗皇帝李治下诏将俸钱、料钱、杂用由按照散官阶发放改由按照职事官阶发放，使得散官日趋没落，渐渐变得没有存在感。

开元二十四年（公元736年），玄宗皇帝李隆基将俸料钱、杂用钱和防阁或庶仆等名目繁多的各项工资和津补贴合并为月俸，按照职事官的品级来确定发放标准，并按月发给各级官员，至此货币收入在官员总收入中所占比例不断攀升。

以开元年间从九品京官为例，月俸为1917文，全年共计23004文；每年禄米52石，按照当时每斗20文的米价进行折算，按照10斗为1石进行换算，全年获取的禄米折合10400文；职分田为2顷5亩，假设每亩地租为3斗，那么全年可获取地租615斗，按照米价换算为12300文。该官员合计收入为45704文，职分田地租收入占其总收入的比例为26.91%；职分田地租收入和禄米合计占总收入的49.67%，也就是实物收入和货币收入几乎各占一半。不过级别越高的官员实物收入所占的比重越低，正一品京官的货币收入在总收入中的占比会高达63.67%[①]。

---

① 一品官员一年的月俸为372000文，一年的禄米和职分田收入为212240文。

虽然月俸发放标准以文为单位，不过在实际发放时却基本上是"半钱半帛"。在今天的人们看来，帛不就是普通丝织品吗？朝廷莫不是穷疯了拿这些东西来糊弄手底下那些官员？

其实帛在唐朝具有准货币的地位，不仅能直接用，还能用来交换其他你想要的东西，不过它作为货币却有着天然的劣势。金银分割后对其自身价值影响并不大，但分割布帛时却可能会使得它的价值严重受损。鉴于此，宋朝时，金银渐渐取代了帛的地位。

其实用帛来冲抵月俸还存在着折价的问题，唐朝中后期国库空虚，为了缓解发工资的压力，布帛的官估价格一般都会高于市场价格，这也就意味着官员的收入会悄无声息地缩水。

唐朝开元年间月俸改革前后发放情况

品级	俸文	料文	杂用文	防阁或庶仆（限职事官）	改革前合计	改革后月俸
一品	8000 文	1800 文	1200 文	96 人（20000 文）	31000 文	31000 文
二品	6500 文	1500 文	1000 文	72 人（15000 文）	24000 文	24000 文
三品	5000 文	1100 文	900 文	48 人（10000 文）	17000 文	17000 文
四品	3500 文	700 文	700 文	32 人（6600 文）	11500 文	11567 文
五品	3000 文	600 文	600 文	24 人（5000 文）	9200 文	9200 文
六品	2300 文	400 文	400 文	15 人（2200 文）	5300 文	5300 文
七品	1750 文	350 文	350 文	4 人（1600 文）	4050 文	4500 文
八品	1300 文	300 文	250 文	3 人（625 文）	2475 文	2475 文

续表

品级	俸文	料文	杂用文	防阁或庶仆 （限职事官）	改革前 合计	改革后 月俸
九品	1050 文	250 文	200 文	2 人 （417 文）	1917 文	1917 文

安史之乱后，皇帝逃亡，京城大乱，官员月俸曾一度被停发。虽然后来得以恢复，但到手工资的实际购买力却是大幅下降，朝廷不得不考虑着手制定与物价水平相适用的新的月俸标准。于是在大历十二年（公元777年）朝廷拟定了新的发放标准，最初标准只涵盖京官和长安所在的京兆府的官员，后来也慢慢惠及其他州县官。

之前的发放标准是以文为发放单位，1 个铜钱为 1 文，而改革后却是以贯（1000 文为 1 贯）为发放单位，不过在实际操作中却常常实行省陌法，也就是不足 1000 文便为 1 贯。会昌年间最终定型的月俸发放标准更是以万，也就是以 10 贯为发放单位，除此之外月俸发放标准还发生了三个重大变化：

第一个变化是重官不重级。月俸发放标准不再是同级同工资，同一级职事官的收入差距逐渐拉大，体现了多劳多得的原则。权力大、职责重、压力大的官员发的就多，成天没什么事干的虚职官员发的就少，而且品级低的官员未必比品级高的官员挣得少。比如中书侍郎、门下侍郎虽只是正三品，但在唐朝后期却几乎都是宰相，因此在大历年间调整标准时居然比从一品的太子三师挣得还要多。此外，原本游离于唐朝正式官制之外的节度使、都防御使、监军、观察使等使职也有了与之相对应的月俸。

第二个变化是重文不重武。安史之乱爆发前，节度使几乎都是武将，而且还有不少是像安禄山、哥舒翰这样的少数民族武将。叛乱爆发后，唐朝皇帝开始思索"以文驭将"的策略，节度使普遍任用文官，导致武官地位普遍下降。一般武官比同一品级的文官收入要低，两者的差距也在不断扩大。

以中书侍郎和同品级的左、右金吾卫大将军为例，左、右金吾卫大将军的月俸只相当于中书侍郎的40%，到了会昌年间两者的差距更大，只相当于中书侍郎的3%，居然与正五品的京县县令挣得一样多。充作太子侍卫长的太子十率府的率和副率更惨，大历年间的月俸居然与开元时期一模一样，一文钱都没有涨。

第三个变化是重外不重内。安史之乱前，京官待遇普遍好于地方官，但安史之乱后，朝廷的日子过得很是艰难，因此大历年间调整月俸标准时，地方官工资上涨幅度普遍高于京官。府尹的月俸高达80贯，不仅远高于同为从三品的寺监的长官，甚至比正三品的六部尚书还要高，与从二品的尚书左、右仆射拿的钱一样多。这主要是因为地方官的工资并不由中央政府来承担，也就是所谓的给政策不给钱，发放标准定得高点儿也无所谓。不过这种地方官收入畸高的怪现象后来得到了一定程度的扭转，比如府尹在会昌年间的月俸发放标准降到与九寺长官一样的水平，不过其他地方官的工资依旧会稍稍高于同级别的京官。

唐朝月俸变化情况

品级	开元年间月俸	大历年间月俸	会昌定制月俸
正一品	31000文	太师、太傅、太保120贯；太尉、司徒、司空120贯	太师、太傅、太保200万；太尉、司徒、司空160万
从一品	31000文	太子太师、太子太傅、太子太保80贯	太子太师、太子太傅、太子太保140万
正二品	24000文	侍中120贯；中书令120贯	侍中150万；中书令140万
从二品	24000文	尚书左、右仆射80贯；太子三少70贯；六军统军和十六卫上大将军尚未设立	尚书左、右仆射140万；太子三少100万；六军统军6.5万；十六卫上大将军5.5万

续表

品级	开元年间月俸	大历年间月俸	会昌定制月俸
正三品	17000 文	中书、门下侍郎 100 贯；六部尚书、太常卿 60 贯；宗正卿、太子詹事 50 贯；太子宾客 45 贯；左、右金吾卫大将军 45 贯；左右羽林等六军大将军 40 贯；左、右卫等其他十四卫大将军 30 贯	中书、门下侍郎 140 万；六部尚书、御史大夫 100 万；太常卿、宗正卿、太子宾客、太子詹事、内侍监和左、右散骑常侍 8 万；左右羽林等六军大将军 5.5 万；左、右卫和左、右金吾卫大将军 4.5 万；其他十二卫大将军 3.6 万
从三品	17000 文	御史大夫 60 贯；其他 7 寺卿、国子祭酒、将作监、少府监、秘书监、殿中监 45 贯；府尹 80 贯；左右金吾卫将军 40 贯；左右羽林等六军将军 30 贯；左、右卫等其他十四卫将军 25 贯	节度使 30 万；都防御使和监军 15 万；观察使 10 万；其他 7 寺卿、国子祭酒、将作监、少府监、秘书监、殿中监、府尹、上州刺史 8 万；左右卫、左右金吾卫将军 4.5 万；其他十二卫将军 2.5 万
正四品	11567 文	尚书左右丞、六部侍郎、御史中丞 45 贯；太常少卿、太子左右庶子 40 贯；太子少詹事 25 贯；太子十率府率 11567 钱	尚书左右丞、六部侍郎、御史中丞 8 万；太常少卿、太子左右庶子、中州刺史、下州刺史 7 万；太子少詹事 6.5 万；太子十率府率 17350 文
从四品	11567 文	秘书少监、八寺少卿、殿中少监、将作少监 35 贯；府少尹 50 贯；国子司业、太子三寺令 30 贯；亲王府长史 18 贯；太子十率副率 11567 文	秘书少监、八寺少卿、殿中少监、国子司业、将作少监、府少尹 6.5 万；上州别驾 5.5 万；太子三寺令 5 万；亲王府长史 4 万；亲王府司马 2.5 万；太子十率副率 17350 文
正五品	9200 文	给事中、中书舍人 45 贯；京县县令 50 贯；谏议大夫 35 贯；太子中允、国子博士 25 贯；都水使者、内常侍 20 贯；亲王府典军 9200 文	给事中、中书舍人、谏议大夫、太子中允 8 万；京县县令 4.5 万；国子博士、都水使者 4 万；内常侍 3 万；太子左右赞善大夫 3 万；亲王府谘议参军事 2 万；亲王府典军 13800 文
从五品	9200 文	尚书诸司郎中 25 贯；著作郎 20 贯；亲王府副典军 9200 文	尚书诸司郎中、上州长史、上州司马 5 万；著作郎 4 万；亲王府副典军 13800 文
正六品	5300 文	畿县县令 25 贯；太学博士 12 贯	畿县县令 4 万；太学博士 1.3 万
从六品	5300 文	侍御史 25 贯；尚书诸司员外郎、通事舍人、起居舍人 18 贯；著作佐郎 12 贯；城门郎、符宝郎 5 贯 300 文	诸州上县令 4 万；尚书诸司员外郎、通事舍人、起居舍人、侍御史 3.7 万；著作佐郎、城门郎 2.5 万；符宝郎 1.3 万

续表

品级	开元年间 月俸	大历年间 月俸	会昌定制 月俸
正七品	4500 文	诸府司录参军事 45 贯；詹事司直 10 贯；四门博士 12 贯	诸府司录参军事 4.5 万；詹事司直 2 万；四门博士 1.3 万
从七品	4500 文	殿中侍御史 20 贯；左右补阙、太常博士 15 贯；京县县丞 35 贯；太学助教 4 贯 116 文	上州录事参军 4 万；左右补阙、殿中侍御史、京县县丞 3.5 万；太常博士 2.5 万；太学助教 2 万
正八品	2475 文	监察御史 15 贯；协律郎 4075 文	监察御史 3.2 万；协律郎 2 万
从八品	2475 文	京县主簿、京县县尉 30 贯	上县县丞、京县主簿、京县县尉、左右拾遗 3 万；上州参军事 1.5 万
正九品	1917 文	畿县主簿、畿县县尉 20 贯；太子三寺主簿 1917 文	畿县主簿、上县主簿、畿县县尉 2 万；校书郎 1.6 万；太子三寺主簿 3000 文
从九品	1917 文	门下典仪 1917 文	上县县尉 2 万；崇文馆校书 1.6 万；门下典仪 1.2 万

很多人可能会觉得上面提及的那些数字并不直观，下面我们就透过两位宰相张说和元稹的收入变化感受一下唐朝官员真实的收入水平。

张说曾在开元年间两度为相，名气仅次于姚崇、宋璟。中宗景龙二年（公元 708 年），时任工部侍郎（正四品下阶）的张说丁忧。当时除了供养一家老小外，他还需要养活两个哥哥、一个妹妹和九个侄子外甥，甚至整个家族上百口子的红白喜事、衣服饮食都靠他来接济。一个四品官居然可以养活一个百口之家！

由于现存文献中并没有中宗朝官员俸禄标准，我们暂且以开元时期的标准进行大致测算，两者应该相差并不大。张说的月俸为 11567 文，全年合计 138804 文；禄米为 300 石，也就是 3000 斗，粮食价格按照每斗 20 文计算，折合为钱 60000 文；职分田为 7 顷 4 亩，也就是 704 亩，假定地租为每亩 3 斗，那么地租收入为 2112 斗，按照每斗 20 文折合为钱 42240 文，张说全年总收入为 241044 文。

唐朝前期，18 岁以上男子会被分配给 1 顷田地，而他需要向政府缴纳 2 石的田租。唐朝的课税水平一般为 10%，据此可推算出每顷地的粮食产量大致为 20 石左右，除去所上交的田租，那么该男子大约会留下 18 石左右的粮食，粮食价格大概为每斗 20 文，那么他所获得的 18 石粮食便价值 3600 文。张说的年收入大体相当于 66.96 户普通农户的年收入，此外，唐朝前期的高级官员还有两项重要收入。

第一项是皇帝赏赐。唐朝前期国力强盛，国库充盈，皇帝只要一高兴便会大肆赏赐朝臣。张说便曾被赏赐过帛、彩罗、绢，还有一次被赏赐金 5 挺，银 10 挺。1 挺金究竟多重，历史文献记载不一，大多为 100 两或 50 两。关于唐代金价，历史文献也是记载不一，有的记载 1 两金值 3500 文，有的记载 1 两金值 6250 文，几乎多出了一倍，取两者平均值为每两 4875 文，按照 1 挺 50 两计算，5 挺金便价值 1218750 文。西安出土的银挺 1 挺 50 两，五代时 1 两银子价值 1700 文，因此 10 挺银的价值为 850000 文。张说一次被赏赐的金银便高达 2068750 文，相当于他担任工部侍郎 8.58 年的工资。

第二项是实封。封爵都有封邑数，不过却大多是难以兑现的空头支票，只有获得实封的官员才会真正享用与之相对应的经济收益。张说后来被封为燕国公，实封二百户。开元前后，每户通常会有三丁至七丁，丁指的是年满 21 虚岁的男子。实封的租税并不能直接向封户收取，而是从太府寺领取。即便按照每丁缴纳 2 匹绢的标准来换算，张说便可获得 1800 至 4200 匹绢，按照每匹绢 500 文计算，便是 210000 文，几乎相当于他的全年总收入。

开元盛世时，即便是从九品下阶的最低等官员的年收入也相当于 12 户普通农户年收入，因此唐代前期的官员几乎都能过上小康生活，当然高官们的日子过得更为惬意。不过原本生活阔绰的张说辞官丁忧后却窘迫到靠卖文为生。

安史之乱后，朝廷大幅提高官员们的月俸钱，以太师为例，大历年间的月俸为开元时期的 3.87 倍，会昌定制时的月俸为开元时期的 16 倍。因此一些学者认为唐朝想要实行高薪养廉，不过他们却忽视了一个重要因素，那就是当时物价的大幅上涨。

开元盛世时，一斗米的价格只需要 12 至 20 文，甚至在山东粮食主产区青州、齐州一带仅仅需要 2 文钱。安史之乱的烽火熄灭后，曾经富庶的唐朝却陷入经济衰退之中，物价不断飞涨。代宗永泰元年（公元 765 年），每斗米的价格上涨到了 1400 文，居然是开元盛世时米价的 70 至 116 倍，后来随着政局的稳定和农业的恢复，米价虽有所下降，但到了德宗贞元初年，每斗米的价格依旧维持在 1000 文左右。

不仅米价疯涨，其他物品的价格也是上涨了不少，盐价从每斗 10 文上涨到 200 文，上涨了 20 倍；绢价从每匹 500 文上涨到 2000 文，之所以只上涨了 4 倍是因为之前每匹价值比较高。唐朝官员的月俸尽管上涨了不少，却还是跟不上物价的上涨幅度。

由于国库越来越空虚，唐朝后期的皇帝们不再大规模赏赐朝臣了，只是有时会赏赐神策军将士。唐代后期，获得实封的绝大多数都是武将，文官一般很难获得实封，自然也就没有了与之相关的经济收益，因此在唐朝后期绝大多数官员的生活过得都比较拮据。

大诗人元稹 15 岁明经及第，经过 10 年的漫长等待，25 岁时才得以踏上仕途，出任秘书省校书郎（正九品上阶）。次年，他迎娶了时任东都留守韦夏卿最爱的女儿韦丛。

元稹后来出任左拾遗、监察御史等职务，只是八、九品的小京官，日子虽过得比较清贫，好在监察御史权力大，升迁快，但一连串始料未及的意外却接踵而至。

元稹意气风发地前往剑南东川（今四川东部地区），经过缜密调查，为 88 户百姓平反了冤假错案，于是上书弹劾剑南东川节度使严砺玩忽职守，也在那里意外结识了比他大 11 岁的著名女诗人薛涛。

元稹回京后，御史台出人意料地命干劲满满的元稹分司东都。唐朝后期，东都成为官员们养老的去处，紧接着与他一起生活了 7 年时间的妻子韦丛不幸去世。元稹悲痛之余留下了"曾经沧海难为水，除却巫山不是云"的千古名句，不过他很快却在出使东川期间与大才女薛涛开始了一段缠绵悱恻的"姐弟恋"。薛涛虽也出身官宦人家，却因父亲意外身故而沦落为乐籍，实际上与风尘女子无异，因此两人无疾而终。

元稹因弹劾河南尹房式不法之事而被召回长安，还被朝廷罚俸。途经华州敷水驿时，原本住在驿馆上厅的元稹却被宦官强行要求腾房，只因与对方多理论了几句便无端遭到谩骂和殴打。元稹分明是受害者，事后却被贬为江陵府士曹参军，后任通州司马和虢州长史。

他在地方任职的这十年时间，日子过得仍旧不富足。他在为自己的妾安仙嫔所写的墓志中提到"无盈余之帛，无成袭之衣，无完里之衾"。此时的元稹并未续弦，小妾跟着他过着如此潦倒的生活，不禁令人唏嘘不已。好友白居易在写给元稹的诗中写道："怜君为谪吏，穷薄家贫褊。"

元稹回朝后曾担任过 3 个月的宰相，不过很快便被罢相，出任同州刺史、浙东观察使、武昌节度使。曾经生活困苦的元稹却慢慢变得阔绰，只可惜 53 岁时暴病而亡。元稹的墓志铭是好友白居易所写，作为酬谢，白居易获得了价值六七十万的银鞍玉带等物，相当于白居易担任江州司马时一年多的月俸钱。曾经生活困顿的元稹为何会变得如此有钱呢？

安史之乱后，州县之上普遍设藩镇，大藩镇管辖 20 多个州，小藩镇仅仅管辖两三个州，甚至在唐末一个州也会单设节度使。藩镇一般由节度使或观察使统领，有时由都防御使或都团练使来统领。宪宗皇帝李纯在位时，全国共设 48 道，管辖着 295 个州府。这些大大小小的藩镇大致可分为三个类型：

第一种类型是割据型藩镇，共有 5 道 36 州，主要分布在今河北、河南、山东一带，不过后来不听朝廷号令的藩镇变得越来越多，以至于到了唐末，皇帝真正能管的地儿只有长安城。朝廷的触角难以触及这类藩镇，甚至都不知道当地到底有多少百姓，收多少税收。这些藩镇的节度使都是一干便干一辈子，即便是死了也会将位子传给儿子或侄子，不过有时还没死便被急于篡位的部将给杀了。

第二种类型是自收自支型藩镇，共有 35 道 210 州府，几乎不上缴或者只上缴少量赋税，收来的税基本上都用于自身开支。当然缺钱了通常也不能随便向朝廷伸手去要，朝廷可以任免这些藩镇的节度使，但朝廷收入却几乎不依赖这些藩镇。

第三种类型是税源型藩镇，仅有 8 道 49 州，主要分布在江南、淮南地区。这些地区相对太平，自然也就不用养那么多军队，经济又比较发达，叛乱发生得也比较少，朝廷赋税主要来自这些地区。

安史之乱前，地方收支一律要按照时限报请朝廷审核。距离京城长安 2000 里以内的一个季度申报一次；2000 里以外的两个季度申报一次；5000 里以外的一年申报一次。地方官手中的财权颇为有限。安史之乱后，地方权力急剧膨胀，地方财政实行支出定额包干制，"超支不补，结余留用"。地方需要给朝廷上缴的部分要严格管理并按时上缴，至于财政结余部分可以由节度使、观察使自由支配。

那些节度使、观察使们为了追求结余而不惜疯狂压榨辖区内的百姓。德宗皇帝李适为此曾专门下诏，除了两税外，地方官不得巧立名目盘剥百姓，但宪宗朝、穆宗朝、文宗朝又一再重申这项制度，这恰恰说明此项制度并未得到严格执行，搜刮之风始终难以被禁止。

淮南节度使牛僧孺卸任后，淮南镇治所扬州的府库之中藏有 80 万贯匹钱帛，新任节度使李德裕赴任后却上奏领得 40 万贯匹，两人是恩怨甚深的政敌，牛僧孺听闻此事后随即上奏朝廷告状，李德裕奏报的数字比实际数少了足足一半。李德裕曾在文宗朝、武宗朝两度为相，算得上是有追求、有理想的官员，绝非什么贪官，可见节度使交接时瞒报库存钱帛是谁都知道，但谁也不说的潜规则，当时被称为"杀数"。那些被隐瞒的钱帛常常用于赏赐部下，因为唐朝后期经常会发动兵变，那些赏钱其实也是节度使的买命钱，当然也有不少流入节度使的私人腰包。

节度使可谓是唐朝后期最能敛财的官职，即便是位高权重的宰相都望尘莫及。很多贪恋物质享受的朝廷官员往往会主动要求，甚至不惜通过大肆行贿的方式前往地方任职。

宪宗朝羽林大将军孙璹送给宦官弓箭库使刘希光钱两万贯才求得凤翔节度使之位。文宗朝，工部尚书郑权畜养了很多妻妾，苦于在朝中任职俸禄少而难以供养，于是便大肆贿赂与宦官势力紧密勾结的郑注，很快便如愿外放为岭南节度使。岭南在唐朝一向被视为蛮荒之地，只有设有市舶司的治所广州还算富庶，其他地方都很穷，但郑权却依旧不惜花费重金要到那里去当节度使。曾担任岭南节度使的胡证回到长安城后便成为长安城中有名的巨富，可见他敛财能力之强。

那些怀揣着发财致富梦的节度使到任后所想的自然不是如何治理好地方，而是绞尽脑汁地盘剥百姓，疯狂敛财，当绝大多数地方官都丧失了信仰，失去了节操，对金钱趋之若鹜，这个王朝便也进入了覆亡倒计时！

当官有没有福利分房

对于在异地任官的官员，国家往往会免费提供住房，被称为"官舍"。为了办公便利，官舍常常与官衙连在一起，类似于今天的"机关大院"，不仅官员自己能住，随行的家属也能一同居住。

居住官舍不仅是一项重要的经济福利，也是重要的政治待遇，一些被从中央贬往地方的别驾、长史、司马会被剥夺居住官舍的资格，以示对他们的惩戒。

官舍的产权属于官府，官员离任时必须要搬出官舍，如若到其他地方继续担任地方官，依旧会有官舍住，若是到京城当官可就不一样了。虽然唐朝前期的官员们热衷于当京官，但"京漂"的日子却并不好过。

正员京官共有 2620 人，这个数字看似不算太大，但在寸土寸金的长安城中，官舍数量实在有限，自然无法像外地州县那样为携家带口而来的官员们提供宽敞的住所。只有极少数高级官员，比如宰相，才会获准携家眷入住官舍，但一旦被调离、被贬谪或退休，官舍便会被收回。只有获得皇帝特殊的恩宠，皇帝才会下诏"赐第"，居住的官舍才算正式划归到你的名下，成为你的私人财产。

有时皇帝也会下令为宠爱的臣子兴建新宅邸，比如玄宗皇帝曾下令为宠臣安禄山在亲仁坊南街建造府邸，不惜花费重金，甚至还不惜超越礼制，豪华气派程度甚至超越了皇家，可让玄宗皇帝万万没有想到的是野心勃勃的安禄山想要的却并非仅仅是一座豪宅，而是整座长安城，乃至整个大唐江山。

那些令人艳羡的豪宅只属于少数位高权重的高官，像柳宗元这样出生在长安祖屋之中不用为住房而发愁的官员终究属于少数，绝大多数小京官都会为住处而劳心费神，牵肠挂肚。

单位一般会为那些无房住的官员提供宿舍，条件好的一人住一间，条件差的则要好几个人住一间，因此唐朝文献中经常会出现"同舍"这个词，其实就是寝舍室友的意思。

有妻室的官员住在宿舍里多有不便，只得到外面租房住。当时长安的房屋租赁业也很是发达，无论是朝廷命官，还是黎民百姓；无论是考功名的举人，还是出家的僧道；无论是汉人，还是胡人，凡是买不起房的"京漂一族"都沦为了租房客。当时租房也是一件很常见的事，即便是宰相、尚书都是租房大军中的一员。

大诗人白居易 31 岁时授秘书省校书郎，后在又到京兆府盩厔县担任县尉，又回朝任集贤校理，授翰林学士，出任左拾遗（从八品上阶）。白居易 37 岁都未曾结婚，无论是在当时，还是在现在，都属于大龄男青年了，后来终于与杨汝士之妹喜结连理。

他一直在长安租房住，婚后生活变得愈加拮据，因此等到左拾遗任职期满后，专门给上司写了《奏陈情状》："臣母多病，臣家素贫。"他请求到京兆府任职，京兆府管辖长安、万年等 23 县。白居易如愿以偿地改任京兆府户曹参军事（正七品下阶），虽仍在长安工作，却成了地方官，待遇却会更好一些，月俸也从 2 万文一下子便涨到了 4.5 万文，是之前的 2.25 倍；每年的禄米也增长到了 200 石。他在诗歌《初除户曹，喜而言志》中怀着极其兴奋的心情写道："人生百岁期，七十有几人；浮荣及虚位，皆是身之宾。唯有衣与食，此事粗关身；苟免饥寒外，余物尽浮云。"白居易最关心的是吃和穿，至于前途命运都不过是浮云罢了。

后来白居易的老母亲看花时意外坠入井中摔死，他只得辞官回家为母亲丁忧。白居易复出后任左赞善大夫。力主削藩的宰相武元衡在大街上遇刺身亡，义愤填膺的白居易上表主张缉拿凶手，但此时的他却早已不是担负着进谏职能的左拾遗，只是个东宫官，因此他被人弹劾越职言事。恰在此时，有人诋毁说他母亲看花时坠井而亡，可他却还在写赏花诗和新井诗，毫无人子之心。白居易被贬出京，先任江州司马，后任忠州刺史，直到 5 年后才得以回京。

元和十五年（公元 820 年），白居易回京任礼部主客郎中、知制诰，相当于礼宾司司长兼皇帝机要秘书。此时的白居易已经 49 岁了，距离进士及第已经过去了 20 年，也已在宦海之中沉浮了 17 年，却依旧蜗居在长安。他还为此专门写了一首《卜居》："游宦京都二十春，贫中无处可安贫；长羡蜗牛犹有舍，不如硕鼠解藏身。且求容立锥头地，免似漂流木偶人；但道吾庐心便足，敢辞湫隘与嚣尘。"堂堂一个大司长居然羡慕有壳可住的蜗牛和有洞可藏的老鼠。

好在白居易当了 5 年地方官攒了不少钱，利用这些积蓄在回京的次年便在长安新昌坊买了一套小宅子，又在洛阳履道里买了一套大别墅，这才算安定下来。

位居"唐宋八大家"之首的韩愈，在写给儿子的《示儿》中写道："始我来京师，止携一束书。辛勤三十载，以有此屋庐。此屋岂为华，为我自有馀。"这首诗写于元和十年（公元 815 年），此时的韩愈担任中书舍人（正五品上阶）。

所谓的"三十载"是从韩愈进京赶考算起，他虽是官僚子弟，但他的父亲却在他 3 岁时便病逝了，韩愈只得寄居在兄长韩会的家中艰难度日，可他的兄长却在他 10 岁时也英年早逝了，最终由寡嫂将其抚养成人。德宗贞元二年（公元 786 年），韩愈离开家乡宣城后只身前往长安，他写《示儿》时距离首度离开家乡恰好 30 年。

不过韩愈求取功名之路可谓坎坷异常，连续四次参加进士科考试才如愿高中，之后又前往吏部连续三次参加科目选博学宏词科考试，却均以失败而告终，只得前去投奔宣武节度使董晋，于贞元十二年（公元 796 年）被辟举为试秘书省校书郎、宣武节度观察推官。韩愈当官近二十年才得以在长安买了一个小户型，告别了租房的日子。

不要说是中下级官员，即便是宰相的居住条件也未必很好，住在偏僻之地或者房屋简陋不堪的也是大有人在。

玄宗朝宰相卢怀慎与宰相姚崇一起搭班子，卢怀慎自认为能力不及姚崇，一切政事均交由姚崇去处置，遇事能推就推，能躲就躲。姚崇因儿子不幸去世请了 10 天假回家料理丧事，回来后发现需要他处置的文书居然堆积如山。

面对众人非议，体弱多病的卢怀慎主动上表请求辞去宰相之职，回府养病。同僚们去府上探望他，不去不知道，一去吓一跳。虽然卢怀慎不敢担当，却也为政清廉，堂堂大唐宰相的府邸居然会如此破旧，屋内陈设居然会如此简陋，他身下的床席已然破得不能再破了，屋门上甚至连个像样的帘子都没有，只是挂了一张破席子用来遮风挡雨。

姚崇所住的宅子虽比卢怀慎稍稍好些 [①]，却很是偏远，他每天很早便要去上朝，来往奔波实在太过辛苦了，于是便选了一家距离皇宫比较近的旅店住了进去。堂堂执掌朝政的宰相居然也到了不得不住客栈的地步。

姚崇住在旅店之中自然没有在家中舒服，况且宰相工作忙，压力大，耗神多，工作搭档卢怀慎只能陪他吃饭，又不能为他解忧，处理政事全仰仗着他一个人。姚崇因患疟疾而病倒了，《新唐书》写的是"（姚）崇病痁移告"，有人居然翻译成姚崇病倒在旅店之中，其实"病痁"是个专有名词，指的是疟疾。

姚崇病了，前不久刚刚辞职的宰相卢怀慎又死了，只剩下另外一位宰相源乾曜一人独自支撑着局面。但这个源乾曜却是个刚刚上任的新宰相，每每遇到重大政事，玄宗皇帝李隆基都会命他前往姚崇的府上去询问他的

---

① 《资治通鉴》记载姚崇在长安并无住宅而是住在太平公主为母亲武则天所立的罔极寺，但此说法不太可信，故采用《新唐书》的记载。

意见。可姚崇家又偏偏住得比较远，这一来一去浪费了不少时间，因此李隆基命中书省下辖的四方馆，也就是专门接待周边少数民族和外邦使节的国宾馆，为卧病在床的姚崇准备一间豪华套间，以便姚崇的妻子奴婢能一同住进来，也好对他进行贴身照顾。

四方馆装修颇为豪华，住进去养病极易招来世人非议，若是给你扣上个奢靡之风的帽子可就吃不了兜着走了，况且那里又存有官署文书，并非养病之人居住之地，姚崇自然是一再推辞，李隆基心急如焚道："你有什么可担心的呢？我恨不得你住进宫里来。"

仅仅几个月后，一向以清廉形象示人的姚崇便深陷腐败丑闻。他的两个宝贝儿子姚彝和姚异利用老爹的职务影响力大肆收受贿赂，他手下工作人员中书主书赵诲因受贿数额巨大而被流放岭南。姚崇自然难辞其咎，于是被罢免了宰相职务，渐渐淡出了政坛。

源乾曜与姚崇刚刚搭了3个月班子，便被迫与姚崇一同被免职。不过他却并未就此彻底沉寂，仅仅两年后便再度为相，这次他积极向老前辈卢怀慎学习，做到不干事，也不惹事，让所有人都觉得他是个人畜无害的人，虽然没啥存在感，也没有什么名望，却担任宰相一职长达九年零六个月，成为开元年间任职时间最长的宰相。开元时期名气最人的两位宰相姚崇、宋璟都只干了三年零两个月。

其实在任何朝代，都城的房价往往都会比较贵，在经济发达的唐朝更是如此。长安房价居高不下的局面是由多方面原因造成的。

首先是官衙众多，寺观林立。最好的地块都被皇家占据着，大明宫、太极宫和兴庆宫都位于长安城北，太极宫以南一大片地是皇城，里面全是各重要机构的衙署，宫城和皇城几乎占据了大半个北城。城南又有旅游胜地曲江池，城中心还设有大型市场东市和西市。为了给已故的人追福，也为了给在世的人祈福，上流社会还流行将自己的宅子捐出来修建寺院道观。太宗皇帝李世民便将父亲高祖皇帝李渊在通义坊的旧宅捐出来兴建兴圣寺，代宗朝名将马璘将自己的宅子捐献出来设置乾元观。眼瞅着许许多多风水上好的宅子变为寺观，白居易不禁发出了"渐恐人间尽为寺"的感慨。

其次是人多地少，多寡不均。长安城鼎盛时期居住着近百万人，城内楼房又不多，即便是有也多是两到三层，土地使用率远低于如今的大都市。

城中好地块多被权贵占据着而且一占便是一大片。"中兴名将"郭子仪的府邸在亲仁里，一个人的宅子居然占了整个坊的四分之一。亲仁里大约为25万平方米，四分之一便是6.25万平方米，现在能在大城市有个100平方米的房子就已经很不错了，而当年郭子仪的宅子居然相当于625套100平方米的房子，况且郭子仪的宅子是占地面积而不是建筑面积。大文学家杜牧的爷爷杜佑曾在德宗、顺宗、宪宗三朝担任宰相，在安仁里建有一栋大别墅，亭馆林池应有尽有，成为长安城南最拉风的宅子之一。

再次是冷热不均，凶宅不少。长安城中有很多大宅子荒废几十年，甚至上百年，因为那些都是相传对主人极为不利的凶宅，如若不是穷疯了，抑或胆子太大了，是断然不会触碰那些房屋的。

官员的医疗保障

人的生老病死在所难免，若是唐朝官员病了又该怎么办呢？朝廷会为官员们提供怎样的医疗保障呢？

先来看看唐朝官员最容易得的都是哪些病。在浩如烟海的史料中，总共发现了218位官员的病例，其中将近三分之一得的是风疾，也就是今天我们俗称的中风，在医学上可以将其进一步细分为脑血栓、脑梗塞和脑溢血，轻者肢体不灵，行走不便；重者瘫痪在床，甚至不治身亡。中风在官员群体之中如此高发与他们的生活习惯有着密切关系，他们大多从事的都是脑力劳动，用脑过度却又四体不勤，又大量喝酒吃肉，极易诱发心脑血管疾病。

位居次席的疾病是疫病，也就是各类传染病，主要包括疟疾、伤寒、天花和结核病。疟疾当时被称为瘴疠，患上这种病的多是贬谪到岭南的官员，由于当地闷热潮湿，蚊虫遍地，那些千里迢迢前来赴任的官员们因水土不服导致身体抵抗力下降，被蚊虫或疟原虫叮咬后很容易患病。结核病在唐朝有一个可怕的名字"尸注"，唐人认为患上这种病是因沾染了尸气，导致鬼魅作祟，足见当时人们对这种病的恐惧。

第三大疾病就是足病，可细分为腰腿病和脚气病，腰腿病多表现为腰腿疼痛、腿脚无力，虽说通常并不危及生命，却也会严重影响行动能力，以至于无法正常工作。一代战神李靖晚年时被腰腿病所困扰。脚气病可不是我们今天所说的以脚痒痒为主要症状的脚气，而是一种很严重的疾病，柳宗元被贬谪到湿热的南方而且一待就是14年，就此患上了脚气病，一走路膝盖就颤，一坐下全身便麻酥酥的。

位居第四位的疾病便是疮疡，也就是体表脓肿溃烂，多发于背部，往往发病迅速，一旦引发败血病将会危及生命。这种病的患者多是武将，在战场上出生入死，很容易引发细菌感染，比如德宗朝曾参与平定李希烈叛乱的李澄就因身患疮疡而去世。唐人为了延年益寿往往会服用丹药，如若服用不当也会引起疮疡，其实就是药物中毒。

唐朝官员容易患上的其他疾病还有肺病和心疾，肺病主要是气管炎、肺炎等，心疾主要是冠心病，或者是导致猝死的心肌梗塞，此外眼病、热疾、伤寒也是比较多发的疾病，热疾、伤寒就是今天我们常说的感冒，按照症状可分为风寒感冒和风热感冒。

再说说两类在唐朝发病率并不算高的疾病。消渴症就是今天的糖尿病，安禄山因肥胖过度而患有严重的糖尿病，后来还引发了并发症眼病，最终双眼都看不见了。

唐朝官员中也有肿瘤患者，大文学家柳宗元在写给好友李建的书信中说自己患有痞病，实际上就是腹部肿瘤，所以他不敢饮酒，担心饮酒会加重体内湿气。不过从他的病情发展来看，似乎应该只是良性肿瘤，并未危及生命，不过他也仅仅活到 47 岁就去世了。柳宗元的好友吕恭便没有他那么幸运了，来到广州就任岭南节度判官后便查出患有痞病，没过几天就病逝了，因此他所患的应是腹部恶性肿瘤，他的好友兼病友柳宗元怀着悲痛的心情为他撰写了墓志铭。

中书舍人王德俭患有瘿瘤，也就是甲状腺肿瘤，不过应该是良性的。他脖子上长了个大瘤子不仅没有受到世人嘲笑，居然还被认为智力出众，或许是世人误认为他的脑容量会因此而有所增加。高宗朝中书舍人李义府被贬为壁州（今四川通江）司马，诏书还没有正式下发，他便提前得到了消息，于是赶忙向同为中书舍人的王德俭寻求应对之策。王德俭也的确是个足智多谋之人，帮助李义府成功地挽回了局面。

当天夜里，李义府代替王德俭值夜班，利用这个机会给高宗皇帝李治上表，请求罢黜王皇后，册立武则天为皇后。这与高宗皇帝李治的所思所想不谋而合，李治随即收回之前的诏书，让他留任原职。王德俭的舅舅礼部尚书许敬宗与李义府一样也曾上表请求改立武则天为皇后，两人后来都因有拥戴之功而跻身宰相之位。

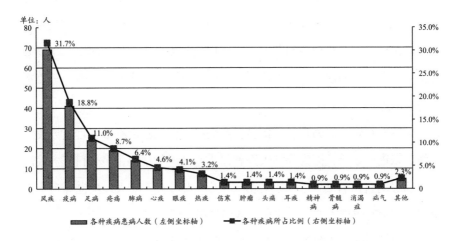

唐朝官员患病情况

唐朝官员若是病了到底该如何就医呢？唐朝政府颇为重视医疗卫生事业，仅仅在中央机构之中便设太医署、尚药局、藏药局三个部门掌管医疗事务，不过尚药局主要为皇帝提供医疗服务，藏药局主要为太子提供医疗保障。太常寺下辖的太医署总管天下医疗事务并且集教育与医疗于一体，设有医药、针灸、按摩和咒禁（也就是巫术）四个部门，既服务宫廷，也服务百官，还负责民间医疗救济和防疫工作。

京城那些大大小小的官员们要是病了，可以向所在单位提申请，由单位统一将诊疗需求报送至太常寺，由太常寺下辖的太医署派医生前去进行诊治，根据实际病情发放药物，妥妥的公费医疗！

如果你是朝廷重臣，皇帝有时还会派御医到你的家中为你提供医疗VIP服务。贞观时期著名宰相杜如晦、开国名将李勣、开元年间著名宰相张说生病期间，皇帝都曾派御医为他们进行诊治。

　　玄宗皇帝李隆基还喜欢亲自上手。张说病重期间，玄宗皇帝曾派遣宦官每日到他的府上询问病情，然后亲自给他开方子。这明显属于"非法行医"，他开出的方子，张说不敢不用，但用了之后究竟是良药，还是毒药可就不好说了，反正张说很快便去世了。吃了玄宗皇帝所开的药方后一命呜呼之人绝非张说一人。开元四年（公元 716 年），户部尚书毕构患病，玄宗皇帝也曾亲自给他书写药方，吃了以后没多久也与世长辞了。尽管如此，玄宗皇帝"非法行医"的热情并未受到这些失败案例的影响，一直都未曾减退过。

　　虽然太医署可以为官员们提供免费医疗，但依然会有很多官员会找私人医生来进行诊治，因为等待太医署派人来还不知要等上多少日子。太医署有品级的官员有 26 人，没有品级的工作人员有 344 人，虽也算是个大单位，但相对于庞大的医疗需求，依旧显得人手不足。

　　中央政府正员官编制为 2620 员，还有数百到两千不等的员外官，此外还有并不担任职事官的皇亲国戚。如此之多的人都需要太医署来提供医疗保障，若是高官病了或许很快就能等来医生，但若只是个八九品小官恐怕便只能望眼欲穿了，因此那些得了急症的官员根本就等不及，只得自掏腰包请私人医生前来进行诊治。

　　此外，太医署中的很多医官自从端上了铁饭碗便不再想着好好钻研医术，整天只想着混日子，其医术又实在不敢恭维，因此很多官员遇到疑难杂症也通常会直接去找有名望的私人医生。比如大诗人杜牧的弟弟杜颚患有严重的眼疾，遍寻天下名医，即便是医药与针灸双管齐下仍旧无济于事，最终因眼疾而去世，他所患的恐怕并非一般的眼病，或许是眼底动脉瘤之类的恶疾，否则也不会危及生命。

　　官员之间相互馈赠药品也是常有的事，官员们还将相互赠送药品视为彼此间表达情谊的重要手段，有福同享，有药同吃！

　　当然也不乏有些官员因长期患病而生活贫困不堪，赠药也含有接济的意思，比如"初唐四杰"之一的大诗人卢照邻40多岁便患上中风，很多朋友听说后纷纷给他赠药。贫病交加的卢照邻曾写下《与洛阳名流朝士乞药直书》，穷困潦倒到与乞丐无异的地步，只不过乞丐要的是饭而他要的却是药。

虽然卢照邻在患病期间所作诗文至今仍旧受到世人追捧，但他所经历的病痛折磨却是外人难以想象的。他一只手不能动了，脚也伸不直了，俨然沦为一个废人，与患病前那个壮志凌云的大才子简直判若两人。卢照邻最终因不堪忍受病痛折磨而投河自尽，年仅40岁，真是令人唏嘘不已！

既然医药并不能缓解官员们所有的病痛，很多官员便只得另辟蹊径。不少官员将治愈的希望全都寄托在药师佛、观世音菩萨等神仙身上。一些虔诚的官员沐浴更衣后焚香，然后诵读《大悲咒》，钻研《药师经》，吃素食，喝大悲水，修缮佛塔，甚至还有人为了表示虔诚而刺破手指将殷红的血滴在自己所抄的佛经之上。

或许是精神力量太过强大，抑或身体自愈能力太过强大，居然还真有不少人得以痊愈。不过佛教倡导超脱轮回，个别悲观绝望的官员得病之后居然盼着早死早超生，以至于小病拖成了大病，大病拖成了绝症。

医道自古同源，唐朝是道教最为繁盛的时期之一，很多唐朝官员信奉道教的养生方式，炼丹、静思、吐纳。

那些信奉道教的官员若是病了往往还会请道医前来诊治，不过最神秘的医生当属巫医，也就是自称可以通灵的医生。唐朝岭南地区偏僻落后，传染病横行，如若家中有人病了往往并不是去叫医生，而是先杀鸡鹅祭祀，若是好不了再杀猪狗祭祀，若是依旧好不了，那么便只能行太牢之礼，也就是杀牛祭祀。牛不仅是耕种的主力牲畜，在唐人的眼里牛还能通灵，杀牛是祭祀的最高等级。若是还好不了，便只能恳求巫医的帮助了。

随着道医的兴起，巫医的地位虽有所下降，却依旧拥有庞大的客户群体，特别是遇到疑难杂症时，巫医往往成为人们最后的希望。唐朝开国名将李勣、高宗朝宰相张文瓘病重期间都曾请巫医前来诊治。

在唐人的眼中，巫医可以通鬼神。祛邪祟，神秘诡异的仪式之后，巫医们往往还会特意叮嘱那些患病的官员千万不要服用其他药物，否则会惹怒天神，以至于原本还有救治希望的患者因相信巫医而一命呜呼。

衣服是朝廷发的

唐朝官员的官服一般都会由朝廷免费发放，总体上分为两类：第一类是礼服，出席比较隆重的场合要穿礼服；第二类是常服，类似于今天的休闲装。礼服又可具体分为祭服、朝服和公服三种。

祭服的使用频率最低，通常只会在举行祭祀等重大场合才会穿，就如同婚纱平时谁也不会穿。最常见的祭服就是冕服，可谓是我国古代等级最高的礼服，从先秦盛行至秦汉，不过到了唐朝却已然有些过时了。

冕最顶端的冕板称为"綖"，冕板的形制主要有三种：第一种是规规矩矩的长方形，前后左右四条边都是直线形；第二种是前面那条短边为圆弧形，后面那条短边为直线形，取"天圆地方"之意；第三种是两侧的长边为圆弧状，前后的短边为直线形。

冕板前后垂下的珠串，称为"旒"，不过有的冕上却并没有旒，就是光秃秃的一块板子。綖的下方有玉衡，嵌入冠卷顶端的凹槽之中，这样

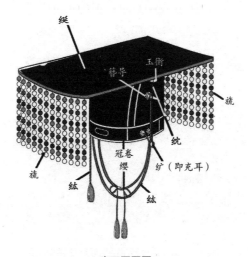

帝王冠冕图

綖便被固定在了下端的冠卷上。冠卷为綖下方的圆柱形帽盖，也被称为"武"。玉衡两端有孔，各垂下一根丝线，一直垂到耳旁，称为"纮"。纮的下方通常会缀有一颗玉珠，恰好垂到耳朵附近，称为"纩"，也被叫作充耳。

　　冕的两侧各有一个簪孔，簪导通过这两个孔插入佩戴者的发髻之中，这样冕就会被固定在头上。但若是在户外举行祭祀活动，一旦大风将头上的冕吹跑了，那可就酿成重大政治事故。因此冕下通常会加缨和纮，两者的作用很相似，都是系在下巴底下，用于固定头上的冕。两者的区别在于缨为两条，两侧各一条，上端与冠卷相连，下端直接在颌下打个结，系上就行；纮却为一条，并不直接拴在冠卷上，通常是将一端拴在簪导的一侧，再将另一端拴在簪导的另一侧，剩余部分垂下，起到装饰作用。

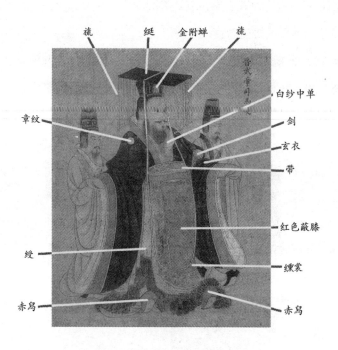

唐朝阎立本《历代帝王图晋武帝司马炎像》

如今我们身上所穿的被统称为"衣裳",而在古代衣特指上衣,裳特指下衣,皇帝所穿冕服通常为玄衣纁裳,也就是黑色上衣和红色下衣,腰间通常还会系一个围裙,被称为"蔽膝"。冕服上还会有造型各异的丝带,被称为"绶",通常用来拴佩,不过也有纯装饰性的绶。佩一般为玉质,与绶都是身份地位的象征。

穿冕服时腰间往往还会束带,唐朝的带主要有两种,一种是皮革制成的革带,另一种是用绫、罗、绸等织物制成的锦带,还有一种特殊的革带,在最外侧蒙上一层丝绸,既如革带那么柔韧,也似锦带那么美观。革带与今天的腰带类似,通常会有束腰的作用,但锦带却多为装饰性的带。

此外,穿冕服时腰间通常还会佩剑,剑身上还会有各种精美的装饰,唐朝皇帝的佩剑为鹿卢玉具剑。

虽然冕服上每一处都透着"高大上",但穿起来却并不怎么舒服。只要你一动,冕上垂下来的珠串便会叮当作响,迫使你不敢轻举妄动。此外冕上垂下的珠串虽然使得别人看不清你的脸,但你也看不清这个世界,最难受的还是脚上所穿的舄,也就是红色木底鞋,走起路来有些硌脚。

唐朝皇帝的冕服共有六种,分别是大裘冕服、衮冕服、鷩冕服、毳冕服、绨冕服和玄冕服,区别主要在于冕上旒的多少和衣服上章纹种类的多少。

最为隆重的大裘冕服也最为特殊,头上所戴的冕只有一块光秃秃的冕板,一串珠串也没有,衣服上一种纹饰也没有;衮冕服所戴的冕有 12 串珠串,衣服上有日、月、星辰、山、龙等 12 种章纹;鷩冕上只有 8 行珠串,衣服上只有 7 种纹饰;毳冕上只有 7 行珠串,衣服上只有 5 种纹饰;绨冕上只有 6 行珠串,衣服上只有 3 种纹饰;玄冕上只有 5 行珠串,衣服上只有 1 种纹饰。

这六套冕服是为了适应不同场合下的礼制要求而制定的，比如祭祀天地是天大的事，因此皇帝要穿最为隆重的大裘冕服，衣服上什么纹饰也没有，所戴的冕上一串珠串也没有，体现了"大道至简"的思想。古人以春分为朝日，以秋分为夕月，这两个节日并非多么隆重的节日，因此皇帝参加这两个节日的庆典活动时往往只会穿玄冕。

在六种冕服之中，只有大裘冕服专属于皇帝，其他五种冕服皇子和朝臣也能穿，不过样式却略有差异。皇帝所穿的冕服都是玄色纁裳，也就是上身所穿的衮衣为黑色的，而其他人所穿的冕服却是青衣纁裳，也就是上身所穿的衮衣为青色。

官员冕服种类

官员	冕服名	章纹数量	旒珠数量
皇太子	衮冕服	9 种	9 行珠串
一品官员	衮冕服	9 种	9 行珠串
二品官员	鷩冕服	7 种	8 行珠串
三品官员	毳冕服	5 种	7 行珠串
四品官员	绨冕服	3 种	6 行珠串
五品官员	玄冕服	1 种	5 行珠串
六至九品官员	爵弁	无	无
武舞郎	平冕	无	无

朔望朝、冬至大朝会等比较重要的朝会，官员们都要穿朝服。朝服也是平时上朝所穿的最为隆重的官服，不同身份的官员、在不同单位任职的官员，所穿的朝服也不一样。

皇帝的朝服主要为通天冠服，"画圣"吴道子所绘《送子天王图》中的天王所穿的就是通天冠服，头上那顶高耸的帽子给人通天入云的感觉。

翼善冠服则是皇帝另外一种朝服，不过用的场合却比较少。

　　官员们的朝服可谓是五花八门，亲王穿的朝服为远游三梁冠服，郡王、嗣王、公侯的朝服为进贤冠服，进贤冠服也是绝大部分文官所穿的朝服。门下、中书、殿内三省官员、内侍省和太子内坊的宦官以及十六卫等武官的朝服为武弁帻服。御史台的官员因手握监察大权，往往会被人另眼相待，他们所穿的朝服为法冠服（也称为獬豸冠服）。内侍省内谒者，也就是皇宫之中专门负责接客待客的宦官穿高山冠服。尚书省六部设有专门负责开关门的亭长，工作职责跟看门大爷差不多，这些人穿的却非冠服。太常寺太乐署共有文舞郎、武舞郎 140 人，相当于国家院团中的舞蹈演员，不过他们主要在举行祭祀活动时进行表演，其朝服为委貌冠服。

唐朝吴道子《送子天王图》局部图

　　进贤冠服是唐朝绝大多数文官的朝服，冠上梁的多少也代表着官员的品级。三品及以上高级官员所戴进贤冠为三梁，四品、五品官员所戴进贤冠为两梁，六品以下官员所戴进贤冠为一梁。

　　皇帝身边的近臣们的朝服为武弁帻服。下图是章怀太子墓壁画《客使图》，左侧三位官员应该是太子内坊的官员，所穿的便是武弁帻服。平巾帻外加笼巾，像个灯笼一样罩在头上，因此也被称为"笼冠"。其实武弁帻服本是武官服饰，后来却慢慢变成近臣的朝服，门下、中书、殿内、内侍（含太子内坊）四省官员都是皇帝或者太子身边的人，他们的装束与其他官员有所不同，均穿武弁帻服。

唐朝章怀太子墓壁画《客使图》

　　虽然《唐六典》《通典》和两唐书均记载武官礼服为武弁帻服，却一直都没有得到考古发掘成果的印证，不知是历史记载有误，还是相关制度并未实际执行，目前发现的武官礼服主要为平巾帻和"鹖冠"两种。直到高宗上元年间（公元674年—676年）鹖冠才开始出现，鹖冠的冠顶立有鹖的造型，鹖长得跟雉鸡很相似，不过却十分好斗。金乡县唐墓出土的武官俑烧造于开元十二年（公元724年），鹖冠上的鹖活灵活现，但肃宗皇帝李亨建陵墓道上摆放的武官石像（大致修造于宝应元年即公元762年前后）所戴鹖冠上的鹖就已然变得比较抽象了。

参加隔一天举行的常朝或者在本单位办公便不用再穿朝服，可以穿着更为简洁的公服。公服乍一看跟朝服差不多，但若是仔细看便会发现公服其实省略了一些配饰，比如省去蔽膝、假带、佩和绶等；也不用穿白纱中单（即白色衬衣）；脚上穿的也不是有些硌脚的"舄"，而是更为舒适的"履"，因此公服也被称为"省服"。

唐肃宗李亨建陵墓道上的武官石像

礼服虽然看着很是高大上，但穿起来其实并不怎么舒服。舒适是人类永恒的追求，因此准朝服袴褶服便应运而生了。袴褶服由褶衣和下袴两部分组成，褶衣就是短上衣，原本是少数民族的服饰，不过流入中原后被汉人所改良。唐朝时，原本短小的褶衣已经向下延伸到了膝盖处，袖口也比较宽大，下身穿的也是大口袴。唐朝文官的穿搭通常是头戴帻或进贤冠，身着袴褶服，有时加裲裆，脚上穿着履。裲裆是流行于两晋南北朝时期的一种穿在最外面的背心。武官往往是头戴帻或"鹖冠"，有时也加裲裆，身着袴褶服，脚上也穿着履。

下面左侧图画为唐朝李寿墓壁画，时间约为太宗贞观四年（公元 630年），描绘的是头戴帻、穿袴褶服的武官形象；右侧图画为唐朝长乐公主墓壁画，时间约为贞观十七年（公元 643 年），所描绘的就是头戴进贤冠、穿袴褶服的文官形象。

不过到了唐朝后期，官员们上朝时却习惯于穿常服，以至于很多人开始将常服称为朝服，反而将朝服称为具服，也就是"具足了一切配饰"的意思。

唐朝李寿墓壁画局部图

唐朝长乐公主墓壁画局部图

唐朝文官的常服一般为头戴幞头，身穿圆领襕衫，前期流行窄紧直袖式样，后期逐渐恢复传统的宽衣大袖，脚上穿的是乌皮六合靴，腰上有腰带，中高级官员的腰间还会挂有鱼袋。唐朝阎立本《步辇图》中所绘唐朝官员可谓是当时官员身着常服的经典形象。

幞头是用一块头巾从后脑向前把发髻捆住，并将巾布的两角在脑后打结，自然下垂如带状，另外两角被折至头顶并打结，这就是最初的幞头。不过后来还用丝弦或铜丝、铁丝作骨放在里面，这样幞头便可被制成不同造型，后来渐渐演变成为乌纱帽。

唐朝阎立本《步辇图》局部图

很多武官穿常服时也照着文官那么穿，不过也有不少人继续保留着武官特有的常服打扮：头顶平巾帻，发间插牛角箪簪，内穿紫衫，外罩白袍，脚穿靴子，腰间系着起梁带。

虽说早在隋朝时常服便被纳入官服体系之内，但唐朝立朝之初颁布的《武德令》中却并未提及常服的穿着场合，因此唐初的官员们只是在小公时悄悄穿着常服，后来太宗皇帝李世民下诏准许官员参加常朝时穿常服。玄宗皇帝李隆基在位时准许官员参加朔望朝时穿常服，只有在祭祀、冬至、农历春节等重大活动或重要朝会时才需穿祭服或朝服。

常服很受唐朝官员的青睐，而且常服颜色也成为区分官员品级高低的重要标志。成语"红得发紫"便是由此而来的。按照唐朝规定，三品以上官员才允许穿紫色常服；五品以上官员才允许穿绯色（即红色）常服；六品、七品官员才允许穿绿色官服；八品、九品官员才允许穿青色官服。[①] 最高贵的颜色为紫色和红色，因此说一个人得宠便用"红得发紫"来形容。老百姓，哪怕是长安首富，也不能随随便便穿这些颜色的衣服，即便是偷偷穿在外衣里侧也不可以，若是露出了边角依然会被视为逾越礼制。

上面所说的品级都是官员的散官品级，唐朝官员一般既是散官，又是职事官，他们适用上述规定一点也没问题。不过却还有一类特殊的官员，只有散官却并未担任职事官。如果是担任正一品的文散官开府仪同三司和正二品的文散官特进，即便不担任职事官，仍旧可以领取工资，只是参加朝会时会站在本班最后一位，这是针对高级官员的特殊政治待遇。

如果担任的是从光禄大夫（从二品）到朝散大夫（从五品下阶）中的

---

① （唐代）杜佑《通典·卷六十一·礼二十一》中记载："三品以上服紫，四品、五品以上服绯，六品、七品以上绿，八品、九品以上青。"

任意一阶文散官，常服颜色仍旧会按照上述规定，该穿紫色的便穿紫色，该穿红色的便穿红色。不过没有职事官也就没有实际工作岗位，到了唐朝中后期工资基本上都是按照职事官品级发放，因此这类官员的收入将会受到比较大的影响。

如若担任的是朝议郎（正六品上阶）及其以下的文散官，便不能按照上述规定穿相应颜色的官服，而是应当到吏部番上，随时供官府差遣驱使，只有完成番上任务获得铨选资格并顺利出任职事官后，才可以根据散官阶穿相应的常服，在番上期间只能先穿黄色衣服。

很多人会误以为黄色素来是专属于皇帝的颜色，北宋开国皇帝赵匡胤还曾留下"黄袍加身"的故事。其实在唐朝中期之前，黄色不仅不是最尊贵的颜色，反而是比较低贱的颜色，普通老百姓都可以穿黄色，《资治通鉴》曾记载高宗皇帝李治在一封诏书中写道："庶人服黄"。

上元元年（公元674年），高宗皇帝李治下诏对官服颜色进一步进行了细分：四品官员的常服颜色为深绯色，也就是深红色；五品官员常服颜色为浅绯色；六品官员常服颜色为深绿色；七品官员常服颜色为浅绿色；八品官员常服颜色为深青色；九品官员常服颜色为浅青色。与此同时，高宗皇帝还规范了不同品级官员应佩戴的革带形制。

革带由带扣、鞓带、铊尾和带銙四部分组成，带扣通常为环形装置，包括环孔镰和舌针两部分，使用时将皮带伸入环孔镰内，然后插入舌针便可固定住。鞓带就是革带本身，一般为皮革材质，不过有时为了美观，也会用布帛包裹在表面。铊尾为革带尾部饰物，既为了美观，更为了保护皮革不至于裸露损坏。带銙为腰带上的方形或圆形饰片，主要钉缀在腰后面那一段革带上，原本用于钩挂些小物件，后来渐渐演变为銙，銙的数量和材质也成为象征官员品级高低的重要特征。

三品以上官员腰间佩戴金玉带，有13道銙，腰带上每钉缀一片方形或圆形饰片便称为一銙，钉缀得越多说明品级越高；四品官员腰间佩戴金

五代周文矩仿唐朝韩滉《文苑图》

带，有 11 道铐；五品官员腰间佩戴金带，有 10 道铐；六、七品官员腰间佩戴银带，有 9 道铐；八、九品官员腰间佩戴鍮石带，有 8 道铐，鍮石是一种泛着黄色光泽似金非金的石头；流外官和庶人只能佩戴铜铁带，有 7 道铐。

　　上面所提及的各种革带的区别主要在于铐的材质造型不同，主体部分与我们现在的腰带一样都是柔软的皮革，即便想要炫富也不会弄个纯金或者纯银的腰带戴在自己的腰上，虽然在考古发掘中的确发现过类似腰带，却主要是给已逝者用的，大活人系着那样的腰带会很难受。

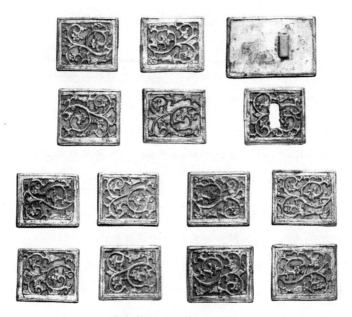

铜鎏金嵌玉龙凤纹十四方銙

　　除了公服和革带外，能够代表官员品级的还有鱼袋，就是挂在腰间盛放随身鱼符的小袋子。

　　唐代皇帝姓李，与"鲤"同音，于是改用鱼符。随身鱼符共有三块，其中一块会被发到官员手中，另外两块放置在宫中。鱼符是身份地位的重要象征：如果鱼符是玉质的，那么便是太子的鱼符；如果鱼符是金质的，那么便是亲王的鱼符；官员的鱼符通常都是铜质的。

　　随身鱼符还有一项重要职能就是应征召，应来自皇帝的征召，比如突然有一天有个阴阳怪气的宦官说皇帝要召你进宫，你如何确定那就是皇帝的旨意呢？这时你便可以取出随身鱼符与来人手中鱼符进行比对，如果两者比对吻合，那么便说明的确是皇帝要见你，你必须要去进宫面圣。

　　鱼袋与常服颜色成为唐朝官员品级最重要的两个标志物。永徽二年（公元 651 年），高宗皇帝李治给担任文散官开府仪同三司（从一品）、担任五品以上职事官的京官发放随身鱼符，随后又发放盛放鱼符的鱼袋。鱼袋一经推出便仿佛如今的时装那样迅速赢得世人青睐，很多地方官员纷纷发牢骚，都是朝廷命官，凭什么我们就不能戴呢？垂拱二年（公元686年），临朝称制的武则天为了笼络地方实力派，准许都督、刺史等封疆大吏佩戴鱼袋。

为何找了个好女婿会被称为钓到"金龟婿"呢？估计绝大多数人都会对此感到困惑。其实"金龟婿"这个词诞生于女皇武则天执政时期，她登基称帝后改唐为周，她所姓的"武"字与乌龟的"乌"字读音很相近，于是便将唐朝的鱼符改为龟符，鱼袋自然也就改成龟袋。

"龟"这个字在唐朝并非是贬义而是褒义，别人说你是乌龟并非是在骂你，其实是饱含着健康长寿的美好祝愿。文宗朝有个宰相名叫崔龟从，若乌龟是骂人的话，他爹怎么可能会给他取这个名字呢？

武则天不仅创制了龟袋，还进一步规范了龟袋的佩戴：三品以上职事官佩戴金龟袋，四品职事官佩戴银龟袋，五品职事官佩戴铜龟袋，六品及以下职事官不得佩戴龟袋。金龟袋并非是盛放黄色乌龟的袋子，也不是遍体用黄金打造的袋子，只是在袋子表面用金质饰物进行装饰，银龟袋与铜龟袋也是如此。

能够佩戴金龟袋的官员可都是三品以上高官，甚至有可能是手握大权的宰相，丈母娘们自然乐于找这样的人当女婿。

武则天所确立的龟袋制度虽然很明确，但在实际执行过程中却遇到了一个很大的问题。官服颜色按照官员的本阶（即散官品级）来确定，但龟袋却按照职事官的品级来确定，两者常常会不一致，这导致了章服制度的紊乱。

神龙政变后，中宗皇帝李显成功复位，龟袋也就此退出了历史舞台，又恢复使用鱼袋。睿宗皇帝李旦在位时将官服颜色和鱼袋形制融为一体，只有身着紫色常服的官员才被准予佩戴金鱼带，身着红色常服的官员被准许佩戴银鱼袋，身着绿色或青色常服的官员不得佩戴鱼袋，官服颜色与鱼袋形制形成了固定搭配，至此出现了两个专有名词——"金紫"和"银绯"。

唐代官员官品服饰制度

项目	一品	二品	三品	四品	五品	六品	七品	八品	九品
官服颜色	紫色			深绯	浅绯	深绿	浅绿	深青	浅青
鱼袋形制	金鱼袋			银鱼袋		不配鱼袋			
腰带样式	金玉带铐十三			金带铐十一	金带铐十	银带铐九	银带铐九	锡石带铐八	锡石带铐八
图案	鹘衔瑞草、雁衔绶带			地黄花		—	—	—	—
面料	孔雀绫			交枝绫		小团窠绫、无文绫、隔织纱、独织（仅限朝参官）	—	—	—

明清时期，区分官员品级主要靠官服上的补子，也就是胸前或者后背的圆形或者方形织品，文官官服上绣的是飞禽，武官官服上绣的是走兽。如果你的补子上织的是仙鹤，那么便表明你是一品文官。但恐怕很少有人知道其实补子早在唐朝时便已经开始出现了。

延载元年（公元 694 年）五月二十二日，武则天将做好的绣袍赐给了朝臣，给诸王的袍子上绣着盘龙和鹿，给宰相的袍子上绣着凤池，给尚书的袍子上绣着一对大雁，给十六卫将领的袍子上绣着各种猛兽，不过这只是皇帝一时心血来潮的临时性赏赐。

文宗朝《王涯奏文》对官服上的图案和面料进行了规范。三品以上官员官服上绣有两种动物，一种是鹘，其实就是隼，属于一种凶猛的中型飞禽，所绣图案是鹘叼着瑞草；另一种是大雁，叼着绶带。四品、五品官员官服上绣有地黄花，这其实是一种药材，可以消渴，也可治疗肾虚腰疼。

六品及以下官员官服上绣的是什么图案因历史文献中并没有相关记载，我们便不得而知了，也可能什么也没绣。由于官服上的图案并未像明清时期那样形成一个完整的体系，所以识别官员品级依然主要依靠官服颜色和鱼袋形制。

确立官品服饰制度本是为了区分官员的高低贵贱，但武则天登基后却竭力用功名利禄来笼络人心。散官不同于职事官，并没有职数要求和名额限制。每每到了其乐融融的传统佳节，心情大好的武则天便时常会下诏让所有官员晋升一阶或若干阶，以至于很多官员可以轻轻松松地迈过五品这道坎，穿上渴望已久的红色官服。以至于每次宴饮时，穿红色官服的官员居然比穿绿色、青色官服的官员还要多，这就有些本末倒置了。

这还不是最为稀奇的，最稀奇的是宰相傅游艺居然在短短一年的时间里，先穿青色，后穿绿色，继而穿红色，最后穿上了紫色，人称"四时仕宦"。傅游艺的仕途生涯其实原本并不顺畅，他先后在垣县、扶风、始平三县任县尉，后在渭南、河南两县任主簿。武则天长期居住在洛阳城，城中分属洛阳、河南两县管辖，河南是当时六京县之一，因此他这个县主簿高配为从八品上阶。

就在傅游艺在基层苦苦打拼之际，他的母亲却突然去世了，他只得辞职回家丁忧。好在复出后的傅游艺出任要职监察御史（正八品上阶），不过此时他已经62岁了，宦海沉浮几十年仍旧在八品小官的行列中苦苦徘徊，仍旧身着最低等的青色官服。于是他便决意放手一搏，大肆开展政治投机活动。

天授元年（公元690年），身为监察御史的傅游艺品级虽不高，却手握监察大权，可以直接上表武则天弹劾朝臣。他利用职务便利上表请求武则天顺应天意登基称帝，改国号为周，请求赐当时的睿宗皇帝李旦为武姓。

善于欲擒故纵的武则天表面上虽是拒绝了，但心底里却认定傅游艺是个会办事又很会来事的人，于是便投桃报李将其提拔为左补阙（从七品上阶），散官品级也相应予以提升，他终于可以穿绿色官服了。

就在傅游艺为此而欣喜若狂之际，令他更为瞠目结舌的升迁却刚刚开始。他居然直接升任给事中（正五品上阶）、同中书门下平章事，加朝散大夫（从五品下阶）。职事官品级居然连升十一阶，散官品级也成功跨入五品行列，可以穿红色官服了，更为重要的是他还跻身宰相行列。

当年九月九日，武则天登上洛阳则天门楼，建立周朝，定都洛阳，改称神都。傅游艺因有劝进之功拜黄门侍郎（即门下侍郎，正四品上阶），仍旧担任宰相，很快又被加授银青光禄大夫（从三品），穿上了尊贵的紫色。

此时的傅游艺如同在梦中一般，就因善于见风使舵而一步登天。不过武则天赏识你，可以立马让你上天堂；但若是猜忌你，甚至是恨你，也可以立马让你下地狱！

傅游艺令人瞠目结舌的快速升迁引来了来俊臣等酷吏的羡慕、嫉妒和恨，他倒霉的日子自然也就不远了。

某天晚上，傅游艺居然梦见自己登临湛露殿，如若他将这个梦深深地埋藏在心底深处，或许还不会惹出什么麻烦，可他却偏偏告诉了自己的亲人，此事很快又被传到了酷吏们的耳中。

武则天得知此事后龙颜大怒，认定野心勃勃的傅游艺定然是图谋不轨，随即便免去了他的宰相之职，将其贬为太常少卿（正四品上阶），从台省官贬为卿监官。余怒未消的武则天随后又将他投入监狱之中，不堪忍受酷刑的傅游艺于天授二年（公元691年）九月选择了自杀。

在不到两年的时间里，傅游艺从基层官员一路狂飙成为宰相，却又很快沦为阶下囚，进而踏上了黄泉路。凭借歪门邪道爬得越高往往会跌得越惨，出来混迟早是要还的。

从高宗皇帝李治到睿宗皇帝李旦这段时期，政治斗争激烈，宫廷政变频发，为了拉拢朝臣，皇帝往往不惜打破政治惯例对亲信大臣进行破格提拔，还时常会给所有官员都晋升官阶，以至于紫色、红色官服开始泛滥。玄宗皇帝即位后，政局日趋平稳，朝廷确立了三品官和五品官的准入门槛，在一定程度上限制了高级官员的数量。

散官品级要想升为三品，就必须要担任四品以上职事官，散官阶必须是正四品上阶，年度考核需要达到三十考，通常是一年一考，即便是 20 岁时便开始为官，不考虑守选的因素，50 岁时才能达到考数要求。其实绝大多数官员即便历经 30 年宦海沉浮，散官阶恐怕也很难达到正四品上阶。还有一个要求就是不能有历史污点，如若曾因某事受到过牵连，即便其他条件都符合，也将会被一票否决。

散官品级要想升入五品同样也不容易，一般需要你担任六品以上职事官。如果你是在重要岗位任职，即便不是六品官也没关系，比如左右补阙（从七品上阶）、殿中侍御史（从七品上阶）、太常博士（从七品上阶）、詹事司直（正七品上阶）、京兆河南太原三府诸曹参军事（正七品下阶），虽然只是七品官，依旧具备晋升资格，不过你必须要经历十六考以上，也就是任职年限需要达到 16 年以上，散官阶必须是正六品上阶，才有升迁到五品官的资格。

散官类似于今天的职级，一般只能逐级晋升。朝廷会依据你的散官品级授予职事官，不过却未必严格一一对应，有时会高一些，有时却会低一些。

在唐朝前期，官员的本阶为散官品级，也就是说你属于几品官要看你的散官而不是职事官。傅游艺从左补阙升任给事中，一下子连升十一阶，但此时他还不是五品官，等到散官升到朝散大夫后才算跻身五品官的行列。

安史之乱爆发后，长安沦陷，皇帝逃亡，国库失守。两手空空的肃宗皇帝李亨并没有什么可以赏赐麾下将士，于是每次出征前，他都会给领兵统帅们发一大摞空白告身，也就是没填名字的委任状，有从一品的开府仪同三司（从一品），有相当于正二品特进，有相当于上将的骠骑大将军（从一品），也有相当于师、团级的四、五品的杂号将军。

唐军将领们会根据将士们在战场上的表现和立功情况填上名字后交给对方，借此来激励士气，振奋军心。《资治通鉴》记载："大将军告身一通，才易一醉。"大将军的委任状也就值一顿酒钱。刚刚应征入伍的士兵仅仅立了些微小的战功便可以穿紫色官服，佩戴金鱼袋，很多官员的仆人居然也能穿紫色官服，不知情的人还以为他们当上了什么大官，其实仍旧干着端茶倒水和扫地做饭的粗活儿。直到安史之乱结束，散官烂授的局面才渐渐得到了控制，不过散官却越来越不受重视。

随着使职越来越多，职事官越来越像曾经的散官，仅仅代表官员品级而已，使职越来越像曾经的职事官，代表着你具体从事什么样的工作岗位。官员的经济待遇也不再与散官挂钩而是改为与职事官挂钩，散官只能决定你官服颜色等比较虚的政治待遇，不过却可以通过借服和赐服来弥补散官品级过低带来的缺憾。

唐朝前期流行借服，也就是一些低级别官员在重要岗位工作可以暂时借穿高于自身品级的官服，最大的特点是"好借好还，再借不难"。主要有三类人群可以获准借服：

第一类是阵前立功的将帅。为了鼓励将帅杀敌，朝廷准许他们在阵前穿高于自身品级的紫色或红色官服，但打完仗后便不能再穿了。可很多将帅却根本舍不得脱，朝廷不得不三令五申将帅不得在其他场合穿着紫色或红色官服招摇过市。

第二类是代表大唐出使异域的使者。使者所代表的不仅是他个人，还代表着大唐的威严，因此可以获准穿紫服或红服，但出使回来之后也不能再穿了。

第三类是担任都督、刺史的官员。散官阶低于五品的官员出任都督、刺史，获准穿红色官服，散官阶五品以上但低于三品的官员获准穿紫色官服，但离任后却不得再穿了。

人的欲望往往是无限的，穿上了就不想再脱下来，借了就不想再还回去，因此赐服渐渐取代了借服。赐服现象集中出现于玄宗李隆基时期，绝大多数获得赐服的官员是因立下了战功，当然也有像奸相杨国忠那样善于搜刮民脂民膏供皇帝享乐而得到皇帝宠爱的官员。

安史之乱后，各镇节度使手中的权力变得越来越大。节度使及其幕僚被赐服的现象也变得越来越普遍，以至于散官三品以下官员出任节度使，"赐金紫"成为一种常态，而节度使幕僚大多可以"赐银绯"，惹得那些京官们羡慕不已。

为了照顾京官们干事创业的热情，宣宗皇帝李忱只得下诏对节度使幕僚随意赐服的不良风气加以限制，设置了品级要求和年限要求。即便如此，节度使的幕僚们仍旧能比其他官员更早地穿上紫服或绯服，惹得天下人才争相"入幕"，虽然很多有识之士早就意识到了问题的严重性，但节度使幕僚待遇好、升迁快的局面一直都未能有所改变，吸引着越来越多的优秀人才到地方工作，饱受人才流失之苦的朝廷也变得越来越孱弱，以至于威严扫地，风光不再。

唐朝后期，原本穿青色常服的八、九品官员获准穿绿色官服①，官服颜色也由四级制逐渐过渡到了三级制。青色渐渐变成丫鬟、侍女们所青睐的颜色，后来还诞生了一个名词"青衣"。与此同时，一些胥吏也获准穿绿色官服，以至于绿色官服泛滥开来。

官服颜色、鱼袋形制、腰带样式所代表的并非是简单的穿衣风格，它们代表的是唐朝的官品服饰制度，折射出的是唐朝政局的变化。

---

① （清代）董诰等编《全唐文·卷四百四十八》中收录的王涯《准敕详度诸司制度条件奏》写道："服青碧者，许通服绿。"

令人瞠目结舌的退休制度

如今绝大多数官员都是 60 岁退休，女干部是 55 岁退休，个别高级别官员的退休年龄会适当后延。为了保证公务员队伍的生机和活力，达到法定退休年龄的干部必须要退休，退休后可以领取退休金。

退休在唐朝被称为"致仕"，唐朝官员的致仕年龄居然高达 70 岁，远远高于唐人平均寿命。

有的专家统计了 5100 个唐朝墓志铭，计算得出唐人平均寿命为 59.3 岁。不过能够留有墓志铭的都是些有头有脸的人物，无论是生活条件，还是医疗条件自然都比普通民众要好许多。此外他们活的时间通常也都会比较长，若是死得早，恐怕也不太可能当上什么大官，自然也就不会留下墓志铭了。

即便是在皇家，婴幼儿的夭折率都会很高。比如玄宗皇帝李隆基共有 30 个儿子，却有 9 个儿子早早便夭折了，夭折率将近 30%，要是在缺医少药的普通百姓家，夭折率会更高。有的学者考虑到当时居高不下的夭折率，计算得出唐人平均寿命只有 29 岁。这个平均年龄未免有些太低，若是综合考虑各种因素，唐人平均寿命在 40 岁左右。这也就意味着绝大多数官员根本就活不到 70 岁便一命呜呼了，能够致仕的官员属于极少数身体倍儿棒、吃嘛嘛香的幸运儿。

即便官员活到了 70 岁，唐朝也并非采取"一刀切"的方式，只要官员具有正常履职的身体条件并且本人又有继续工作的强烈欲望，同时朝廷也认可你的工作能力，那么你便可以一直干下去。

苏定方少年时便以骁勇善战和气魄惊人而闻名于世，不过却跟错了人，成为河北义军首领窦建德、刘黑闼麾下大将，直到太宗皇帝李世民在位时，苏定方才开始为大唐效力。他追随大将李靖北伐东突厥，一身肝胆的苏定方仅率两百骑兵趁着茫茫夜色突袭东突厥颉利可汗牙帐。猝不及防的颉利可汗仓皇逃窜，最终被唐军俘获，东突厥至此亡国。

太宗皇帝李世民威夷四方，恩威并施使得周边国家全都臣服于大唐，被尊为"天可汗"，在此后20多年的时间里，苏定方基本上没有什么仗可打，自然也就迟迟得不到升迁，直到李世民之子高宗皇帝李治上台后，周边政治军事形势突变，苏定方才得以再度大放异彩。

66岁的苏定方奉命征讨西突厥沙钵罗可汗阿史那贺鲁，打得西突厥溃不成军，沙钵罗可汗及其亲信全都被俘，西突厥至此亡国。他趁机开拓西域，征服中亚，使得大唐西部疆土直抵咸海一带，疆域的广袤程度也达到了巅峰。

位于朝鲜半岛的国家百济恃仗着高丽的支持多次侵犯新罗。69岁的苏定方再度出征，重创百济军，俘虏国王扶余义慈和太子扶余隆，随后又分道进击高丽，在军事前线度过了自己的70岁生日。

此时的大唐离不开苏定方，而苏定方还有着宏图伟志要去实现，自然不会选择致仕，虽然他后来并未如愿攻灭高丽，而是又马不停蹄地赶往西南边陲。

吐蕃与吐谷浑互相攻伐，吐谷浑可汗慕容诺曷钵率领数千帐部众逃奔大唐凉州，请求移居内地。高宗皇帝为了防备吐蕃入侵，调集大军部署在边境地区。苏定方被任命为安集大使，节度诸军，应对一触即发的战争。76岁高龄的苏定方最终病逝在军事前线，直到生命的最后一刻仍在为心爱的大唐效力。他因功勋卓著而被誉为"灭国战神"，前后灭三国，皆生擒国主，可谓彪悍至极！

不仅武将到了70岁未必能致仕，文官也是如此。张柬之63岁时仕途才刚刚起步，70岁时正在荆州大都督府长史任上干得风生水起，80岁时成为宰相，此时的女皇武则天已然是风烛残年，以武三思为首的武氏集团和以张昌宗、张易之为首的"情夫集团"都觊觎着帝国权柄，张柬之深知光复李唐江山刻不容缓，于是果断发动神龙政变，迫使女皇武则天顺利交权。

立下大功的张柬之继续担任宰相，还被封为汉阳王，但他却并未顺势铲除武氏余孽。武三思知道张柬之等人肯定不会轻易放过自己，于是利用与中宗皇帝李显的老婆韦皇后私通的便利条件，借韦皇后之口大肆诋毁诬陷张柬之。为大唐立下大功的张柬之被一贬再贬，最终被流放泷州（今广东罗定市），很快便抱恨而终，享年82岁。

王及善是一个很受武则天青睐的老臣。他是个烈士子弟，父亲战死在辽东，虽目不识丁，却依靠门荫得以入仕。他70岁的时候依旧担任着益州大都督府长史，随后便以光禄大夫（从二品）之职致仕。不过颇具戏剧性的是武则天不仅重新起用了这个已经退休的老头儿，居然还让文化水平并不高的王及善出任内史（即中书令），那可是整个唐朝最富才华之人所任之职，因此他此次任职也被戏称为"鸠集凤池"，也就是鸡立鹤群的意思。他任职期间唯一一件被人们铭记的事情便是严禁官员骑驴上班，估计是对驴叫声颇为反感，于是专门派人终日驱逐那些令他生厌的驴子，因此也被称为"驱驴宰相"。

当时女皇武则天的情夫张易之、张昌宗凭借女皇的宠爱在宴会上恣意妄行，竟然在众目睽睽之下公然与女皇秀恩爱，毫无人臣之礼。王及善对此怒不可遏，多次上奏弹劾张易之和张昌宗。武则天自然会竭力袒护能给自己带来身心愉悦的枕边人，沉着脸对王及善说："爱卿年事已高，不宜再参与这类游乐活动，只需管好你自己的事就行了！"

王及善此后上书称病，连续一个多月都没去单位上班，武则天却对他这位宰相不闻不问。他本以为自己对而言"老板"很重要，后来才发现在"老板"心中自己其实只是个可有可无之人，于是识趣地上表请求致仕。

武则天虽对口无遮拦的王及善心生不悦，但眼见这位"鸠集凤池"的

"驱驴宰相"果真要走，竟还有些舍不得，还是将其留任，并将其改任文昌左相、同凤阁鸾台三品（即尚书左仆射，同中书门下平章事）。可一个近乎文盲的大老粗能让武周"文化昌明"吗？很快，这位82岁高龄的王及善便与世长辞了，他再也听不到令他生厌的驴叫了。

既然唐朝并不强制推行退休制度，那么年龄最大的官员又是谁呢？正史中所记载的岁数最大的官员是萧德言。此人是个老学究，学识渊博，尤其精通《左传》，曾在太子李建成府上任太子洗马，后来又在李治府上任太子侍读，当的最大的官是秘书少监（从四品上阶），致仕时已经92岁高龄了，一直活到了97岁，可谓是个名副其实的老寿星。

通常情况下，致仕一般都是由本人主动提出申请，像王及善、萧德言这样的五品以上官员可直接向皇帝上表，六品以下官员需要向尚书省提交申请，如果符合致仕条件，皇帝或尚书省会予以批准。五品以上致仕官通常会被称为"国老"，六品以下致仕官通常会被称为"庶老"。并非官员不想干了就可以选择致仕，致仕是需要经过审批的，自行辞官是没有退休工资可拿的。

对于很多六品以下官员，若是能侥幸活到70岁，几乎没有不退休的，因为任期届满后还要继续参加铨选，铨选时职位竞争又很激烈，吏部怎会舍弃那些年富力强的官员，偏偏将官职授予那些老头呢？

不过五品以上官员并不受《循资格》的影响，任期届满后并不需要停选，因此很多人便赖在位置上不走，厚着脸皮拿着朝廷的俸禄混吃等死。

两唐书中所记载的唐朝前期官员共有570名，其中70岁以上仍旧不退休的官员居然有53人，占总数的9%。这些人几乎都是五品以上官员，还有24人是宰相。如果高官不主动要求致仕，朝廷一般并不会强制要求高龄官员退休，这也导致唐朝前期高级官员老龄化的情况十分严重，在很大程度堵塞了年轻官员的升迁之路。

"碧玉妆成一树高，万条垂下绿丝绦；

不知细叶谁裁出，二月春风似剪刀。"

这首《咏柳》的作者是贺知章，他36岁时离开家乡进京赶考，成为人人艳羡的进士科状元，一路升任秘书监（从三品）。贺知章的朋友圈可谓名人荟萃，他与张若虚、张旭、包融并称"吴中四士"；他与李白、李适之、李琎、崔宗之、苏晋、张旭、焦遂合称"饮中八仙"；他又与陈子昂、卢藏用、宋之问、王适、毕构、李白、孟浩然、王维、司马承祯并称为"仙宗十友"。他的诗文以绝句见长，尤其是写景、抒怀之作风格独特，清新潇洒。

虽然贺知章致仕时已经86岁高龄了，却依然因主动上表请求致仕而广受好评。当时玄宗皇帝李隆基亲自为他写了一首送别诗。临行那日，太子李亨亲率文武百官前去为他送行。玄宗皇帝还特地将他的儿子贺曾由东宫典设郎（从六品下阶）调任会稽郡司马（从五品下阶），会稽郡正是贺知章的故乡，这样他的儿子便可在工作之余在他的床前尽孝了。贺知章回到阔别50年的家乡后写下了另一首脍炙人口的诗《回乡偶书》：

"少小离家老大回，乡音无改鬓毛衰；

儿童相见不相识，笑问客从何处来。"

唐朝前期，很多高官因贪恋权位迟迟不肯致仕而饱受批评和指摘。七八十岁的老宰相不愿交权，而皇帝又想任用新人，只得不断扩充宰相队伍。中宗时期，同时在任的宰相居然多达10余位，以至于连宰相议事机构政事堂里都坐不下。这个咳嗽两声，那个擤几下鼻涕；这个捶捶酸胀的老腿，那个揉揉隐隐作痛的前胸，原本庄严肃穆的权力机构整得跟医院候诊室似的。

武则天时期，宰相苏良嗣都85岁高龄仍硬撑着坚决不退休。当时另一位宰相韦方质因遭到酷吏陷害而身陷囹圄，韦方质素来与苏良嗣不和，如今遭了难，便想着竭力要将宿敌苏良嗣一同拉下水，而那些酷吏们恨不得将事情搞大，这样便可邀功请赏。

女皇武则天接到酷吏奏报后将苏良嗣召进宫内核实情况。其实原本有意保全他，但年事已高的苏良嗣却承受不起这个意外的打击，拜谢时居然直接晕倒在了大殿之上，随即被手下人紧急送回府邸诊治，当日便死于家中，可谓混日子混到了生命的最后一刻。

再说说武则天执政时期的另外一位宰相唐休璟，虽是明经出身，却并非是文弱的书生，担任凉州都督时亲自披甲上阵与吐蕃士卒跃马冲杀，六战六胜，打得彪悍的吐蕃人遣使请和。突骑施首领乌质勒与西突厥残部互相攻伐，导致西域和中原之间的联系几乎断绝。长期在边疆任职的唐休璟积极为朝廷出谋划策，对边疆形势的判断居然出人意料的精准，以至于武则天感叹道："可惜我重用你晚了！"

唐休璟77岁高龄时被任命为宰相，后来武则天被迫退位，唐休璟又成为中宗朝宰相，一直干到80多岁才选择致仕。但他人老心不老，不顾自己年事已高仍旧想着要东山再起。为此他为自己的儿子迎娶了尚宫贺娄氏的养女为妻。贺娄氏是工作在皇宫之中的宫官，能在中宗皇帝李显身边说得上话，这门政治婚姻果然使得唐休璟再度被任用为宰相。

中宗皇帝李显被韦皇后毒杀后，李显的弟弟李旦（即睿宗皇帝）趁机夺权。唐休璟的宰相生涯也至此走到了尽头，改任朔方道行军大总管，率军屯驻边境，防备突厥。失落的唐休璟在自己85岁时再度选择致仕，次年便一命呜呼。

透过唐休璟的经历，我们可以发现致仕官员不仅会被重新起用，甚至还能再度身居要职，不过唐休璟东山再起凭借的却是见不得人的手段，晚年贪恋权位的所作所为使得他一世英名毁于一旦，成为后人茶余饭后的谈资。

许多垂垂老矣的高官迟迟不肯致仕无非是放不下手中的权力和权力背后的巨大利益。李日知曾是睿宗朝宰相，玄宗皇帝李隆基登基后，他虽被免去了宰相之职，却依旧是刑部尚书（正三品）。他事先并未与自己的妻子商议便主动上表请求致仕，妻子得知后却埋怨道："如今你既未置下什么家产，族中子弟的官当得也都不大，你为什么要急着致仕呢？"李日知却说："我本是一介书生，能到如今这般地步已经远远超出了我当初的预期。人本性贪婪，若是任着性子来，什么时候才能知足呢？"

虽然皇帝一般并不会强迫高龄官员退休，但若是触怒了皇帝，也会被勒令致仕。

曾在玄宗朝两度为相的张说便曾被勒令退休。他虽才智过人，却脾气暴躁，经常驳斥、呵斥甚至谩骂同僚，人缘差得很。

玄宗皇帝本想要重用河南尹崔隐甫，但身为宰相的张说却竭力干涉，崔隐甫最终只是出任御史大夫，自然对张说恨之入骨。崔隐甫上任后与两位御史中丞宇文融、李林甫等人密谋如何对付身为中书令的张说。宇文融本就与张说不和，因为张说凭借宰相权势一直压制着宇文融，而口蜜腹剑的李林甫虽与张说并未发生过什么正面冲突，却也希望借此捞取政治资本。

专司监察的御史台本就掌握着很多官员的黑料，御史台三位主官联手弹劾张说，说他勾引术士占星，还犯有徇私舞弊、收受贿赂等多项罪行。经过一番审讯，弹劾内容大多属实，好在大宦官高力士为张说求情，说他曾是李隆基为太子时的侍读，又为大唐立下过大功。玄宗皇帝最终只是免去张说担任的宰相之职，但崔隐甫、宇文融和李林甫等人又岂肯善罢甘休呢？他们继续在玄宗皇帝面前大肆诋毁张说。

61岁的张说被勒令致仕，虽然很快便又被重新起用，还曾一度出任尚书左、右丞相（即尚书左、右仆射），却再也不像担任宰相时那样握有实权。经此打击，张说一蹶不振，三年后便郁郁而终。

张说虽曾被勒令致仕，但品级却并未受影响，而有些被勒令致仕的官员还会遭到贬官。中宗朝宰相李峤本是特进（从二品）、兵部尚书（正三品）、同中书门下三品。中宗皇帝李显被韦皇后毒死后，李隆基趁机发动政变，一举诛杀了韦皇后及其亲信党羽，李峤作为前朝宰相被贬为怀州刺史（从三品），不久便选择致仕。

李峤担任宰相时曾给中宗皇帝李显秘密地上过一道奏章，请求将包括李隆基在内的相王李旦的儿子们全都赶出京城，以绝后患。李隆基恰巧发现了那份奏章，恼怒之下原本想将他处死，不过在张说等人的劝说下，只是将已经致仕的李峤贬为滁州[①]别驾（从五品上阶），这次贬官影响的只是他的退休待遇，后来他居然又被起用为庐州别驾（从四品下阶），去世时李峤才 70 岁，致仕时肯定未满 70 岁，由此可见唐朝官员可以申请提前退休。

申请提前退休的官员有的是因政治上失意，有的是因身患疾病难以履职。薛元超曾任太子舍人（正六品上阶），与那时还是太子的李治相知相交 30 余年。高宗皇帝李治暮年时曾感叹，君臣之间共白首从古至今能有几人。薛元超后来担任中书侍郎（正四品下阶）、同中书门下三品，成为高宗朝宰相，后来又升任中书令（正三品）。《新唐书》记载高宗皇帝在洛阳驾崩后，他因畏惧武则天的权势而故意装病[②]，不过他的墓志铭却记载他在高宗皇帝病重期间便因中风而不能说话[③]。薛元超在高宗皇帝病逝不久后就称病上表请求致仕，致仕不久便也去世了，因此他应该是真的病了，去世时才 62 岁，也属于提前退休。

也有人选择致仕是为了躲避政治灾祸。李义琰曾为高宗朝宰相，体弱多病的高宗皇帝想让皇后武则天处理国政，李义琰却坚决反对，竟与另一位宰相郝处俊为此事而激烈争论起来。随着武则天的强势崛起，他自觉凶

---

① （五代）刘昫等撰《旧唐书·卷四十·地理志三》中记载滁州为下州，（北宋）宋祁、欧阳修等撰《新唐书·卷四十一·地理志三》中记载滁州为上州，采用《旧唐书》的记载。

② （北宋）宋祁、欧阳修等撰《新唐书·卷九十八·薛元超传》中记载"因阴暗"。

③ 《大唐故中书令赠光禄大夫秦州都督薛公墓志铭》中记载："岁余，忽风疾不言，中使相望于道。"

多吉少，于是便以身患足疾为名请求致仕。他虽位至宰相，却并未像其他人那样大肆营建私人府邸，致仕后回到洛阳的农庄之中居住。武则天垂帘听政后将年号改为"垂拱"，为了昭示自己的宽宏大度，准备起用素来与自己不睦的李义琰为怀州刺史，不过李义琰却担心再度为官恐将遭遇不测，于是坚决推辞，至死都未曾再复出。

虽然官员们退休后往往会选择颐养天年，不问世事，但却有极少数官员要与朝廷斗争到底。昭宗皇帝李晔任命左神策军中尉杨复恭为凤翔监军，实际上是想借机夺了他手中的兵权。羽翼丰满的杨复恭自然不甘心就此失去手中的权力，于是便以致仕相要挟。谁知昭宗皇帝竟然准予他以金吾上将军之职致仕。他的肺都快气炸了，此后便致力于将大唐推入水深火热之中，联合那些依靠他的提携才登上高位的养子们对抗朝廷。最终杨复恭落得个兵败被擒并被斩首于市的悲惨下场。

玄宗皇帝李隆基不断完善官员致仕制度，使得官员致仕后的政治经济待遇得到了切实的保障。官员到龄退休一时间蔚然成风。开元名相宋璟一到70岁便再三要求致仕，玄宗皇帝李隆基因感念君臣之情而竭力挽留，但宋璟却说，要求别人做到的自己首先要做到，要求别人不做的自己首先要不做。玄宗皇帝最终只得无奈地批准了他的退休请求，不过却特批他可以享受全部俸禄。

下面来谈谈致仕官员的待遇情况。首先看看致仕官员的经济待遇。五品以上官员致仕后会发放一半的俸禄，而六品以下官员致仕后的前四年也会发放一半的俸禄，但之后却只能依靠自己的积蓄度过余生了，不过后来玄宗皇帝李隆基却特批六品以下退休官员可以终身获得一半的俸禄。

在京致仕官员的俸禄由朝廷指派专人送到致仕官员家中，在外地的致仕官员由籍贯地或者居住地的州府派人送到他们的家中，此外在春、秋两个季节时，朝廷还会发放羊、酒等福利品。当时正值开元盛世，玄宗皇帝李隆基动不动就赏赐群臣，通常也不会忘了那些致仕的官员，比如举行泰山封禅大典后，他一高兴便赐给所有致仕官员一个季度的禄米。

再来看看致仕官员的政治待遇。在京的三品以上致仕官员每月初一、十五时依旧可以上朝议事，而且班位还会在现任官员之前，也就是退休的站在最前面。举行皇帝即位等大庆典时，致仕官与在任官一样可以得到赐爵加阶。官员致仕后依旧可以身穿在任时的官服，代表着身份地位的鱼袋可以终身佩戴。

虽然直到宋代官员致仕时加官一级才成为定制，不过唐朝时这项规定便已然在执行。官员致仕时品级一般都会有所提升，门神尉迟敬德致仕前为夏州都督（正三品），后以散官开府仪同三司（从一品）致仕。有时品级虽然相同，但致仕后的官职班位却在前，如检校尚书右仆射、太子少傅杨于陵以尚书左仆射致仕，上述三个官职都是从二品，但尚书左仆射的政治排位最为靠前。不过也有一些特殊情形，太子少傅白居易以刑部尚书致仕，单纯看品级，他从从二品降为正三品，但太子少傅却不过是个有名无实的虚职，刑部尚书更为世人所看重，而且两者的俸禄是一样的。

再来看看致仕官员的生活待遇。朝廷安排通事舍人每个季度都要前往致仕官员府上进行问候，送去朝廷的温暖和关怀。在京致仕官员的儿子全都在外地州县任职的，还可以选择一人停官专门赡养他。苏珦曾任户部尚书（正三品）、太子宾客（正三品）等职，年老致仕后无人照料。他的儿子苏晋此时正任泗州（今江苏盱眙）刺史，于是便申请解职回长安侍奉老爹，对于像苏晋这种"解官充待"的官员会获得一半的禄米，注意并非一半的工资。

致仕官员初一、十五上朝时若是碰到下雨天，还可以穿着雨衣，戴着斗笠进殿，腿脚不便的致仕官还可以乘坐只有宰相和二品以上高官才能乘坐的担子，类似于今天的滑竿。致仕官员若是有生活困难，朝廷也会积极解决。

玄宗朝宰相萧嵩以太子太师致仕，由于府邸临近长安城内著名旅游景点曲江池，终日人声鼎沸，嘈杂不堪。老人却往往喜静不喜闹，便想着能换个地方住。玄宗皇帝李隆基于是下令为他在其他地方另建了一处宅子，好让他颐养天年。

安史之乱后，致仕制度在不同程度上遭到了破坏，尤其是随着朝廷财政的日趋紧张，致仕官员的俸禄也变得越来越难以保证。

大和二年（公元 828 年），文宗皇帝李昂专门下诏，常参官（即京官）五品以上，外官四品以上才准许致仕，其他官员一律不允许致仕，也就是职务被免除后便没有退休金，只能依靠之前的积蓄或者儿女的供养凄苦度日。

第五章

那些特殊的官员

女人居然也能当官

在男权社会，女子无法像男人那样在外朝为官，不过却并不意味着女人就不能当官。其实唐朝有着一套特殊的女官体系，分为内官和宫官两大类。内官专门负责给皇帝侍寝，繁衍子嗣，其实就是皇帝名分不同、地位各异的老婆们；宫官负责给皇帝服务，管理着数万名宫女，相当于皇帝的管家。太子所住东宫之中也仿照皇宫设立内官和宫官。

其实无论是有点身份的宫官，还是地位更卑微的普通宫女，只要被皇帝或者太子看上了，都可以临幸，其中的幸运儿还有机会转入内官体系，也算是为自己博取了个名分。不过也有不少人被临幸后，甚至为皇帝或太子生下了儿子后，仍旧只是个小宫女，而她们所生的儿子则交由其他嫔妃去抚养。比如在李隆基的30个儿子中，竟有7位皇子的母亲身份不详，她们应该就是没有任何名分的普通宫女。

宫官与外朝官员一样有升有降，但内官如若不犯重大错误往往只升不降。宫官可以转为内官，但内官却不能转为宫官。

高宗皇帝李治和武则天是一对热衷于改革的夫妻，他们对唐朝初年所确立的内官体制进行了改革。不过，改革后的内官体制却没有存续多长时间便恢复了旧制。玄宗皇帝李隆基再一次对内官体制进行革新，但等到他退位后也恢复了原来的体制。

最高级的内官自然是皇后，但皇后本身却并没有品级，与皇帝一样属于凌驾于所有品级之上的超品；太子妃与太子一样也是没有品级的超品，亲王妃与亲王一样是正一品，郡王妃与郡王一样是从一品，也就是说妻子在名义上与夫君是平起平坐的。

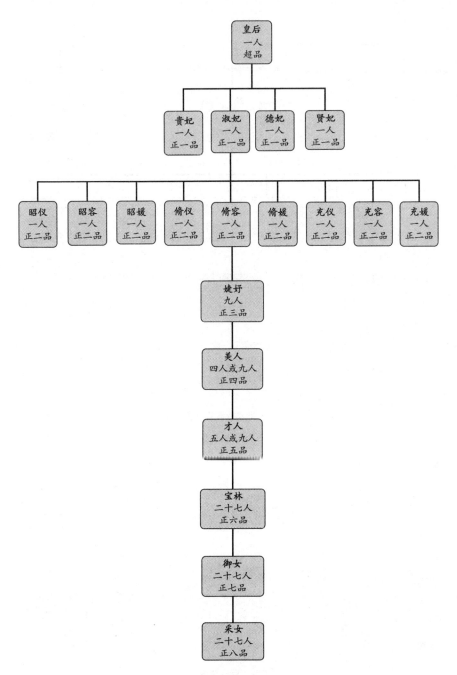

唐朝初年皇宫内官设置情况

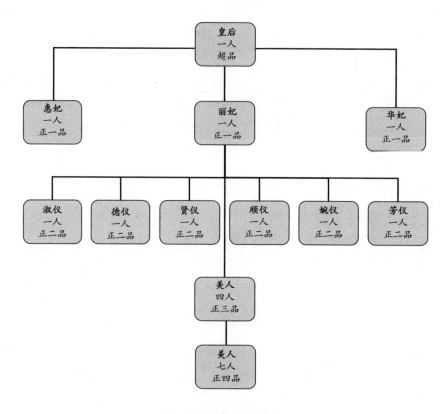

唐玄宗时期皇宫内官设置情况

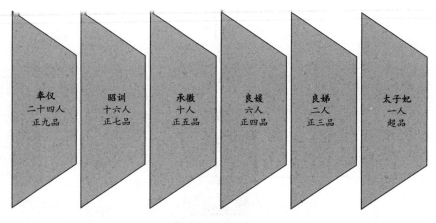

东宫内官设置情况

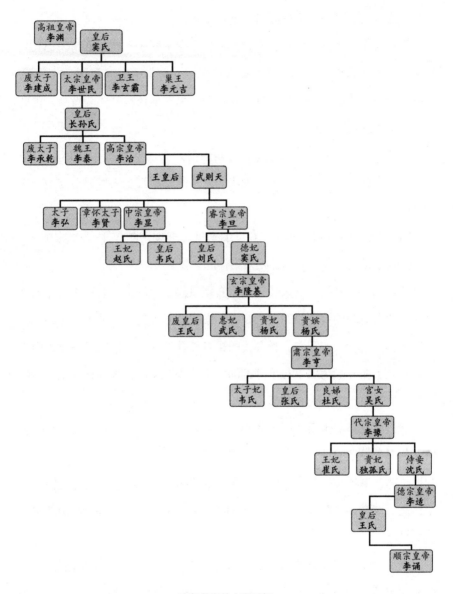

唐朝前期的主要后妃

能当上皇后并非易事，在唐朝格外艰难。唐朝立朝皇帝高祖李渊一生只册立过一位皇后，也就是太穆窦皇后。这位窦皇后是北周奠基人宇文泰第五女襄阳长公主所生，父亲窦毅是北周大司马、上柱国。当时身居高位的窦毅选女婿时可谓是千挑万选，慎之又慎。

窦毅在大门上画了两只孔雀，谁能百步穿杨射中孔雀的眼睛便把女儿嫁给谁。当时很多前去求亲之人都未能射中，射术精湛的李渊连发两箭，各射中一只孔雀的眼睛，最终抱得美人归，当时他还只是千牛备身，也就是宿卫皇帝的禁军军官。

其实窦皇后并未真正做过皇后。她于隋大业九年（公元 613 年），也就是唐朝立朝前五年便去世了，但李渊登基称帝后直至去世只册立她一人为皇后。

就在母亲去世的那一年，16 岁的李世民迎娶了年仅 13 岁的长孙氏，从此便开始了两人互爱互信、相知相伴的一生。

长孙氏出身名门，父亲长孙晟是右骁卫将军，母亲是北齐乐安王高劢之女。两人自幼便定下婚约，谁知长孙晟却突然去世，长孙氏与母亲只得寄居在舅舅高士廉的家中。长孙氏的哥哥长孙无忌与李世民是好友，而她的舅舅高士廉又颇为欣赏风度翩翩的青年才俊李世民，等到长孙晟丧期结束后，便竭力促成两人的婚事。

李世民登基称帝后，高士廉和长孙无忌都被任用为宰相，长孙氏也被册立为皇后。贞观十年（公元 636 年），与李世民携手 23 载的长孙皇后与世长辞，享年 36 岁。在此后 13 年的岁月里，李世民虽也有过宠爱的女子，比如博学多才又比李世民小了将近 30 岁的徐贤妃，但李世民却未再册立皇后。

唯独大唐第三任天子高宗皇帝李治曾破天荒地册立过两个皇后。第一位是王皇后，也就是李治的原配夫人，先被选为晋王妃；李治成为太子后，她又成为太子妃；李治登基称帝后，她又顺利成为皇后。王皇后之所以被废的关键因素就是她始终没能为高宗皇帝生下皇子。处心积虑想要上位的武则天不仅逆袭成为皇后，还最终登基称帝，成为我国历史上唯一一位女皇帝。

很多人不解为何武则天会成为历史上的唯一呢？因为她除了个人能力超强外，还赶上了难得的好机遇。李治体弱多病而且又迟迟死不了，若是皇帝身强体壮，武则天自然没有什么机会染指政治；若是李治一命呜呼了，太子便会登基称帝。当时先后被册立为太子的李弘和李贤都已成年，武则天自然也就没有垂帘听政的资格。也许正是因为李治体弱多病但一时半会儿又死不了，才成就了武则天的千古传奇！

综观唐朝长达 289 年的历史，高宗皇帝李治是唯一一个生前曾册立过两位皇后的皇帝，唐朝后期的很多皇帝甚至一辈子都不曾册立过皇后。

早在中宗皇帝李显还是英王的时候便迎娶了赵氏为王妃，不过却属于典型的近亲结婚，赵氏的母亲是高祖皇帝李渊的第七女常乐公主，因此赵妃与李显的父亲李治是表兄妹，她的老公李显要叫她表姑。两人婚后感情很好，武则天的老公李治对亲家，同时也是他的姑姑常乐公主特别好，这使得武则天妒火中烧，于是以赵氏对婆婆不恭顺为由将她幽禁在内侍省的女牢之中，每天只供应些残羹冷炙。后来有人发现女牢的烟囱已经好几天都不曾冒烟了，于是打开牢门前去查看，发现赵氏已经死去多日了，身体都已高度腐烂了。她的丈夫李显登基称帝后追赠她为和思顺圣皇后。

李显被立为太子后，册立韦氏为太子妃。韦氏出身于望族京兆韦氏，父亲韦玄贞为普州（今四川安岳）参军事，普州只是个中州，中州参军事仅为正九品下阶。弘道元年（公元 683 年）十二月，卧病多年的李治终于撒手人寰。李显登基称帝后，韦氏被册立为皇后，但李显的皇帝生涯却仅仅维持了 55 天便被母后武则天赶下了台，被废为庐陵王。

在那段心惊胆战的贬谪岁月里，韦氏一直陪在李显的身旁，直到李唐复国，李显再度成为皇帝，才算是苦尽甘来。压抑多年的韦皇后变得我行我素，不仅与武三思等人私通，还毒死了生性懦弱的老公李显，希望效法婆婆武则天垂帘听政。但临淄王李隆基却联合禁军将领诛杀韦皇后等人，中宗皇帝的另外一位妃子昭容上官婉儿也一同被杀，李隆基拥立自己的父亲李旦复位。

李旦之前就当过皇帝，当年哥哥李显被废后，武则天便将小儿子李旦扶上了皇位，虽然他当了长达 6 年的皇帝，却不过是母亲手中的傀儡罢了。李旦一直被幽闭在深宫之中，等到一切准备就绪后，武则天便将他一脚踢开，自己登基称帝，将他降为皇嗣。

早在李旦还是相王的时候，刘氏便进入相王府成为孺人，她是刑部尚书刘德威的孙女，陕州刺史刘延景的女儿。亲王府中，除了亲王妃（正一品）外，还有孺人二人，被视为正五品；媵十人，被视为从六品。刘孺人后来被册立为相王妃，生下长子宁王李宪和寿昌、代国两位公主。李旦登基后册封她为皇后，不过李旦被降为皇嗣后，她又被降为皇嗣妃。

李旦另一位妃子德妃窦氏为他生下了临淄王李隆基，窦氏的家世比刘皇后还要显赫，或许是她门第太高了，并未成为李旦的正妻。她的曾祖父窦抗是大唐开国宰相，既是高祖窦皇后的族兄，也是隋文帝杨坚的外甥，窦抗的母亲是隋文帝杨坚的亲姐姐万安公主。她的祖父是莘国公、刑部尚书窦诞，窦诞迎娶了襄阳公主为妻，成为高祖皇帝李渊的女婿。她的父亲是太常少卿（正四品上阶）窦孝谌，虽然比父祖要逊色些，却仍旧身居高位。

长寿二年（公元 693 年），宫中的一个奴婢团儿诬告皇嗣妃刘氏和德妃窦氏合谋施行法术诅咒武则天。她这么做的动机，史书中有两种不同的解释，一种是她勾引李旦遭到拒绝，于是对他怀恨在心，便想着拿他的老婆出气；另一种是武三思想要自立为皇储，于是便指使团儿蓄意陷害李旦。

当年正月初二，女皇武则天在嘉豫殿召见了这两位儿媳，但两人却是一去不复返，至于是如何死的，死后又葬在何处都无人知晓。往日惶恐不安的李旦对此却冷漠得像一个路人，好像什么都未曾发生过，很难想象一个人为了自保居然能冷酷到如此地步。

　　景云元年（公元 710 年），李旦第二次登基称帝，此时刘氏与窦氏已经被害 17 年之久，但他此后也没有再册立皇后，只是追谥刘氏为肃明皇后，追谥太子李隆基的生母窦氏为昭成皇后。

　　早在李隆基还是临淄王的时候便聘娶王氏为王妃。这位王妃门第一般，家世也并不显赫，祖上最大的官也不过是从三品的刺史。她的父亲王仁皎为左卫翊府中郎将（正四品下阶），虽然品级不算低，但随着十六卫的衰落，手中并无多少实权。哥哥王守一为尚乘奉御（从五品上阶），也就是殿中省尚乘局长官，只是个负责管理马匹的事务性官员。

　　王氏帮助夫君成功铲除韦皇后一党。并非嫡长子的李隆基得以被破格册立为太子，后来又成为玄宗皇帝。这对患难夫妻风风雨雨一路走来，可谓休戚与共，同甘共苦。可随着那段艰难岁月的远去，随着王皇后容颜的老去，随着李隆基身边的女人越来越多，这对夫妻之间的情感也渐渐淡漠。王皇后又因始终都没能给他生儿子，在李隆基心中的地位自然是一落千丈。

　　恰逢此时，年轻漂亮而又能言善辩的武氏，也就是后来的武惠妃，走进了李隆基的生活中，进而走进了他的心中。

　　开元十年（公元 722 年），李隆基动了废掉王皇后的念头，但因事关重大又不得不放弃了，但这件事却在王皇后的心中留下了深深的阴影，总有一种朝不保夕的感觉。好在王皇后平时人缘很好，并没有人趁机兴风作浪，而李隆基也需要时间来平息朝野上下的议论之声。

　　其实此时的王皇后只要措施得体，方法得当，或许能够顺利度过这场危机，可她却在最不该犯错的时候犯了一个天大的错误。

　　险些被废的王皇后愈加真切地感觉到了生儿子的重要性和迫切性。她的哥哥王守一指使僧人明悟为她祭拜北斗七星和南斗六星，并剖开霹雳木，在上面写下"天地"二字和李隆基的名字，然后将两半合在一起，让皇后佩戴在身上。明悟还煞有介事地说："佩戴上这个东西，便会像则天皇后那样生儿子！"

　　可王皇后戴上之后不仅没能给她带来儿子，反而给她招致一场灭顶之灾。李隆基正愁没有理由废掉这个早就看着不顺眼的皇后，如今却有人揭发王皇后笃信巫术，祸乱后宫。

　　开元十二年（公元 724 年）七月二十二日，王皇后被废为庶人。在没有一丝生机的冷宫里，她感到彻骨的寒意，尽管此时仍是炎炎夏日，却感受不到一丝的温暖。她委屈，她悔恨，她愤怒，她绝望，不过此时已经没有人在意她的喜怒哀乐了。

　　在大唐的皇帝之中，只有高宗李治和玄宗李隆基两个人曾有过废后的行为，而且两位不幸被废的皇后都姓王，而将她们推入痛苦深渊的人都姓武，这或许就是她们的宿命。

　　仅仅 3 个月之后，这位王皇后便走完了自己坎坷的一生，眼泪成了她唯一的陪葬，皇后的位置终于空了出来。武妃又向着心中的目标迈出了至关重要的一步，近在咫尺的皇后宝座似乎唾手可得，谁知咫尺却是天涯！

　　当时李隆基的确动过册立武妃为皇后的念头，不过却遇到强大的阻力。有的大臣指出，如今的太子李瑛并非武妃的亲生儿子，而武妃又有自己的亲生儿子，一旦将她立为皇后，势必动摇储君之位，进而引发一系列难以预料的政治动荡；更多的大臣则将矛头直指向她的特殊身份，她的姑祖母就是女皇帝武则天。群臣们担心武则天篡权的那一幕将会再度上演，而武则天篡夺李唐江山并大肆屠杀李唐宗室的政治伤痕此时依旧在隐隐作痛。

　　面对一浪高过一浪的反对之声，李隆基动摇了，因为他内心深处那段埋藏许久的痛苦记忆再次袭上了心头。当年他的母亲窦德妃来不及再多看一眼还不到 9 岁的自己就急匆匆进宫朝见女皇武则天。谁知那次分别竟然成了永别。

　　李隆基册封武氏为"惠妃"。正一品的"惠妃"在宫中的地位仅次于皇后，在此后长达 13 年的时间里，虽然她是实际上的后宫之主，可她却终其一生也没能登上魂牵梦绕的皇后之位，这也成为她永远都无法解开的心结。她直到去世以后才被安慰性地追封为"贞顺皇后"，不过等到肃宗皇帝李亨即位后便剥夺了她的皇后封号。

史书上记载李隆基还有一位元献杨皇后，她的曾祖父杨缄是武则天的二舅，她的父亲杨知庆是左千牛卫将军。杨氏嫁给李隆基时，李隆基还是太子，因此她成为太子良媛，但她没能跟着李隆基过几天舒心日子。

当时太平公主正大肆营造太子好色的社会舆论，李隆基为此而苦恼不堪，恰在此时杨良媛竟然怀孕了。如若此时生下这个孩子，岂不是证实了社会上关于他好色的种种言论，太子之位或许将会不保。经过一番痛苦的内心挣扎，李隆基终于下定决心，不惜牺牲这个无辜的小生命来保全自己的政治前途，毕竟此时他已经有了两个儿子——李琮和李瑛。

由于唐代皇室是不允许私自堕胎的，李隆基授意亲信张说秘密携带堕胎药来到东宫。等到张说走后，李隆基偷偷来到一间异常隐蔽的密室之中，将堕胎药放入药锅里，然后怀着复杂的心情点上了火，静静地等待着，等待着药熬好，亲手扼杀掉这个尚未出生的孩子。

就在痛苦煎熬之际，他居然鬼使神差地睡着了，或许是这些日子他太过疲惫了。他做了一个奇怪的梦，梦见一个身穿盔甲、手持长戈的人绕着一个大鼎转了三圈。鼎里面的水早就煮沸了，滚滚的热气扑面而来，就在这时，那只笨重的大鼎却突然倒了。那人急忙将鼎扶了起来，可那个鼎却很快又倒了，那人急忙又扶了起来，但那个鼎却再次倒下了……

李隆基从梦中惊醒，急忙将这个奇怪的梦告诉了张说。张说若有所思地说："看来这是天意啊！"

经过这番波折，李亨才得以幸运地来到这个世界，他的父亲李隆基很快就当上了皇帝，杨氏也摇身一变成为贵嫔，贵嫔并非一个正式称号，而是比妃次一等的嫔。

其实这位杨氏并不怎么得宠，她的儿子李亨自然也就不太受待见。得宠的武惠妃费尽心机唆使李隆基废了太子李瑛，经过一番博弈，李亨因为年长才被幸运地册立为太子，不过他的母亲杨贵嫔却早在7年前病逝了。他的母亲因去世得早，做人又很低调，几乎没有什么存在感，直到儿子当了皇帝才被追谥为元献皇后。王皇后被废后，李隆基也未曾再册立过皇后，即便是他最为宠爱的武惠妃和杨贵妃也仅仅只是妃而已。

奸相李林甫当初支持武惠妃的儿子寿王李瑁继任太子，结果李亨却出人意料地坐上了太子宝座。李林甫深知李亨一旦继位自己恐怕将会死无葬身之地，于是便想从李亨老婆的娘家人入手彻底整垮李亨。

李林甫诬告太子妃韦氏的哥哥韦坚与陇右、河西节度使皇甫惟明密谋发动叛乱，最终两人被贬官，太子妃韦氏被废。削发为尼的韦氏在青灯古佛旁凄苦地了却残生。李亨却冷漠地注视着李林甫疯狂迫害韦坚一家人，直到李林甫病死，这起声势浩大而且牵连甚广的政治迫害才算彻底画上了句号。

太子妃韦氏被废后，杜良娣成为东宫新的女主人，但她的父亲杜有邻却被女婿柳勣告发勾结太子诋毁皇帝，大有废太子李亨于朝夕的架势，惶惶不可终日的李亨故技重演，为了表明自己的清白与杜良娣离了婚。走出了繁华而又阴森的东宫后，杜良娣才发觉自己的家人死的死，流放的流放。

望着已经沦为孤家寡人的儿子李亨，李隆基决定为他找寻一位新的生活伴侣，最终选定了自己亲姨窦氏的外孙女。由于生母窦德妃死得早，亲姨窦氏将李隆基抚养成人。窦氏的外孙女张氏就这样成为新任太子良娣。

安史之乱爆发，长安沦陷，皇帝出逃，太子李亨趁着马嵬兵变之际独自北上。张良娣跟随老公度过了那段颠沛流离、险象环生的日子。李亨在灵武称帝，史称"唐肃宗"。张良娣后来被册立为皇后，迫切希望自己的儿子能够在老公百年之后成为大唐新皇帝。

正当她为此而处心积虑地谋划时，她所生的大儿子兴王李佋却突然病逝了，次子李侗又很年幼，张皇后的政治梦想也就此破灭了，可她却并不甘心。此时的太子是李豫，不过李豫的母亲吴氏却很卑贱，就是一个普通宫女而且死得也早，两者的地位相差悬殊。张皇后决意废了太子李豫，拥立越王李系为储君，但这一系列小动作却触怒了掌握禁军兵权的李辅国、程元振等人。

宝应元年（公元 762 年）四月十六日夜，李辅国、程元振率军明目张胆闯入皇宫之中，大肆逮捕越王李系及其党羽。惊慌失措的张皇后瑟瑟发抖地守在丈夫李亨的身边，寄希望于病入膏肓的丈夫能够凭借仅剩的一丝皇帝余威挽救自己的性命，但李辅国却率军包围了李亨的寝宫长生殿。巨大的喧哗声将时而清醒、时而昏迷的李亨惊醒，但胆大妄为的李辅国却大步流星地走进长生殿，象征性地向李亨拜了拜。

"奉监国太子之命请皇后迁居别殿！"李辅国抛下这句冰冷的话语之后便将惊魂未定的张皇后强行拉走。

张皇后拼命哀号着，挣扎着，深知一旦脱离了丈夫的视线便意味着死亡，但她任何的反抗最终都是徒劳的。

在那个充满血腥的夜晚，阴森的皇宫内陷入一片混乱，惊恐不安的宦官和宫女们四处逃散。

在一片混乱中，李豫登基称帝，史称"唐代宗"。他最宠爱的是独孤氏，不仅美貌异常，而且聪明睿智，性格温顺，被册封为贵妃。即使这位独孤贵妃去世三年之久，李豫仍旧舍不得将她出宫归葬。

即便如此，代宗皇帝李豫也并未将她册立为皇后，因为李豫一登基就让长子李适出任天下兵马元帅，后来又册立他为太子。太子李适的母亲是江南女子沈氏，在民间传说中被称为"沈珍珠"。虽然这个沈氏只是个地位并不高的侍妾，却为李豫生下皇长子。若是再立独孤贵妃为皇后，那么她所生的第八子韩王李迥就将摇身一变成为嫡子，势必又会有一番夺嫡大战发生。所以李豫即便很爱独孤贵妃，也只是在她死后追赠其为贞懿皇后。

德宗皇帝李适还是奉节郡王的时候，王氏便侍奉在他的身旁。上元元年（公元760年），王氏为李适生下了长子李诵，也就是后来的顺宗皇帝。转年，李适的父亲代宗皇帝李豫登基称帝，李适照例应由郡王升为亲王，改封为鲁王，王氏成为他身边的嫔。李适登基称帝后，王氏被册封为淑妃，位居众嫔妃之首，即便儿子被册立为太子，她依旧没能登上皇后之位。

贞元三年（公元787年），望着病入膏肓的王淑妃，德宗皇帝含着泪册封她为皇后。册封大典刚刚结束，王皇后便在两仪殿去世了，跟追赠也差不了多少。

但王皇后的死却具有跨时代的意义，从此之后，顺宗皇帝李诵、宪宗皇帝李纯、穆宗皇帝李恒、敬宗皇帝李湛、文宗皇帝李昂、武宗皇帝李炎、宣宗皇帝李忱、懿宗皇帝李漼、僖宗皇帝李儇连续九任皇帝生前都未曾册立过皇后。

直到110年以后，唐朝才诞生了一位新的皇后，也是唐朝最后一位皇后何皇后。早在她的夫君李晔还是寿王的时候，何氏便服侍在他的身旁，不过何氏的家世已经无法考证了，应该是生在普通人家。起初她只是李晔身边的一名普通侍女，却因长得漂亮而被李晔临幸，先后生下长子德王李裕和第九子辉王李柷，李柷也成为唐朝最后一位皇帝——哀帝。李晔登基称帝后，何氏被册立为淑妃。乾宁三年（公元896年）七月，昭宗皇帝与手握重兵的凤翔节度使李茂贞起了冲突，昭宗皇帝仓皇逃亡镇国军驻地华州（今陕西渭南华州区），而何氏一直陪伴在丈夫身边，随后便被册封为皇后，但此时的皇家已经没有多少威严，夫妻两人最终被篡唐的朱温所谋害。

唐朝共有289年的历史，不包含武则天在内共有20位皇帝，却只有10位皇后，其中高宗皇帝李治一人便册立了2位皇后，居然有11位皇帝未曾册立过皇后，可见皇帝对于册立皇后这件事是多么的慎重，对皇后的选择是多么的苛刻。如若不是相濡以沫多年的正妻，即便再受宠也几乎不太可能被册立为皇后。

高祖窦皇后、太宗独孤皇后都有着显赫的家世，甚至当时比夫家家世还要显赫，而且两人在夫君发迹前便嫁给他们为妻，可谓是携手走过风风雨雨的患难夫妻，两人被册立为皇后也是理所当然，不同的是其实窦皇后并未真正当过皇后，只是被追封为皇后。

唐朝立朝之初，李唐皇室并非传统意义上的世族大家，因此想方设法与显赫的名门望族通婚，皇子们娶的，公主们嫁的，无不是名门望族。虽然门阀政治的影响力在唐代已经日渐衰微，但门第观念依旧根深蒂固，皇室急切地想要通过与门阀大家通婚来提高社会地位。

随着政权日益巩固，从太宗皇帝李世民开始，皇家选儿媳的时候往往会挑选那些虽出身名门望族，但家世却并不显赫的家族子女，一方面是为了笼络那些世族大家，另一方面是为了防范外戚专权。

李世民为儿子李治选的王妃王氏，也就是后来的王皇后，虽出自望族太原王氏，但她的父亲却只是个县令。高宗皇帝李治为儿子李显选的太子妃韦氏，虽出自望族京兆韦氏，但父亲却只是个正九品下阶的普州参军事。玄宗皇帝李隆基为儿子寿王李瑁所选王妃杨氏，也就是后来的杨贵妃，虽出自望族弘农杨氏，但她的养父杨玄璬却只是个正七品下阶的河南府士曹参军。玄宗王皇后更是个十足的草根，不过当时李隆基还只是个郡王，选妃的标准自然要比亲王低一些。唯有睿宗皇帝李旦的王妃刘氏有着显赫的家世，父亲和爷爷都是三品高官。

高宗朝宰相薛元超可谓位极人臣，位高权重，但他却说自己这一生有三恨："做官之始未能以进士擢第，不娶五姓女，不得修国史。"注意他说的并非是娶不到公主。虽然他的妻子出身并不低，是太宗皇帝李世民的亲弟弟巢王李元吉的女儿和静县主，但他仍旧为没能娶到五姓女而耿耿于怀。五姓即博陵崔氏、清河崔氏、范阳卢氏、陇西李氏、赵郡李氏、荥阳郑氏和太原王氏，李氏与崔氏各分为两支，因此称为"五姓七望"，可见社会地位并不仅仅是由政治地位所决定的。

高宗王皇后、睿宗刘皇后、玄宗王皇后早在夫君还是藩王的时候便是正妻，先是王妃，后是太子妃，最后成为皇后。唯有中宗韦皇后是在夫君李显被册立为太子时才嫁给他，主要是因为李显原来的王妃赵氏被婆婆武则天害死了，韦氏才得以幸运地成为太子妃。肃宗张皇后也是如此，她的夫君李亨为了自保先后与深陷政治旋涡的太子妃韦氏和杜良娣离了婚，张氏才得以成为太子良娣，不过却一直不是太子妃。夫君登基称帝后，她先是被封为淑妃，后来才被册立为皇后。

德宗王皇后虽然从夫君还是藩王时便侍奉在夫君身旁，但并非是夫君的正妻，只是一个妾，因此迟迟未被册立为皇后。但王皇后更为幸运，因为她的儿子李诵是太子，在咽气之前总算是被草草地册立为皇后。昭宗何皇后起初也只是个妾，后来成功产下两个皇子，还追随昭宗皇帝历经坎坷风雨，这才被册立为皇后。

在唐朝后官之中，唯一成功逆袭的唯有武则天。她本是太宗皇帝李世民的才人，却在李世民死后成功上位，成为新皇帝高宗李治的妃子，随后又出人意料地被册立为皇后，进而成为女皇帝，可谓是前无古人，后无来者。

唐朝后期，即便家世显赫又是皇帝正妻，也未必一定能被册立为皇后。郭贵妃便是宪宗皇帝李纯的正妻，早在李纯还是广陵王的时候，她已是李纯的王妃。郭贵妃可谓门第显赫，祖父是功高盖世的尚父郭子仪，父亲是驸马郭暧，也就是脍炙人口的民间故事《醉打金枝》中那个敢打公主的驸马，郭家在朝中担任高官的人不计其数。郭贵妃的母亲是德宗皇帝李适的亲妹妹升平公主，因此从辈分上讲郭贵妃是自己老公李纯的姑姑，还为宪宗皇帝生下第三子李恒，也就是后来的穆宗皇帝。可夫君在位时，她却未能当上皇后，问题或许就出在她的家世太过显赫，引起了宪宗皇帝的猜忌。

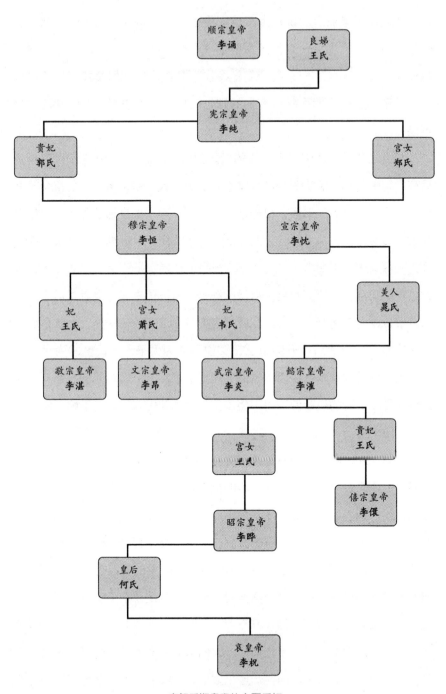

唐朝后期皇帝的主要后妃

外戚杨国忠被后世认定为酿成安史之乱的罪魁祸首，唐朝后期的皇帝们纷纷汲取教训，一直都颇为警惕来自外戚的威胁，虽然一些外戚会担任品级比较高的官职，皇帝们却往往不会让他们掌握实权。出于对外戚的防范，唐朝后期那些皇帝们的嫔妃的出身一般都很卑微，甚至有些不堪。

安史之乱后，两唐书中立传的后妃共有 21 人，其中真正家世显赫的只有肃宗韦贤妃、顺宗王良娣和宪宗郭贵妃三人。肃宗韦贤妃的祖父是右威卫将军（从三品）韦濯，祖母是定安公主。顺宗王良娣的曾祖父王思敬为太子宾客（正三品），祖父王难得为英武军使、琅琊郡公，父亲王颜为金紫光禄大夫、卫尉卿（从三品）。顺宗王良娣本是代宗皇帝的才人，因太过年幼代宗皇帝便将她赐给自己的孙子宣城郡王李诵，也就是后来的顺宗皇帝，成为李诵府上的孺人，后来为夫君生下了长子李纯，也就是后来的宪宗皇帝。李诵后来升为宣王，又被册立为太子，王氏也成为太子良娣，李诵登基称帝时已经因中风而不能说话了，王良娣对他悉心照料。李诵只当了 8 个月的皇帝便不得不将皇位传给了儿子李纯，王良娣还没能当上皇后便直接当了太后。

除此之外，肃宗张皇后、代宗的妻沈氏、德宗王皇后的家世虽说不上显赫，但还算过得去。肃宗张皇后的祖母窦氏是玄宗皇帝李隆基母亲的亲妹妹，还曾抚养过年幼的李隆基，不过他的父亲却并非什么大官。德宗皇帝李适的生母沈氏出身于没落的贵族，父亲沈易直官至大理正（从五品下阶），虽然品级还可以，却只是个不被世人所看重的卿监官，因此沈氏生前连个名分都没有。顺宗皇帝李诵的生母，也就是德宗王皇后，《旧唐书》记载她的父亲王遇为秘书监（从三品），但《新唐书》却记载她出自宦官人家，但身世却不可考，无论如何，她们家都算不上是什么世族大家。王皇后为李适生下了长子李诵，却连个太子妃都没能当上。李适在登基称帝的当年便册立李诵为太子，但她却只是被封为淑妃，直到临咽气时才被册立为皇后。

其余15位嫔妃要么生长在小官僚家庭，要么出身卑微，有的甚至都不知来自何处。唐朝后期很多皇帝生母的出身都不是太好。

代宗皇帝李豫的母亲吴氏被罚没入宫，她的父亲吴令珪原为郫县县丞，因犯下大罪而被处死，吴氏被罚入掖庭之中充作最卑贱的宫女。玄宗皇帝见儿子忠王李亨身边居然连侍女都少得可怜，于是便让大宦官高力士从掖庭之中挑选聪明伶俐而又美貌端庄的宫女赐给李亨。吴氏就这样被幸运地选入忠王府，14岁时为夫君生下李豫，但18岁时便去世了，死前连个名分都没有。

敬宗皇帝李湛的生母王氏是婺州金华县令王绍卿之女，穆宗皇帝李恒为太子时，她便成为李恒的侍妾，李恒登基称帝后将王氏册封为妃。

文宗皇帝李昂的生母萧氏的家世已经无法考证，其实唐朝后期很多宠妃都是来历不明，她们祖上有的只是普通老百姓，有的甚至连良家女都不是，所以她们才会对自己的身世讳莫如深。萧氏早年生长在福建，李恒还是建安王的时候便侍奉在他的身旁，却因身份卑微，夫君李恒始终连个名分都没给她。

武宗皇帝李炎的生母韦氏同样出身不详，穆宗皇帝李恒为太子时就侍奉在他的身旁，最初应该只是个宫女，后来母凭子贵也晋升为妃。

宣宗皇帝李忱的生母郑氏是个更为坎坷的女子，她生于江南一户普通人家。当地有个精通面相的人说，郑氏将来必当生下天子。镇海节度使李锜早就有野心，得知此事后便将郑氏纳为侍妾，可后来他却兵败被杀，郑氏以叛臣眷属的身份被罚入宫廷之中，成为郭贵妃身边的一名小宫女。

郑氏因一次偶然的机会被宪宗皇帝李纯临幸，居然还怀了孕生下了皇子李忱，不过宪宗皇帝却对这个儿子不怎么喜欢，也没给郑氏什么名号，当然也可能是受到了郭贵妃的激烈阻挠。皇帝让郭贵妃身边侍女大了肚子，她能不气愤吗？李忱后来被封为光王，而郑氏也成为光王后，不过李忱后来却颇为意外地以皇太叔的身份登基称帝。

懿宗皇帝李漼生母晁氏同样是家世不详，不过却因很受宣宗皇帝宠爱，被晋升为正四品的美人，死后被追赠为昭容。

僖宗皇帝李儇的生母王贵妃也是家世不可考，生下李儇后因母以子贵而被懿宗皇帝封为贵妃。不过懿宗皇帝最宠爱的却是郭淑妃，但郭淑妃只生下一个女儿同昌公主，并未生育皇子，所以郭淑妃始终只是个妃。

昭宗皇帝李晔生母王氏史书明确记载出身卑贱，入宫后只是个普通得不能再普通的宫女，得到懿宗皇帝宠幸后生下了李晔，但不久便死去了，可谓是来也匆匆，去也匆匆。

唐朝最后一位皇帝哀皇帝李柷的母亲虽是昭宗何皇后，但这位何皇后的出身也不怎么好，经过个人努力才一步步从宫女逆袭成为皇后，不过却比那些宫女要强上许多。

此外，古人一向格外重视对嫡子的培养，继承制度也是嫡长子继承制，嫡子哪怕是最小的儿子也会享有优先继承权。

唐朝立朝之初，高祖皇帝李渊留有记载的老婆共有 20 人，总共为他生下了 22 个儿子。由于李玄霸早亡，有能力争夺皇位的只有太子李建成、秦王李世民、巢王李元吉三人，因为他们都是窦皇后的儿子，也就是李渊的嫡子，李渊其他的儿子连竞争的资格都没有，这就是嫡庶有别的缘故。

唐太宗有历史记载的老婆共有 14 人，总共为他生下了 14 个儿子，但皇位争夺战却在太子李承乾和魏王李泰之间展开，结果李承乾被废，李泰被降为郡王。其实李世民最为欣赏的是文武双全的吴王李恪，李恪的出身其实也不算低，他的母亲杨妃是前朝隋炀帝的女儿。但经过一番权衡，李世民还是册立了性格有些懦弱的晋王李治为太子，因为太子李承乾、魏王李泰、晋王李治都是独孤皇后所生，李恪终究只是个庶子。

高宗皇帝李治共有 8 个儿子，五子李弘、六子李贤先后被册立为太子，七子李显、八子李旦后来都登基称帝，四人在诸兄弟之中年龄最小，但因他们都是皇后武则天所生，所以在诸位皇子中高人一等。

其实这才是符合封建礼制的政治常态，皇帝宠幸时可以不管她的出身，只要看对眼就行，想拥谁入眠便拥谁入眠，但与谁生儿子却是件严肃而又谨慎的事情。即便偶尔有出身卑贱的宫女意外怀孕了，孩子生下来也无妨，但庶出皇子的政治地位却会先天矮上一截，若想继承皇位则难上加难想。然而唐朝后期的皇帝们生母的出身却一个比一个卑贱。

造成这种局面的主要原因是皇帝内心的不安，自从安史之乱后，皇帝便开始对武将失去了信任，越来越依赖于宦官。宦官由于存在生理缺陷并不会对皇位构成实质性威胁，但宦官一旦得势后依然会变得飞扬跋扈，甚至开始挟制皇帝，使皇帝变得愈加没有安全感。皇帝为皇子们选妃的时候往往并不会选择高官的子女，对于皇宫之中那些有着显赫家世的妃子也有着本能的警觉，担心外戚一旦与宠妃联手很可能会篡夺大唐江山。那些出身卑微的宫女们因无人可以依仗，自然也就翻不起什么政治波浪，以至于很多皇子，甚至是皇帝都是宫女所生。

唐朝立朝之初，后宫女子多达上万人，到了玄宗李隆基在位时激增到了 4 万余人，不过内官名额在立朝之初只有 113 人或 121 人，后来规模还有所压缩，因此要想成为内官可谓是百里挑一，甚至是几百里挑一。

若是当不成内官，那么最现实的选择便是成为宫官，不过有品级的宫官也只有 181 人，此外还有女史 88 人，地位相当于胥吏，总计 269 人，剩下的便是普普通通的宫女，因此要想在皇宫之中混上一官半职也不那么容易。

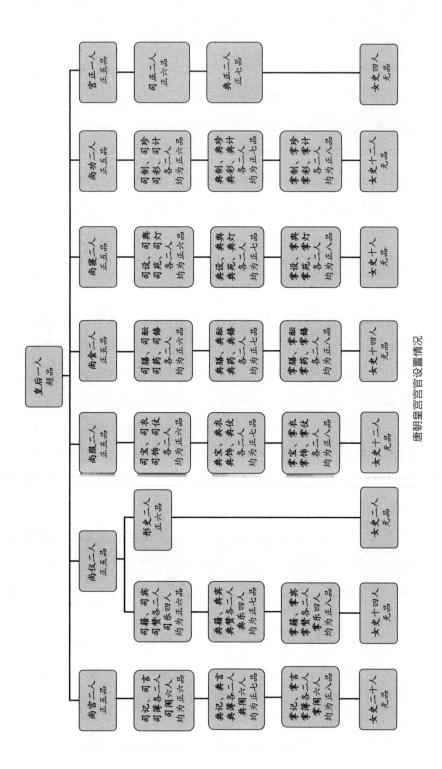

唐朝皇宫宫官设置情况

参照尚书省下辖的六部，皇宫之中也设有六尚，均为正五品，其下还设有司、典、掌三级女官，比如尚宫下设司记，司记下设典记，典记下设掌记，掌记之下还设有并无品级的女史。官官的本职工作就是带领宫女们做好皇帝和后妃的服务工作。

尚宫相当于后宫秘书长，直接下属有司记、司言、司簿、司闱。司记负责掌管宫中文书，审核无误后加盖印章；司言负责传诏和启奏，也就是上传下达的有关事宜；司簿负责女史以上人员名簿，也就是所有官官的人事档案；司闱掌管宫中大门钥匙。

尚仪相当于后宫礼宾司司长，直接下属有司籍、司乐、司宾、司赞。司籍负责保管宫内图书，定期对其进行晾晒；司乐掌管宫廷音乐，在演奏古代音乐并非仅仅是娱乐活动而是关乎朝廷礼制的大事；司宾、司赞都负责接待宾客，司宾侧重于宴会菜品准备等工作，而司赞侧重于现场引导等工作。

尚服相当于后宫服装事务局局长，直接下属有司宝、司衣、司饰、司仗。司宝负责玉玺印章的保管；司衣负责皇后、嫔妃、宫女的衣服首饰等物品置办采买；司饰负责浴巾、梳子等生活用品的置办采买；司仗负责仪仗队所需物品的保管和置办。

尚食相当于后宫食品药品事务局局长，直接下属有司膳、司酝、司药、司饎。司膳负责皇帝和宫内其他人员的饮食；司酝负责酒品的置办、储存和发放；司药负责药品供应；司饎负责为宫人们提供肉食、柴火和炭。

尚寝相当于后宫睡觉事务局局长，直接下属有司设、司舆、司苑、司灯。司设负责床帷、茵席的铺设，也就是带着一帮人为皇帝和后宫嫔妃铺床；司舆负责车辇、伞扇、羽帗等物品的保管；司苑负责管理宫内果园，带着一帮人种点儿水果，种点儿蔬菜；司灯掌管宫内点灯、灭灯等事宜。

尚功相当于后宫仓库主任，直接下属有司制、司珍、司彩、司计。司制管着一帮裁缝，负责缝缝补补；司珍负责金银财宝的保管和发放；司彩负责丝织品的保管和发放；司计负责衣服、饮食的保管和发放。

宫正相当于后宫纪委书记，专门负责处置违法违纪违规人员，看看有没有监守自盗的，有没有消极怠工的，有没有失职渎职的。

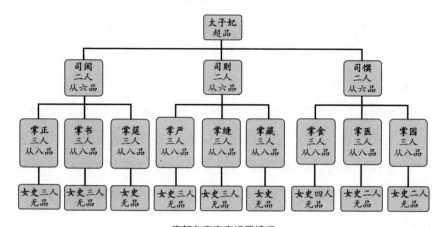

唐朝东宫宫官设置情况

东宫的宫官仿照皇宫设置，只是相应品级要低一些，将皇宫中的六个部门简化为三个部门，并将尚、司、典、掌四级简化为司、掌两级，品级也有所下降。比如皇宫中的司级女官为正六品，而东宫中司级女官为从六品；皇宫中的掌级女官为正八品，而东宫中的掌级女官为从八品。

长安城中有大明、太极、兴庆三大宫殿，洛阳城中有太初、上阳两大宫殿群，其他风景秀丽的地方往往还会设有行宫，这些地方都需要大量宫女，所以唐朝宫女规模很是庞大。

高祖皇帝李渊、太宗皇帝李世民主要居住在太极宫，这座宫殿是在隋朝宫殿的基础上改建而成。不过这里却因地势低洼，夏季异常闷热潮湿，皇帝后妃们从第三位皇帝高宗李治开始，便搬进了新建造而成的大明宫，不过他和皇后武则天还时常去洛阳。武则天称帝后很少回长安，实际上以洛阳为首都，不过玄宗皇帝李隆基之后的皇帝们却几乎不再去洛阳，即便是太极宫和兴庆宫都很少去，因此大明宫之外其他宫殿的宫女一辈子都难以见到皇帝一面。

金殿闭锁，宫花寂寥，偌大的后宫好似一座活死人墓，禁锢着宫女们的自由，也埋葬了她们的青春和幸福。白居易在诗歌《上阳白发人》抒发了对那些幽闭在深宫之中的女人们悲惨命运的慨叹。

"上阳人，上阳人，红颜暗老白发新。绿衣监使守宫门，一闭上阳多少春。玄宗末岁初选入，入时十六今六十……上阳人，苦最多。少亦苦，老亦苦，少苦老苦两如何！"

那么，这些女官是怎么入宫的？最终的归宿又如何呢？

女官们的归宿

怎样才能入宫当上女官呢？最理想的方式当然是追随自己的男人一步步入住皇宫。高宗王皇后最初是晋王李治的王妃，李治成为太子后，她被册立为太子妃；李治登基称帝后，她被册立为皇后。德宗王皇后也是在夫君李适还是奉节郡王时便侍奉在他的身旁；李适由奉节郡王升为鲁王，王氏成为他身边的嫔；李适登基称帝后，王氏被册封为淑妃，临终前被册封为皇后。不过通过这种方式入宫的毕竟是极少数幸运儿，那么其他人又是如何入宫的呢？

第一种方式是采选。皇帝通常会派遣使者或者命令地方官从普通百姓或者小官吏家中，搜罗长相俊美的良家女子送入后宫之中。绝大多数人对采选充满了抵触，不过依旧会有个别人希望借此来达到出人头地的目的，主动将女儿引荐给负责采选的官员。

第二种方式是进献。有的是外国进献，比如代宗朝，东北地区的渤海国曾进献过 11 个日本国舞女；有的是武将进献，打仗时常常会俘虏大批女眷，于是便挑选长得好看的献给皇帝；有的是地方进献，尤其喜欢进献带有浓郁地方风情的女子，也就是少数民族少女；有的是中央官员进献，希望借此获得皇帝的青睐；公主、外戚为了拉近与皇帝的关系也会进献有才艺的绝色女子。

第三种方式是籍没。犯有重罪的官员的妻妾女儿往往会被押往掖庭当奴婢，成为最低等的官女。代宗皇帝李豫的母亲吴氏、宣宗皇帝李忱生母郑氏都属于此类，不过后来却都因机缘巧合而被皇帝临幸，彻底改变了自己的命运。

第四种方式是聘纳。也就是皇帝娶妻纳妃，主要针对的是那些出身高贵的女子，其实也是政治笼络的一种手段。在唐朝289年的历史中，没有任何一个皇后是皇帝直接娶进宫册立为皇后的，被册立为皇后的女人几乎都是皇帝之前所娶的正妻，比如高祖窦皇后、太宗独孤皇后、高宗王皇后、中宗韦皇后、睿宗刘皇后、玄宗王皇后。如果不是正妻，也是夫君在当藩王或者太子时便侍奉在他们的身边，比如肃宗张皇后、德宗王皇后、昭宗何皇后。也一个特例，那就是武则天，本是太宗皇帝李世民的才人（正五品），却迷住了新登基的高宗皇帝李治，武则天摇身一变成为他的女人，还被封为昭仪。虽然李治一直都在竭力淡化此事，但这实际上就是聘纳。武则天后来设计陷害王皇后，最终如愿以偿地成为皇后。

如果你能有幸成为女官，最终的归宿又会怎样呢？

第一种归宿是寿终正寝。在外人眼里，皇宫金碧辉煌，锦衣玉食，实际上却是阴森可怖。所有人都想要博取皇帝的欢心，不遗余力而又不择手段，但能够得宠的毕竟是极少数，失意的却是绝大多数。即便是得宠也往往是一时，一旦失宠便难以再获得皇帝青睐，或许还会招致杀身大祸，因此如若能够寿终正寝实在是一桩幸事！

皇帝驾崩后，那些有子女的嫔妃往往会追随已经封王的儿子迁到宫外居住，坐享大伦之乐。那些没有子女的嫔妃往往会选择出家，在寺院或者道观内了却残生。

绝大多数宫女日复一日、年复一年地干着单调而又机械的粗活，幸运的或许还能一睹皇帝的风采，不幸的或许一辈子都见不到皇帝一面，只得在寂寞孤苦中度过自己的一生，但比起那些无辜惨死的宫女们，却要幸运得很。

第二种归宿是死于政治斗争。唐朝前期政治斗争很激烈，很多女官都因卷入政治旋涡之中而身首异处。两唐书中立传的后妃共有37人，其中死于政治斗争的便有11人之多，尤其是在唐朝前期，那些后妃看似风光无限，但一招不慎便会死无葬身之地。

与武则天争宠失败后，王皇后和萧淑妃被砍去手脚，放入酒瓮之中，武则天想要让她们"醉骨"。几日后，两人被活活折磨死，临死之际，萧淑妃恶狠狠地诅咒武则天下辈子会变为老鼠而她自己将会变身成猫，定会让她死得很难堪，自此之后宫中便不允许养猫。尽管如此，武则天依旧噩梦连连，于是长期住在洛阳，轻易不敢回长安。

武则天的狠辣还不止于此，太子李显与太子妃赵氏很是恩爱，但武则天却越看这个儿媳妇越不顺眼，于是便以不孝为由将她幽闭在内侍省之中活活饿死。宫女团儿诬告睿宗刘皇后、窦德妃合谋诅咒女皇武则天，武则天一怒之下将两人残忍杀害，连个尸骨都未能寻见。

中宗韦皇后也是个狠角色，毒死了自己的丈夫中宗皇帝李显。李隆基却瞅准时机起兵诛杀韦皇后及其党羽。中宗昭容上官婉儿也死于这场血腥的杀戮之中。

武惠妃为了上位，蛊惑玄宗皇帝将王皇后废为庶人，王皇后很快便郁郁而终。武惠妃为了能让自己的儿子当上皇帝，设计陷害太子李瑛、鄂王李瑶和光王李琚。玄宗皇帝盛怒之下将三个儿子赐死，上演了"一日杀三子"的血腥一幕，但武惠妃也自此时常梦到三人来向自己索命，很快便在惊恐中离开了人世。

武惠妃去世后，玄宗皇帝李隆基黯然神伤了许久，直到国色天香的儿媳寿王妃杨氏闯入了他的生活之中，也深深地走进了他的心中。寿王妃摇身一变成为杨贵妃。安史之乱爆发后，杨贵妃跟随玄宗皇帝逃至马嵬驿，在哗变的禁军将士逼迫下自缢而亡。唐朝末年，何皇后与自己的夫君昭宗皇帝李晔被野心勃勃的权臣朱温所害。

出身高贵的郭贵妃是宪宗皇帝李纯的正妻，却迟迟没有被册立为皇后。不仅如此，经过一番权衡后，宪宗皇帝竟然册立皇长子李宁为太子，李宁的母亲纪美人在宫中的地位并不高，但两年后太子李宁却意外暴亡。宪宗皇帝听闻这个噩耗后悲痛欲绝，居然连续辍朝 13 日之久。他所面临的最棘手的问题便是选定新的太子人选，虽然他的内心倾向于册立次子李恽，但李恽生母的地位却太过卑微，思虑再三只得册立三子李恒为太子，但他却一直都未曾放弃更换太子的念头，直至他被宦官谋害。

郭贵妃是宪宗皇帝之死最大的嫌疑人，宪宗皇帝死后继承皇位的是她的儿子穆宗皇帝李恒。李恒死后，她的三个孙子敬宗皇帝李湛、文宗皇帝李昂、武宗皇帝李炎又先后继位，自然不会深究宪宗皇帝死亡的真相。

不过武宗皇帝驾崩后，宪宗第十三子李忱却以皇太叔的身份登基称帝，他的生母郑氏本是郭贵妃身边的侍女，当时便受到百般苛责和凌辱，李忱早就对她怀恨在心，况且他还怀疑父亲的死与郭贵妃难脱干系，于是对她愈加疏远。惶恐不安的郭贵妃想要跳楼自杀，却被宫女们合力拦了下来。宣宗皇帝李忱得知此事后震怒不已，当夜郭贵妃便暴亡，她死亡的真相也成了一个永远的谜。

第三种归宿是流落民间。一旦战乱来袭，那些来不及跟随皇帝一同逃走的女官们，要么惨遭杀戮，要么下落不明。

安史之乱爆发后，德宗皇帝李适的生母沈氏未能跟上夫君李豫逃亡的步伐，最终被叛军俘获后押解到了东都洛阳，虽说侥幸活了过来，却也受尽了凌辱，直到夫君李豫率领大军收复了洛阳，他们夫妻才得以团聚。

立下大功的李豫被父亲肃宗皇帝李亨册立为皇太子，但迫于各方压力，李豫却并未将沈氏迎回长安，沈氏也一直没能得到什么名分。后来叛将史思明再度攻陷洛阳，沈氏自此彻底消失在历史深处。

懿宗皇帝李漼最宠爱的女人是郭淑妃，此人出身并不高，不过早在李漼还是郓王的时候便服侍在他的身旁。由于宣宗皇帝李忱并未册立皇后，自然也就没有嫡子，当时身为庶长子的李漼便成了太子的热门人选。但宣宗皇帝的内心深处却偏爱夔王李滋，于是诏令郓王李漼出宫前往十六王宅居住，而其他的皇子却仍旧可以住在大明宫内院。李漼为自己未卜的前途而感到惶恐不安，好在郭氏一直从旁开导宽慰，但李漼还是忧郁成疾，一病不起，郭氏对其悉心照料，不离不弃。

李漼后来如愿登基称帝，先将郭氏册封为美人，后升其为淑妃。郭淑妃虽然得宠，却只生下了一个女儿同昌公主。同昌公主下嫁韦保衡时，懿宗皇帝穷尽宫中宝物作为她的陪嫁。驸马韦保衡在婚后短短一年多的时间里便由从八品上阶的右拾遗火速提拔为宰相。当时郭淑妃以探望女儿为名时常光顾驸马韦保衡的宅邸，因此有流言蜚语说郭淑妃与女婿韦保衡私通淫乱，但懿宗皇帝却并未深究此事。

懿宗皇帝去世后，与郭淑妃并无血缘关系的李儇即皇帝位，又有人翻出那些不堪入目的陈年旧事，韦保衡最终被赐死，而郭淑妃遭受僖宗皇帝李儇的冷遇。黄巢义军兵锋直指长安，僖宗皇帝仓皇逃窜，来不及逃走的郭淑妃也就此下落不明。

第四种归宿是出家。皇宫内设有寺庙和道观，俗称"内道场"。皇帝驾崩后，皇宫会迎来新的主人，那些内官，也就是老皇帝的老婆们，若是地位比较高，比如皇后、皇妃等依旧可以以太后、太妃的名义居住在皇宫之中，只是可能需要换个宫殿居住，但若是地位比较低的内官便无法获得这样的优待了。若是生有儿子，她们可以选择出宫跟儿子一起居住，若是没有儿子一般便会选择在内道场出家。一些品级比较高的宫官若是不再受重用也会选择出家。

武则天本是太宗皇帝李世民的才人，也没有给李世民生下子嗣，因此李世民死后她便到感业寺出家。她的后半生原本要与青灯古佛为伴，可她却并不认命。早在李世民垂暮时，她便积极为自己寻找下家，太子李治成为她的围猎目标。

在太宗皇帝李世民去世一周年之际，李治前往感业寺进香，名义上是为了祭奠父亲的在天之灵，实际上却是趁机与父亲的女人武则天幽会。当时萧淑妃很是得宠，为高宗皇帝产下一子两女，儿子李素节大有被册立为太子之势。王皇后却因无子而渐渐失宠，为了对抗咄咄逼人的萧淑妃，于是鼓动李治将武则天从感业寺接回宫中，可让她始料未及的是武则天才是她此生最危险的敌人。

第五种归宿是守陵园。守陵一般会交由宦官和宫女们去办，当然还有宗正寺的官员，不过那些官员工作期满要么升迁，要么到别处去任职，只有那些宦官、宫女将会与皇帝陵墓相伴一生。

白居易在《陵园妾》中写道："山宫一闭无开日，未死此身不令出……四季徒支妆粉钱，三朝不识君王面。"那些命途多舛、薄命如叶的宫女们原本也拥有着青春美丽的脸庞，但陵园大门却锁住了她们的青春，她们只得在无尽的愁思中虚度年华，任凭容颜老去。

守陵的日子虽然枯寂，却也并非终日无所事事，需要"事死如事生"，也就是皇帝活着的时候你怎么侍奉，死后还得怎么侍奉。陵园里并非只有皇帝的陵墓，还有享殿等地上建筑。在享殿寝宫之中，一大早你便需要一本正经地摆放好梳洗用具，晚上你还要一丝不苟地摆好枕头，铺好被褥，就如同皇帝还活着一样。

地位比较高的内官去守陵园的情形很少见，德宗韦贤妃就是一个特例。她美丽而又温婉，与德宗皇帝李适的感情也很好。贞元二十一年（公元805年），64岁的德宗皇帝去世后，她悲痛万分，主动上表请求去守护陵园，四年后郁郁而终。

不过历史真相恐怕并没有史书记载得那么简单。韦贤妃主动去守陵园或许另有隐情，她或许卷入了那场太子之争。

德宗皇帝李适一直对舒王李谊寄予厚望，以至于很多人都不知道李谊并不是他的亲生儿子，只是他的侄子，恰在此时太子李诵被卷入一场政治旋涡之中，即将废太子的消息一时间被传得沸沸扬扬。

太子妃萧氏的母亲郜国大长公主是肃宗皇帝李亨的女儿，按照辈分是德宗皇帝李适的姑姑。郜国大长公主仗着辈分高、资格老，飞扬跋扈，为所欲为。她起初换老公，先嫁给裴徽，后嫁给萧升，后来干脆换情人。有人实在看不下去了，出面揭发郜国大长公主的种种罪行。

其实德宗皇帝并不太在意姑姑私生活的糜烂，却对另外一件事很是震怒。郜国大长公主居然暗中聘请巫师诅咒德宗皇帝快点死，好让自己的女婿李诵早日登基。怒不可遏的德宗皇帝处死了郜国大长公主，还想顺势废掉太子李诵，不过在宰相李泌等人的竭力劝阻之下，德宗皇帝才渐渐消了气，但李诵的太子之位却一直都不太稳固。

德宗皇帝李适去世后，一些宦官想要趁机拥立舒王李谊上位，虽然史书中并未明确记载韦贤妃是否参与其中，但李诵的母亲已去世多年，韦贤妃成为后宫实际的主人，而当时宦官的势力还远没有后来那么强大，如若没有她的暗中支持，俱文珍等小宦官们恐怕还没有那么大的胆子敢于企图阻止太子继位。

韦贤妃并没有儿子，只有将原本不太可能继位的舒王李谊推上皇位，才能长久地保住自己的荣华富贵。但最终登上皇位的却是太子李诵，韦贤妃自知处境艰险，只有躲进如同坟墓般的陵园之中或许才能侥幸逃过一劫，如果没有这些隐情，像韦贤妃这般高品级的内官又怎会心甘情愿地去守陵呢？

第六种归宿是殉葬。殉葬是一种古老而又残酷的制度，虽然在唐朝杀害身份卑微的宫女为主子陪葬的事时有发生，但内官陪葬的情形却极为少见，武宗王才人便是一个特例。

13岁的王才人因能歌善舞而被召入宫中，穆宗皇帝李恒将她赐给了自己的儿子，当时还是颍王的李炎。她也成为李炎此生最爱的女人，李炎登基称帝后将她封为才人，还曾一度想要将她册立为皇后，不过却遭到宰相李德裕的反对。王才人并没能为武宗生儿子，而且出身也并不高，若是执意将她册立为皇后，恐怕将会遭到天下人的非议，武宗皇帝犹豫良久只得作罢。

武宗皇帝病重期间，言语中透露出对王才人的不舍，王才人见状只得说日后定会追随武宗皇帝而去。王才人取出这些年积攒下来的财物悉数分给身边的官女和宦官，等到武宗皇帝驾崩那晚，她也自尽了。宣宗皇帝为了嘉奖她的气节，追封她为贤妃。

第七种归宿是离开宫廷。内官本质上就是皇帝的老婆，决不允许随便出宫，即便是皇帝死后，通常只有生有子女的内官才会获准出宫随子女居住。而高级别宦官知道的宫闱秘闻太多，一般也不允许离开宫廷，不过低级别宦官和普通官女还是有机会离开皇宫的。

新皇帝登基后往往会大赦天下，为了昭示自己的清心寡欲和宽厚仁慈，有时会将年龄偏大的官女放出宫去。高祖皇帝李渊、文宗皇帝李昂均曾大规模遣送官女出宫，一次便遣送了 3000 余人。

皇帝有时还会将宫人们赏赐给有功将领或心腹大臣，高祖皇帝李渊曾在武德三年（公元 620 年）六月将五百宫女赐给东征有功的将士。殿中省尚衣奉御姜皎与李隆基是多年的挚友。李隆基登基称帝后仍旧时常与他击球斗鸡，还曾将官女赏赐给他。皇帝甚至有时还会像赠送礼物一样将官人送给少数民族首领和贵族。

有的官女因不堪忍受宫中枯寂的生活而选择逃亡，不过宫廷守卫森严，若是想要逃出去难于登天。不过在中宗皇帝李显在位时期却发生了一起官女集体逃亡事件。

那天是上元节，也就是农历正月十五，这天不用像往常那样实行宵禁，长安城中的百姓们可以毫无顾忌地前去观赏花灯。中宗皇帝一时心血来潮，允许居于深宫之中的官女们也出宫去看花灯，结果导致 3000 多宫女趁乱逃走。朝廷将她们此次逃亡定性为"淫奔"，其实人家是奔向幸福的生活！

服务于内廷的"男官"

唐朝还有一类特殊的官员，那就是宦官。

宫内的很多活儿并不适合女人们干，但除了皇帝以外，其他男人又不被允许随意进入后宫。为了解决这个现实难题，宦官便应运而生了。唐朝担任宦官的究竟都有哪些人呢？

第一类是因生活困苦而被迫进宫讨生活的人。自己实在活不下去，主动净身进宫去当宦官，或者是家中的孩子实在太多了，根本养活不了，父母迫于无奈将孩子送进宫中。这一直是宦官最主要的来源。

第二类是战俘。安禄山最宠信的宦官李猪儿本是契丹人，在茫茫大草原上过着自由的生活，但突然闯入的唐军彻底改变了他的人生。李猪儿被安禄山麾下将士俘虏了。安禄山见他透着一股子聪明伶俐劲儿，于是便想将他留在自己身边，却又有些不放心，于是便挥刀砍向李猪儿的要害部位，李猪儿因此差点送了命。幸亏安禄山懂得一些民间偏方，急忙将烟灰涂在他的伤口处。生命力顽强的李猪儿奇迹般地活了过来，但他却不再是一个男人了，不再拥有独立的生活，彻底沦为安禄山的附属品。

李猪儿此后与安禄山形影不离，因为他掌握一项绝技——穿衣服！这个普通而又简单的动作对于极度肥胖的安禄山而言却是一项高难度工作，每次都需要在三四个人的协助下才能完成，李猪儿在这个过程中是不可或缺的。两人抬起安禄山硕大的肚子，李猪儿紧紧地抵住他的肚子，然后给他套上裤子，系上腰带。即使是安禄山跟随李隆基前往华清宫洗浴，李猪儿也会一直跟随在安禄山的身边。安禄山叛乱称帝后变得脾气暴躁，杀人如麻，李猪儿为了自保便与安禄山之子安庆绪等人合谋将安禄山杀害。

第三类是罪臣子弟。官员因获罪被朝廷抄家，家中女子往往会被送到掖庭之中，家中男子可能会被阉割后送到宫中当宦官，代表人物就是玄宗朝大宦官高力士。他可谓是出身名门，祖先冯弘曾是十六国时期北燕帝国皇帝，不过高力士的家族虽然在此后200多年的时间里经历了诸多变故，却依旧是人人羡慕的名门望族。他的曾祖父冯盎在唐朝立朝之初被封耿国公，担任高州都督、广韶十八州总管。他的祖父与父亲世袭潘州刺史，不过他的父亲却被酷吏罗织罪名送进了监狱，年幼的高力士也被阉割送进宫中当起了宦官。原本衣来伸手、饭来张口等着别人伺候的少爷沦落为伺候别人的奴才。

中书、门下两省长官在安史之乱后被提升到与尚书令一样的品级，也就是正二品，但三省正长官却几乎都空置着，尚书省先由副长官尚书左、右仆射（从二品）主持工作，后来改由尚书左丞（正四品上阶）、右丞（正四品下阶）实际负责；中书省由副长官中书侍郎（正三品）主持工作；门下省由副长官门下侍郎（正三品）主持工作，与尚书省下辖六部尚书（正三品）的品级相当，不过政治排位却更为靠前。

在九寺中，太常寺主管祭祀，属于九寺之中最为重要的部门，因此该寺的正长官太常卿为正三品，其他八个寺的长官以及秘书省、国子监、少府监、将作监的正长官均为从三品，御史台的长官御史大夫原本为从三品，直到武宗朝才升为正三品，因此中央各部门长官一般都是三品官。

不过却有三个部门例外，军器监的长官军器监为正四品上阶，都水监的长官都水使者为正五品上阶，这两个部门一个掌管兵器制造，一个负责水利工程，均属于不太重要的专业技术部门，因此机构规格会低一些。

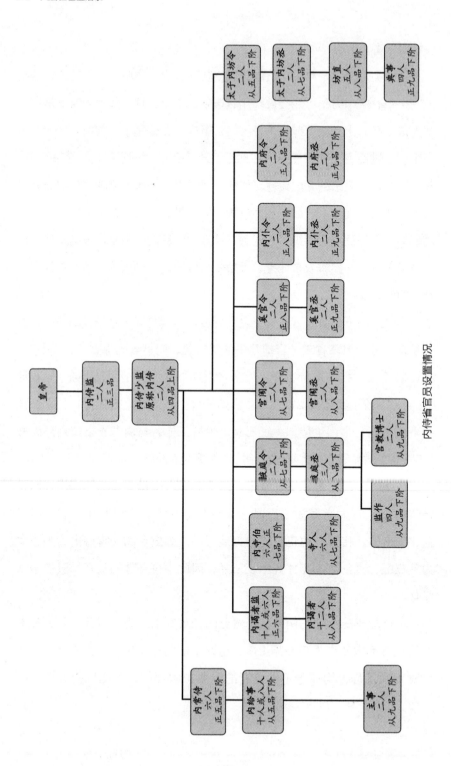

内侍省官员设置情况

　　内侍省的行政级别也很低，长官内侍仅为从四品上阶，省内并无三品官。那些宦官们本就是为皇帝打杂的下人，自然也就不应拥有太高的品级。不过玄宗皇帝李隆基却格外宠爱宦官，见内侍省并无三品官，就会授予宦官正三品的左、右监门卫大将军，抑或从三品的左、右监门卫将军。

　　天宝十三载（公元 754 年），玄宗皇帝干脆在内侍省设立两员正三品①的内侍监，由大宦官高力士、袁思艺担任，原来的内侍改为内侍少监，品级仍是从四品上阶，但编制从原来的四员减至两员。

　　除了内侍监和少监外，内常侍、内给事便是地位最高的宦官了，但他们却并没有实际职掌，只是协助内侍监处理内侍省的内部事务。内谒者监主要负责宫廷礼仪，比如宣读皇帝诏书，将有关人员引导到相应位置。内谒者是内谒者监的属官。内寺伯相当于内侍省的纪委书记，专门负责纠察宦官违法乱纪的事。寺人是皇后的专用仪仗人员，拿着御刀跟在皇后身后，震慑一下宫内的嫔妃们。

　　内侍省共设有五个局，掖庭局掌管所有宫女的人事档案，还管理着那些被罚入宫的犯人女眷，督促她们好好进行劳动改造。宫闱局负责宫内安全保卫工作，不让无关人等混入宫内，也不让宫内的人随便跑出宫去。奚官局负责医疗保障和殡葬服务，有人病了便为其诊治开药，有人死了便按照品级发放丧葬用品，按照品级派遣工匠和卫士修造陵墓。比如三品以上的配备 100 人，四品的配备 80 人，五品的配备 60 人，六品、七品的配备 10 人，八品、九品的配备 7 人，没有品级的配备 3 人，用五钉的松木棺材盛放尸身，用牛车拉着去下葬。内仆局掌管着宫中车马，若是皇后出宫，内仆令要在左边，内仆丞要在右边，充作皇后的前导。内府局掌管金银珠宝的入库和出库，还负责灯烛、洗浴用品等物品的供应。

　　唐朝立朝之初，宦官仅有 1000 余人，内侍省正员官只有 65 人，可

---

① 《新唐书·卷四十七·百官志二》记载内侍监为从三品，《旧唐书》记载为正三品。

见宦官们若想混上一官半职同样也不容易。宦官数量此后一直呈增长态势，到了中宗皇帝李显在位时达到 3000 余人，由于正员官名额有限，中宗皇帝大肆扩充员外官，获得七品以上员外官的宦官竟多达 1000 余人，也就是三分之一的宦官能够享受七品以上官员待遇，不过能够升迁到五品以上的宦官仍旧是凤毛麟角。玄宗皇帝李隆基在位时，有品级的宦官竟多达 3000 余人，其中五品以上官员就有 1000 余人，那些得到皇帝宠信的宦官还会被授予三品将军。

太子身边也有宦官，原本设有太子内坊对隶属东宫的宦官们进行管理。开元二十七年（公元 739 年），玄宗皇帝李隆基将太子内坊改设为局，转隶内侍省，因此太子内坊局的长官品级比其他五个局的长官都要高一些，属于五品官。

玄宗朝最有名的宦官是高力士。早在李隆基还是临淄王的时候，高力士便悉心侍奉在他的身旁，而李隆基也将他视为自己的伙伴与知己。随着高力士越来越受宠，太子每每见到他总会毕恭毕敬地叫一声"二兄"，藩王和公主见到他会称呼他为"阿翁"，驸马见到他更是称呼他为"爷"。

当时还有一个比较受宠的宦官，名叫杨思勖，不过他大部分时间却没有伺候在皇帝身旁，而是常年领兵在外作战，立下了赫赫战功，哪里有叛乱，哪里便有杨思勖！杨思勖的冷酷与残忍也到了令人发指的地步，每当有俘虏被俘获后，他便将那些人的脸皮剥下来，敲击他们的颅骨直至脑浆迸裂，然后将带着毛发的脸皮饶有兴趣地展示给手下的将士们看，将士们无不吓得魂飞魄散。杨思勖虽然如此凶残血腥，却依然活了 80多岁。

那些宦官们虽然很得宠，但对玄宗皇帝李隆基却大多忠心耿耿。代宗宝应元年（公元 762 年）三月，被流放至巫州（今湖南洪江）的高力士遇到大赦北归，听流放之人谈及京城之事，意外得知李隆基已然驾崩。高力士面向长安方向号啕痛哭，吐血而亡。代宗皇帝李豫感念他的忠贞，准许他陪葬于李隆基的泰陵之中。

无论是高力士，还是杨思勖，他们之所以能够在宦官群体之中脱颖而出，主要是通过自己的努力赢得了皇帝的赏识。不过到了唐朝后期，随着宦官世家的不断涌现，想单单依靠个人奋斗来实现出人头地的梦想变得越来越艰难。

敢于欺凌皇帝的宦官们

从李辅国开始，宦官们逐渐失控了。李辅国长期侍奉在太子李亨身边，成为了太子的亲信。长安沦陷前夕，太子李亨跟随父亲玄宗皇帝李隆基仓皇西逃，但途中却发生了马嵬之变，宰相杨国忠等人被杀，杨贵妃被逼自尽。李辅国趁机劝说太子李亨脱离大部队，北上灵武，登基称帝。

此时李亨身边能够信任的人少得可怜，跟随李亨多年的宦官李辅国得以脱颖而出，李辅国先是出任元帅府行军司马，后又出任兵部尚书，执掌禁军兵权。

大权在握的李辅国也变得越来越飞扬跋扈。肃宗皇帝李亨病重期间，张皇后曾不遗余力地想要拥立越王李系上位，李辅国却带兵入宫大肆搜捕张皇后，此时奄奄一息的肃宗皇帝竟因受到惊吓而死。

在李辅国的拥立之下，太子李豫才得以顺利登基称帝。代宗皇帝李豫任命李辅国为司空、中书令，李辅国也成为我国历史上继赵高之后第二个出任宰相的宦官，还被尊称为"尚父"。

攀上权力巅峰的李辅国感觉有些飘飘然，并没有想到在这繁花似锦的局面之下其实杀机四伏，貌似懦弱的代宗皇帝之所以并不急于出手，其实是在等待一招毙敌的机会。

李辅国曾经的小弟程元振是一个不甘于平庸和寂寞的宦官，代宗皇帝决意用程元振来制衡李辅国，以宦官来制衡宦官。

宝应元年（公元 762 年）六月，李豫免去李辅国兼任的元帅府行军司马、兵部尚书以及相关的使职。一直蠢蠢欲动的程元振接任元帅府行军司马。代宗皇帝还诏令李辅国迁出皇宫，到宫外的私人宅邸去居住。

惶恐不安的李辅国此时才意识到危机果真要来临了，急忙上表请求辞官。代宗皇帝自然是好言宽慰一番，不过却顺势罢免了李辅国担任的中书令之职，他的宰相生涯仅仅持续了一个月的时间便无奈落幕了。

十月十七日夜，在夜色掩映之下，一个神秘刺客暗中潜入李辅国的宅第。曾经叱咤风云的李辅国就在这个漆黑的夜里无声无息地踏上了黄泉路。刺客砍下李辅国的头颅扔到厕所的粪坑之中，这位飞扬跋扈的大宦官果真要遗臭万年了。刺客还特意将他的一只胳膊放到泰陵，以此告慰玄宗皇帝李隆基的在天之灵。

成功上位的程元振此前还对代宗皇帝李豫有救命之恩。肃宗皇帝李亨病逝前夕，当时还是太子的李豫接到父亲的征召后急匆匆入宫，但程元振却率兵在陵霄门前拦住了他，告诉他张皇后想要谋害他，然后再趁机另立越王李系。程元振派人护送李豫前往飞龙厩。在那个血腥而又动荡的夜晚，李豫被全副武装的飞龙兵严密保护起来。李豫登基后自然对程元振心怀感激之情，程元振虽然比前辈李辅国低调许多，但程元振却与李辅国一样专权误国。

吐蕃大举入侵大唐，但程元振却蓄意瞒报前方战况，直到再也瞒不住了才吐露实情，却为时晚矣。代宗皇帝仓皇东逃，逃到华州（今陕西华县）的时候没有吃的，没有喝的，没有住的，以至于很多禁军士卒都被冻伤了。

正当他们饱受煎熬之际，大宦官鱼朝恩突然出现了，还带来了一支强悍的部队——神策军。吐蕃人被击退后，鱼朝恩率领神策军护佑着皇帝回到了长安，而神策军也就此摇身一变成为禁军。

经过这次浩劫，程元振无疑成为众矢之的，迫于巨大的舆论压力，代宗皇帝只得削去了他的官爵，勒令他返回家乡京兆府三原县闭门思过，但不安分的程元振竟穿着妇女的衣服私自潜入长安城，还偷偷跑进司农卿陈景诠的家中。此事败露后，代宗皇帝再也无法袒护他了，于是将他流放溱州（今重庆市万盛区）并在半路上将他赐死。

鱼朝恩绝非居于深宫之中的普通宦官，在平定安史之乱的很多重大战役中都可以见到他的身影，而他长期统领的神策军如今又成为拱卫长安的主要军事力量，鱼朝恩变得越来越骄纵。

鱼朝恩有个宝贝儿子叫鱼令徽，鱼朝恩对他极为溺爱，捧在手里怕摔了，含在嘴里怕化了，顶在头上怕晒了。某天，鱼令徽哭着来找他爹，原来是因他品级不高而被宦官同事们看不起。次日，鱼朝恩便带着宝贝儿子去找代宗皇帝，恳请赐给他紫衣。代宗皇帝沉默了，因为只有三品以上高官才有资格穿紫色官衣。一个乳臭未干的小毛孩居然也想穿紫衣，传出去岂不是会令天下人所耻笑？

此时令人震惊的一幕出现了！皇帝还没准许，有人便冒着杀头的风险将紫衣拿了出来。还没等代宗皇帝发话，有恃无恐的鱼令徽就毫不客气地将紫衣穿在身上，然后象征性地向代宗皇帝叩拜致谢。代宗皇帝只得勉强地挤出些许微笑，说："这孩子穿上紫衣还挺合适的！"

敢怒不敢言的代宗皇帝只能默默地注视着鱼朝恩带着宝贝儿子得意扬扬地走了，带走了象征着高贵的紫衣，也带走了一个皇帝的尊严。代宗皇帝只得暗暗诅咒，一个不把皇帝放在眼里的宦官绝没有好下场！

大历五年（公元 770 年）三月初十，那一天恰好是寒食节。鱼朝恩照例进宫参加宴饮，代宗皇帝趁机将他诛杀，但鱼朝恩的两个亲信刘希暹、王驾鹤仍旧控制着神策军。于是代宗皇帝竭尽所能地笼络二人，还特意下诏安慰神策军将士。

王驾鹤迅速倒向代宗皇帝的怀抱，并在此后很长一段时间内执掌着禁军军权。代宗皇帝也彻底摒弃了宦官执掌禁军的习惯，又回归到武将统领禁军的老路上来。

谁知王驾鹤变得日益狂妄。代宗皇帝去世后，新登基的德宗皇帝李适想要撤换他，又怕激起变乱，于是便让老辣的宰相崔祐甫亲自出面解决这个棘手的问题。

那天，崔祐甫特地召王驾鹤来宰相官署谈话。两人的谈话持续了很长时间，就在两人相谈甚欢之际，德宗皇帝新任命的神策军使白志贞马不停蹄地前往军营接管了神策军。失落的王驾鹤被安排了一个新职务——东都园苑使，到东都洛阳去管理园林官苑去了。

德宗皇帝觉得武将不可靠，于是特意选择文官白志贞来掌管禁军。白志贞虽然对他俯首帖耳，但最终辜负了德宗皇帝的殷切期望。

当时年轻气盛的德宗皇帝急于改变藩镇割据的局面，却使得大唐一时间烽烟四起，很多支神策军部队都不得不被派往前线，导致长安城防守空虚，因为剩余的神策军士卒大多只停留在账面上，并没有多少能打仗的人。五千名前去增援的泾原兵路过长安时因不满朝廷赏赐太少而发动叛乱，区区五千人居然占领了偌大的长安城。

德宗皇帝先是逃到奉天（今陕西乾县），后又逃到梁州（今陕西汉中）。在德宗皇帝流离失所、惶恐不安的时候，守护在他身边的人只有那些跟随他多年的宦官，因此他一回长安便对那些护驾有功的宦官大肆封赏，曾在代宗朝受到打压的宦官势力再度崛起。

兴元元年（公元784年）十月三十日，德宗皇帝命宦官窦文场监神策军左厢兵马使，命宦官王希迁监神策军右厢兵马使。这也成为宦官再度染指禁军兵权的开始。十年后，德宗皇帝又创制了两个新职务——左、右神策军护军中尉，分别由宦官窦文场和霍仙鸣担任。

宦官执掌禁军渐渐成为惯例，这也成为大唐皇帝日后会频频受到宦官欺凌的根本原因。其实这样的局面原本是有机会改变的。

贞元二十一年（公元805年）正月二十三日，德宗皇帝李适驾崩，太子李诵有惊无险地登上皇位。不过已然当了25年太子的李诵此时却因中风而不能说话，但他依旧迫不及待地想要施展自己的政治抱负，开展了声势浩大的"永贞革新"运动。

面对盘根错节而又无孔不入的宦官群体，顺宗皇帝削其财源，夺其军权，去其党羽。首先取消宫市，以防那些别有用心的宦官们打着为宫中采买的借口大肆巧取豪夺。其次裁减宫中闲杂人员，削减宦官数量，任用老将范希朝为京西神策诸军节度使，以韩泰为神策行营行军司马，试图将禁军军权从宦官手中夺回来。不过宦官们很快便开始了疯狂的反扑。

顺宗皇帝李诵仅仅当了 8 个月的皇帝便被迫沦为了太上皇，太子李纯被宦官们拥立为新皇帝。新即位的宪宗皇帝李纯对拥立自己的宦官们自然是投桃报李。元和十五年（公元 820 年），宦官数量激增到 4618 人，其中向财政部门领取俸禄的便多达 1696 人，占比高达 37%[①]，渐成尾大不掉之势。

翰林学士院中原本设有两名学士院使，通常由宦官担任，他们将皇帝旨意传达给翰林学士，同时将翰林学士的建议回禀给皇帝。起初这一使职就是跑腿的，后来却演变为枢密使，与左、右神策军中尉并称宦官"四贵"。

宦官居于后宫之中，对皇帝的衣食住行，甚至是一举一动都了如指掌。两名神策军中尉掌握着禁军军权，两名枢密使又可以奉皇帝之令命翰林学士草拟诏书，他们还可以在延英殿大摇大摆地与皇帝和宰相们一同商议国家大政方针，参与政务决策。"四贵"甚至可以向皇帝推荐宰相人选，而宰相却无法左右"四贵"的任免，此时的宰相已经彻底丧失了与宦官势力相抗衡的能力，甚至在唐朝后期若是得不到宦官支持都很难登上宰相之位。

皇帝驾崩前，神策军中尉通常会派兵严密封锁消息，枢密使再假传皇帝诏命，将他们商议后所确定的人选推上皇位。翰林学士自然不敢多问，更无法核对究竟是否是老皇帝的真实意思，只能按照枢密使所说撰写诏

---

① （五代）刘昫等撰《旧唐书·卷十六·穆宗本纪》记载："内侍省见管高品官白身，都四千六百一十八人，除官员一千六百九十六人外，其余单贫，无屋室居止，宜每人加衣粮半分。"

书。神策军中尉随后便派兵迎接新皇帝入宫。

　　一向崇信宦官的宪宗皇帝李纯最终却自食恶果。太子李恒的母亲郭贵妃出身名门，祖父汾阳郡王郭子仪曾任天下兵马副元帅，成为平定安史之乱的中兴名臣。郭家在朝中担任高官的数不胜数，郭贵妃虽不是皇后，却是后宫之主，在宦官之中培植了不少亲信。宦官王守澄、陈弘志联手谋害了宪宗皇帝，随之展开了一场激烈的皇位争夺战。

　　左神策军中尉吐突承璀想要册立沣王李恽为帝，但右神策中尉梁守谦却早就与王守澄、陈弘志等宦官勾结在一起，双方发生了激烈冲突。虽然左神策军实力不逊于右神策军，但梁守谦却得到郭贵妃以及她身后郭氏家族的支持，况且李恒又是太子，吐突承璀最终以失败告终，与沣王李恽一同被杀。

　　穆宗皇帝李恒自然对王守澄投桃报李，任用他为枢密使。不过穆宗皇帝因过度沉迷酒色30岁时便去世了，王守澄又拥立太子李湛即位。

　　宝历二年（公元826年）十二月初八，打猎归来的敬宗皇帝李湛趁着茫茫夜色返回皇宫，但依旧玩兴未泯，于是召集宦官刘克明等28人一起饮酒作乐。敬宗皇帝虽与他们形影不离，但稍有不满便会对他们大打出手，那些宦官们一直敢怒不敢言。

　　正当众人酒兴正浓之际，大殿内的烛火却忽然熄灭了。在阵阵惨叫声中，年仅18岁的敬宗皇帝被宦官们残忍杀害了。枢密使王守澄秘密联络左、右神策军中尉出动神策军讨伐胆敢谋害敬宗皇帝的刘克明等人，并迎接江王李昂登基称帝。

　　之前宦官们所拥立的代宗皇帝李豫、宪宗皇帝李纯、穆宗皇帝李恒、敬宗皇帝李湛原本就是太子，他们在宦官们的护佑之下更为顺利地登上帝位。敬宗皇帝死的时候虽说尚且年幼，却已经有6个儿子了，尽管都在襁褓之中，但按照礼制应由他们来继承皇位，不过宦官们却拥立敬宗皇帝的弟弟李昂为新皇帝。从此之后宦官们想拥立谁便拥立谁，即便老皇帝早就立有太子也没用，只有拥立那些原本并没有资格当皇帝的人，新皇帝才会对他们感恩戴德。

其实文宗皇帝李昂已然意识到了宦官专权的严峻性，决意依靠李训、郑注来铲除那些飞扬跋扈的宦官，于是任用李训为宰相，郑注为凤翔节度使。两人依靠宦官内部的矛盾诛杀了当年谋害宪宗皇帝的凶手王守澄、陈弘志等宦官。

朝廷将为死去的大宦官王守澄举行隆重的葬礼，到时神策军中尉以下所有有头有脸的宦官都会去为王守澄送葬。身为凤翔节度使的郑注已然在暗中挑选了几百名壮士，每人携带一根白色棍棒，怀揣一把利斧，瞅准时机便会下令关闭墓门，将嚣张跋扈的宦官们统统诛除。

宰相李训虽然表面上同意了郑注的计策，却担心如此一来功劳恐怕就全都归郑注了，于是抢先动手了，结果计策被左、右神策军中尉仇士良、鱼弘志识破，仇士良、鱼弘志迅速集结神策军将士大肆搜捕李训、郑注及其同党。李训、王涯、贾𫟷、舒元舆四位宰相全都被杀，仇士良却还不解气，纵兵冲入中书省大肆屠杀朝臣，以至于长安城陷入巨大的恐慌和混乱之中。文宗皇帝李昂也彻底沦为宦官手中任人摆布的政治傀儡。

某日深夜，翰林学士崔慎由被急急忙忙召入秘殿之中，却并未发现皇帝的身影，感到颇为诧异。

端坐在堂上的仇士良打量他良久，高声道："如今皇上龙体欠佳，自从即位以来，朝政荒废，皇太后想要另立新帝，今夜请学士前来草拟诏书。"

崔慎由闻听此言顿时大惊失色，高声道："圣上高明之德，天下人所共知，怎能轻易罢黜呢？我族中亲戚上千人，仅仅是叔伯兄弟便有三百余人，岂敢做出此等诛灭九族之事？我虽死而不敢从命！"

仇士良见他断然决绝，也开始动摇了。虽然在唐朝后期新皇帝由宦官拥立已经成为政治惯例，宦官谋害皇帝之事也时有发生，宪宗皇帝李纯、敬宗皇帝李湛也都死于宦官之手，但宦官光明正大地罢黜皇帝此前还没有先例。

唐朝只有三位皇帝被罢黜过。中宗皇帝李显、睿宗皇帝李旦都是被他们的母亲武则天罢黜，母亲罢免儿子在礼法上是完全说得通，况且武则天又是自古少见的政治女强人。另一位皇帝便是少帝李重茂，韦皇后毒杀中宗皇帝李显后，册立中宗皇帝第四子李重茂为皇帝，其实他的皇位原本就来得不太正。不久，李隆基发动政变，诛杀了韦皇后及其同党，即位不足一个月的少帝李重茂识趣地将皇位让给了自己的亲叔叔，也就是李隆基的父亲睿宗皇帝李旦。

仇士良踌躇良久将崔慎由引到小殿之中，文宗皇帝此时正惴惴不安地坐在殿中。趾高气扬的仇士良指着文宗皇帝的鼻子指责他登基以来的种种过失，垂头丧气的文宗皇帝只是默默地低头听着，连一句反驳的话都不敢说，仿佛是一位做错事的孩子，任凭仇士良高声责骂着。仇士良骂够了，高声道："如若不是翰林学士的缘故，恐怕你便不会再坐在此处了！"

仇士良送崔慎由离开，告诫他千万不要将此事泄露出去。崔慎由也深知此事事关重大，一旦泄露出去或许将会给自己惹来杀身大祸，一直都不敢对旁人谈及此事，只是将此事记录下来，藏在箱底深处。他后来成为宣宗朝宰相，临终前才将当年所写的东西交给自己的儿子崔胤。崔胤得知这件秘事之后，心中埋下了对宦官仇恨的种子，后来他借助藩镇之力将宦官势力彻底清除。

文宗皇帝一生很窝囊，也很憋屈，只活到了 31 岁。他曾册立陈王李成美为太子，但他最宠爱的杨贤妃为了能够保有当下的荣华富贵，曾劝文宗皇帝册立他的八弟安王李溶为太子，还暗中争取到了宰相杨嗣复的支持。

文宗皇帝也被她说动了，于是询问宰相李珏是否可行，李珏却坚决反对，李成美虽然并非文宗皇帝的亲儿子，却也是他的侄子，晚辈继承长辈的皇位符合礼制，但兄终弟及却有违儒家纲常，文宗皇帝听后只得作罢。

　　文宗皇帝死后，知枢密事刘弘逸、薛季棱与宰相杨嗣复、李珏商议后决意拥立年幼的太子李成美即位。这本是顺理成章之事，但左、右神策军中尉仇士良、鱼弘志却假称文宗皇帝诏令，说李成美年幼多病，硬生生废了人家的太子之位，将文宗皇帝的五弟颖王李炎送上了皇位，也就是武宗皇帝。

　　在仇士良挑唆之下，武宗皇帝一即位便杀死了陈王李成美、安王李溶和杨贤妃，还以阴谋作乱为名诛杀了知枢密事刘弘逸、薛季棱。仇士良自然也不会放过宰相杨嗣复、李珏，武宗皇帝下诏将两人赐死，好在宰相李德裕摒弃前嫌拼死保护两人，武宗皇帝才同意追回之前下达的将两人赐死的诏书。

　　冷血宦官仇士良一生杀了四位宰相、两位亲王、一位贤妃，还有两位枢密，死于他的屠刀之下的高官更是不计其数，可谓双手沾满了鲜血。武宗皇帝表面上对他颇为尊宠，但心中却越来越忌恨厌恶他。年事已高的仇士良眼见大势已去便以年老多病为由，请求辞去左神策军中尉之职。武宗皇帝顺势任命他为左卫上将军兼内侍监，主持内侍省事务。

　　会昌三年（公元843年）六月十六日，年老体衰的仇士良以左卫上将军、内侍监之职退休。那些党羽们怀着极为失落的心情将仇士良送回府上。仇士良出于感激毫无保留地将固权邀宠之术倾囊相赠，说："不可令天子有闲暇之时，要经常变换花样让他嬉戏玩乐。只有皇帝沉迷于玩乐无暇顾及朝政，我辈方能得志。切勿让皇帝爱上读书，亲近儒生，若是让他知晓了历代王朝兴亡更替之事，一旦产生忧惧之情，必然会疏远排斥吾辈！"不久，63岁的仇士良郁郁而终。随着他的离去，曾经不可一世的宦官们在武宗朝也收敛了许多，未再掀起什么风浪。

　　可惜武宗皇帝只活到了33岁，在他死后，左神策军中尉马元贽拥立了一个更不可能当皇帝的人，那就是武宗皇帝的叔叔，宪宗皇帝李纯第十三子光王李忱。

在整个过程之中，宰相们往往变得可有可无，而宦官们却变得为所欲为。武宗朝宰相李德裕可谓是中晚唐权势最为显赫的宰相，武宗皇帝李炎一直对他言听计从，朝廷大政方针几乎都出自他之手。但武宗皇帝驾崩后，他这个强势宰相对于新皇帝人选却毫无发言权，全都由宦官们一手包办。

韬光养晦的李忱在人前的形象是愚笨不堪、沉默寡言，因此马元贽认为他便于控制，却不承想李忱绝非等闲之辈，居然会是一位强势皇帝。猖獗的宦官势力在武宗朝、宣宗朝低调了许多，却也并未在制度上解决宦官专权的问题。好的制度可以让坏人变成好人，坏的制度也会让好人变成坏人。

在唐朝前期，无论皇帝多么孱弱，宦官们都不可能对朝政施加什么影响，制度的约束使得他们就是皇帝的奴才。但随着中尉制度和枢密制度的确立，宦官可以对朝政施加重大影响，在这种情形之下，只有强势皇帝才能震慑住那帮跋扈的宦官。

武宗、宣宗这两位强势皇帝去世后，决定皇位继承人的仍旧是那些手握权柄的宦官们。宣宗皇帝格外喜欢第四子夔王李滋，想要立其为皇太子，不过却碍于李漼年长，迟迟未能下定决心。

宣宗皇帝去世后，左、右枢密使王归长、马公儒和宣徽使王居方等宦官因拥立人选不同而与左神策军中尉王宗实发生激烈冲突。王宗实手中却握有军权，派兵将三人全部诛杀，矫诏拥立长子李漼登基。

懿宗皇帝李漼41岁时去世，左、右神策军中尉刘行深、韩文约拥立只有12岁的懿宗皇帝第五子李儇即位，其实他的上面还有四个哥哥，之所以要拥立李儇是觉得他还是个心智并不太成熟的孩子，便于进行控制。

虽然刘行深、韩文约因拥立之功而被封为国公，但僖宗皇帝李儇最为宠信的宦官却是田令孜，甚至称其为"阿父"。早在李儇为普王时，田令孜便与他同玩同住，成为他最为亲密的玩伴。僖宗皇帝即位后任用田令孜为枢密使，不久便提拔他为左神策军中尉，对他言听计从，然而正是因为宠信田令孜，大唐才被推入万劫不复的深渊。

田令孜的哥哥陈敬瑄本是个卖烧饼的小商贩，后来在弟弟管辖的神策军中效力，虽然没有什么战功，也没什么才能，却在数年间便升任大将军。

田令孜推荐左神策军将领陈敬瑄、杨师立、牛勖、罗元杲前去镇守三川。他一下子推荐了四人，但位子只有三个，这让僖宗皇帝一时间犯了难。顽劣成性的僖宗皇帝居然让四人通过赌球的方式来决定节度使的归属。经过一番激烈角逐，前三名陈敬瑄、杨师立、牛勖分别获任剑南西川节度使、剑南东川节度使和山南西道节度使。

陈敬瑄被任命为节度使的消息传到成都府时，无论是官吏，还是将士皆是惊讶不已，之前担任此职的官员无不是朝廷重臣，其中还不乏下野的宰相，抑或是即将拜相的名臣，如今接任节度使的陈敬瑄却是个无人认得的默默无闻之辈，这不禁让人大跌眼镜。

田令孜搅得僖宗朝乌烟瘴气，以至于黄巢起义如火如荼，长安沦陷，天下大乱，那些手握兵权的节度使纷纷脱离朝廷的管辖。经过一番血战，僖宗皇帝才得以重返长安，但田令孜又与河中节度使因争夺盐池的税收到了兵戎相见的地步，僖宗皇帝在田令孜的胁迫之下再度逃亡。穷途末路的田令孜深知自己不为天下人所容，主动要求出任剑南西川监军，前去投奔哥哥陈敬瑄。

田令孜被迫让位后，强势崛起的杨复恭出任神策十军观军容使、左神策军中尉，很快便成为另一个田令孜，上胁天子，下凌大臣，广收养子，广植党羽，最终也步了田令孜的后尘。

杨复恭的父亲杨玄翼为懿宗朝枢密使，而天下兵马都监杨复光的父亲杨玄价为懿宗朝左神策军中尉，杨玄翼和杨玄价的大哥杨玄略为银青光禄大夫（从三品），但职事官却并不大，仅为内侍省掖庭局令（从七品下阶），而且还是享受正员官待遇的员外官。此外他们还有一个兄弟杨玄寔（也称为杨玄实）为僖宗朝右神策军中尉。他们的父亲杨钦义是武宗朝枢密使、宣宗朝左神策军中尉。他们的祖父是德宗、顺宗两朝左神策军中尉杨志廉。杨志廉的父亲杨延祚也是个宦官，为内常侍（正五品下阶）、判飞龙事，赠右监门卫大将军（正三品）。内常侍在内侍省的地位仅次于内侍监和内侍少监，杨延祚还执掌禁军飞龙兵。杨复恭一家祖孙五代都是宦官而且全都身居高位，一门居然出了五位神策军中尉，可谓是荣耀一时。

　　唐朝后期，若想在庞大的宦官群体中出人头地，要么认爹，没有一个有权势的宦官老爸罩着，很难混出头；要么联姻，若是成了大宦官的女婿，自然也就会得到人家的关照。杨志廉所娶的老婆便是大宦官刘守志的女儿，杨志廉的哥哥杨惟良将女儿嫁给了担任神策军副使的大宦官刘润，让那些大宦官成为你的女婿，你今后日子定然差不了！

　　正是通过认爹和联姻，那些原本已经断子绝孙的宦官们之间居然形成了错综复杂的关系网，甚至还划分出彼此的势力范围，类似于枢密使、神策军中尉等显赫之位只有核心圈子里的人才有机会担任，而且还会事先对职位分配达成某种共识或者默契。正是因为宦官势力的急剧膨胀，才发生了历史上极为荒诞的一幕，原本是奴才的宦官居然可以欺负自己的主子皇上，甚至谁来继承皇位居然是他们说了算。

　　宦官原本并没有生育能力，他们的儿子多是认养的，杨复恭与杨复光虽然名义上是堂兄弟，但实际上两人并没有血缘关系。杨复光是福建人，本姓乔，从小便养在大宦官杨玄价家中。杨复恭原本也不姓杨，而是姓林，被过继到了大宦官杨玄冀的家中。

　　杨复恭得势后也有了养子。宦官们的儿子通常都是过继而来，有的过继的是家族之中的侄子或外甥，不过更多的是从小宦官之中挑选聪明伶俐的过继到自己门下。养子类似于今天的干儿子，并不用过继，还姓原来的姓，唐朝后期很多宦官的养子都是将领，凭借养父的扶持和提携很容易便能升迁到高位，甚至是成为节度使，比如李茂贞本是博野牙军的一个普通士卒，后来被田令孜收为养子，最终位至凤翔节度使，一路攻城略地，势力一度染指 15 道 40 余州，一跃成为西北地区最大的藩镇。但他也开始变得不安分，甚至对朝政指手画脚，成为朝廷最大的威胁之一。

文德元年（公元 888 年）二月初七，逃亡在外两年多的僖宗皇帝拖着病体踏上了回长安的路，此时的他虽只有 27 岁，但两次仓皇出逃却使得他身心俱疲，重返威武雄壮的都城后再也找不到九五之尊的感觉。虽然他置身于雍容华贵的皇宫，却再也没有力气享受荣华富贵，曾傲然屹立于世界东方的大唐如今却处于风雨飘摇之中。

在僖宗皇帝的弟弟之中，吉王李保最为年长而且为人和善，性情儒雅，颇受群臣爱戴。在讨论皇储人选时，绝大多数朝臣都主张拥立吉王李保，但手握神策军军权的杨复恭却执意拥立比李保年轻几岁的寿王李晔为帝。

杨复恭自认为拥立昭宗皇帝立下了大功，于是大肆干预朝政，居然别出心裁地想出了"堂状贴黄"的法子。他在宰相处理政务的堂状上贴上小黄纸条，在上面写上自己对宰相处理意见的批示，俨然将自己凌驾于宰相之上，宰相见到这张小黄纸条后即便有不同意见也不敢不执行，否则便离倒霉不远了。

神策军将领王建是已经失势的大宦官田令孜的养子，杨复恭自然容不下他，于是便将他排挤到壁州（今四川通江）担任刺史。王建到任后招兵买马，迅速壮大起来，不断侵占周边州县。王建与剑南东川节度使顾彦朗之前曾同在神策军中服役，两人关系还颇为要好。这使得剑南西川节度使陈敬瑄深感忧虑，但田令孜说王建是自己的养子，他能有今天全靠自己当初的提携，于是便写信召他来成都。

王建接到养父田令孜派人送来的信后很是兴奋，以为田令孜会劝说陈敬瑄分给自己几个州，让自己担任节度使，共同对抗朝廷。但陈敬瑄却在幕僚的劝诫之下改了主意，担心最终会落得个引狼入室的下场，授意田令孜又给王建写了一封信，劝慰他暂且先不要来。

田令孜出尔反尔的举动将王建彻底激怒了，与顾彦朗合兵一处，一路攻城略地，包围了成都府，但成都府是唐朝首屈一指的大城，城池异常坚固。王建见状只得识趣地撤走了。

新继位的昭宗皇帝任命宰相韦昭度为剑南西川节度使，同时将剑南西川北部的邛州（今四川邛崃）、蜀州（今四川崇州）、黎州（今四川汉源北）、雅州（今四川雅安）划归永平军管辖，任命王建为永平军节度使。陈敬瑄自然不肯轻易放弃到手的权力，拼死抵抗。韦昭度、王建、顾彦朗聚兵十余万，围攻成都府达三年之久，却迟迟没能破城。

大顺二年（公元891年）三月，昭宗皇帝只得无奈地下诏恢复陈敬瑄的官爵，令顾彦朗、王建返回本镇，王建自然是心有不甘，上表请求继续攻城。韦昭度一时间犹豫不决，王建暗中唆使麾下士卒诛杀韦昭度亲兵，威胁道："士兵们饿了是要吃人肉的！"韦昭度本就是个文官，哪里见过这般架势，顿时便吓得面如死灰，将节度使符节留给王建，当天便逃回长安了。

见王建依旧不肯罢兵，田令孜只得登上城头对王建极其谦卑地求饶道："你我父子一场，怎会到了如此兵戎相见的地步！"

王建却道："父子之恩，没齿难忘，我如今是奉皇帝之命，讨伐不听诏令之人！"

见城池岌岌可危，田令孜当夜来到王建的军营之中，主动交出剑南西川节度使的印信符节。次日，陈敬瑄开门投降，但两人却被王建关押在碧鸡坊，两年后，祸乱大唐20年的田令孜与他的哥哥陈敬瑄一同被处死。

杨复恭自认为有拥立之功便愈加骄横，居然将昭宗皇帝视为"门生天子"。此时皇权日渐衰微，朝廷真正能够管控的地盘也变得越来越小，因此那些大宦官们不再满足于通过控制皇帝来控制天下，他们的儿子们也不再局限于只是在宫中充当大宦官。

　　杨复恭的儿子们要么是封疆大吏，要么是高级将领，杨守贞任龙剑节度使，杨守忠任武定节度使，杨守厚出任绵州刺史，杨守信任玉山军使，杨守立出任天威军使，杨复恭的侄子杨守亮任山南西道节度使。此外他还收养了六百多养子，将他们派往各地担任监军。

　　在当时财政捉襟见肘的情景下，仅仅向财政部门领取俸禄的有品级的宦官便多达八千多人，是宪宗时期宦官总数的两倍，是唐朝立朝之初宦官总数的八倍，与这些宦官往来密切之人多达两万，可见当时宦官势力的强大，因此杨复恭也变得越来越有恃无恐。

　　昭宗皇帝的生母恭宪王皇后的弟弟王瑰想要担任节度使，昭宗皇帝却有些犹豫不决，于是便征求杨复恭的意见，但杨复恭却列举了外戚专权的历史典故，昭宗皇帝听后有所触动，此事就不了了之了。

　　王瑰得知此事后自然是恼怒不已，时常借进宫之机去找杨复恭理论，甚至还破口大骂。阴险狡诈的杨复恭于是想出一招斩草除根的歹毒计策，上奏昭宗皇帝推荐王瑰出任黔南节度使。虽说黔南属于穷乡僻壤，但节度使之位却是王瑰梦寐以求的，于是携带家眷前去上任了。他所坐的船途经兴元府（今陕西汉中）时，杨复恭暗中指使担任山南西道节度使的侄子杨守亮派人偷偷凿沉了王瑰所坐的船，王瑰及其亲属宾客全部被淹死。

　　王瑰毕竟是当朝皇帝亲舅舅，昭宗皇帝得知真相后自然对胆大妄为的杨复恭恨之入骨，却又因畏惧杨复恭尾大不掉的势力，只得悄无声息地采用离间之计，大肆笼络天威军使杨守立，还赐名李顺节，将他作为对抗杨复恭的重要棋子。

　　大顺二年（公元891年）八月，昭宗皇帝突然宣布解除杨复恭的兵权，将其调离京城出任凤翔监军。杨复恭自然不愿离开长安，于是便以致仕相要挟，可让他万万没有想到的是昭宗皇帝竟顺势批准了他的致仕请求。

　　弄巧成拙的杨复恭诛杀了朝廷派来宣布诏旨的使者，算是与朝廷彻底决裂了。他在山中隐居了两个多月后又秘密潜回长安城，住在离玉山军军营不远的昭化坊，这样可以得到儿子玉山军使杨守信的暗中保护。

昭宗皇帝获知他的行踪后便命杨复恭昔日的儿子李顺节前去逮捕他，但杨复恭其他的儿子和养子们闻讯后纷纷带兵前来助战。昭宗皇帝只得紧急调动神策军出战。自感势单力孤的杨复恭仓皇逃往山南西道的治所兴元府（今陕西汉中），前去投奔侄子杨守亮。

长安周边那些虎视眈眈的节度使们纷纷上表要求前去讨伐，凤翔节度使李茂贞表现得最为积极，其实他不过是想借机扩张地盘罢了。还未等昭宗皇帝批准，李茂贞就迫不及待地动手了，一举攻克了兴元府。杨复恭与杨守亮、杨守信等人仓皇南逃，却遭到剑南西川节度使王建的拦截，只得转头向北逃窜，最终被镇国军节度使韩建麾下将士擒获。曾经不可一世的杨复恭惨遭百般羞辱后被处决。

虽然杨复恭被铲除了，但昭宗皇帝被宦官欺凌的噩梦还远没有结束。

光化三年（公元 900 年）十一月初六，一场政变在晨曦的笼罩下悄然而至。面对江河日下的局面，昭宗皇帝一直闷闷不乐，精神恍惚，常常纵情饮酒，喜怒无常，以至于宦官宫女人人自危。

左、右神策军中尉刘季述、王仲先将昭宗皇帝囚禁在东宫少阳院，还熔化铁水浇铸到锁眼之中，希望借此彻底断绝昭宗皇帝对自由的渴望。昭宗皇帝与外界联系的唯一通道便是一扇窄窄的窗孔，宦官们通过这个窗孔向身陷囹圄的昭宗皇帝递送食物。

刘季述、王仲先要挟宰相们召集百官在"废昏立明"的诏书上署名，随后罢黜了昭宗皇帝。太子李裕先是监国，随后又被拥立为皇帝。

此时担任宰相的崔胤正是崔慎由的儿子，因为父亲的缘故，他本就对宦官恨之入骨，于是暗中策划解救昭宗皇帝于水火。

天复元年（公元 901 年）正月初一，右神策中尉王仲先准备朝见他们所拥立的新皇帝李裕，行至安福门时却被左神策军将领孙德昭率军擒杀。左神策军中尉刘季述随后也被乱棒打死，弃尸于市。昭宗皇帝在被关押近两个月之后终于重见天日。

经过这场变乱，宰相崔胤恳请昭宗皇帝诛杀宦官，但昭宗皇帝始终犹豫不决，与此同时消息却意外泄露了。崔胤为此而惶恐不安，赶忙送信给政治盟友宣武节度使朱温，假称奉秘诏令朱温速速派遣军队迎接皇上车驾。

天复二年（公元902年）十月二十日，在初冬的萧瑟中，朱温率领大军浩浩荡荡向着京师长安进发。惴惴不安的宦官们走投无路之下决意劫持昭宗皇帝前往凤翔，投靠凤翔节度使李茂贞。

昭宗皇帝独自坐在思政殿，翘着一只脚，另一只脚踏着栏杆，忽见宫中燃起熊熊大火。这是宦官们为了迫使昭宗皇帝移驾凤翔而不惜放火焚烧皇宫。

见火势越来越大。昭宗皇帝只得带领皇后、妃嫔、诸王等一百余人在恸哭声中离开了曾经的都城长安，气势恢宏的皇宫被熊熊燃烧的大火渐渐吞噬。

凤翔城下，朱温与李茂贞展开了激战的争夺战。朱温大军围困凤翔一年多，城中很多百姓被活活饿死，贵为九五之尊的昭宗皇帝不得不在行宫之中自己磨粮食吃。

孤城凤翔城最终还是被攻破了，走投无路的李茂贞只得选择妥协，将左、右神策军中尉韩全诲、张彦弘等数十名宦官全都诛杀，昭宗皇帝也就此成为权臣朱温的战利品。

天复三年（公元903年）正月二十七，在朱温的护佑之下，昭宗皇帝返回早已面目全非的长安。

次日，朱温命手下将士们将数百名宦官押往内侍省，一场血腥的杀戮也随之展开，喊冤之声不绝于耳，哭号之声此起彼伏。

昭宗皇帝随后又令各地官府将出使到本地的宦官全都逮捕处死。朝廷只留下三十名品级极低的老弱病残宦官负责在皇宫之中打扫卫生。

一百多年来宦官专权的局面至此宣告结束，但大唐覆亡的丧钟也就此敲响了。

第六章

工作之余去旅行

人性化的假期
背靠驿站白吃白住又白玩
跟着皇帝去游玩
最惬意还是私人游

人性化的假期

如今我们每周工作五天便可休息两天，其实"周"的概念来源于西方基督教，据说上帝从第一天到第六天每天都会创制不同的东西，到了第七天选择休息，因此便以七天为一周，不过人们在休息的那天要做礼拜，因此这一天也被称为"礼拜天"。

我国如今之所以会采用"周"这个概念主要是为了与国际接轨，其实我国古代将每月分为上、中、下三旬，唐朝官员每工作九天便可休假一天，这一天称为"旬假"。虽然旬假早在唐朝立朝之初便已确立，但因当时朝廷政务比较繁忙，并未严格执行，官员旬假时也时常去单位加班。直到永徽三年（公元 652 年）二月十一日，高宗皇帝李治亲自下诏，要求旬假时所有官员一律在家休息①，官员们的休假权这才算得到切实保障。

虽然乍一看唐朝官员的假期似乎并没有今天长，如今是上 5 天班便可休息 2 天，而唐朝官员是上 9 天班才能歇 1 天，但除了日常的旬假外，唐朝官员还有很多五花八门的假期。

如今春节等法定节假日加起来只有 11 天，但唐朝却长达近 50 天，这些法定节假日大多延续到了北宋，不过也有个别后来节日被废止了。唐朝皇帝自称是老子李耳的后代，尊奉老子为玄元皇帝，于是便将他的诞辰日定为法定节日，但北宋皇室却与老子扯不上关系，自然也就不再将老子诞辰日设定为节日。唐朝还将佛祖诞辰日定为浴佛节，但到了北宋浴沸节也没能保留下来。

---

① （北宋）王溥撰《唐会要·卷八十二·休假》中记载："永徽三年（公元 652 年）二月十一日，上以天下无虞，百司务简，每至旬假，许不视事。"

唐宋时期法定节假日

节日	唐朝《开元令》规定的放假时间	唐朝《元和令》规定的放假时间	北宋《天圣令》规定的放假时间
春节	7 日	7 日	7 日
冬至	7 日	7 日	7 日
寒食加清明	4 日	5 日	4 日
二月十五日（老子诞辰日）	3 日	3 日	无
腊日	3 日	3 日	3 日
夏至	3 日	3 日	3 日
正月七日（人日）	1 日	1 日	1 日
正月十五日（上元节）	1 日	1 日	1 日
正月晦日	1 日	无	无
二月一日（中和节）	无	1 日	1 日
春社	1 日	1 日	1 日
秋社	1 日	1 日	1 日
二月八日	1 日	1 日	无
三月三日（上巳节）	1 日	1 日	1 日
四月八日（佛祖诞辰日）	1 日	1 日	无
五月五日（端午节）	1 日	1 日	1 日
初伏	1 日	1 日	1 日
中伏	1 日	1 日	1 日
末伏	1 日	1 日	1 日
七月七日（七夕节）	1 日	1 日	1 日
七月十五日（中元节）	1 日	1 日	3 日
九月九日（重阳节）	1 日	1 日	1 日

续表

节日	唐朝《开元令》规定的放假时间	唐朝《元和令》规定的放假时间	北宋《天圣令》规定的放假时间
十月一日	1日	1日	无
立春	1日	1日	1日
春分	1日	不详	不详
秋分	1日	不详	不详
立冬	1日	1日	1日
合计	47日	46日	41日

事俗假是为了满足农业生产、家庭生活和个人生活需要而给的假期，具体包括田假、授衣假、祭祔假。

朝廷会在农历五月给官员15日田假，此时正值农忙时节，官员可以利用这个假期回家耕种；农历九月时还会给官员15日授衣假，既是为了秋收，也是为过冬做准备，从家里拿些厚衣服来应对寒冷的冬季。上述假期是按照中原地区耕作时间制定的，但大唐疆域幅员辽阔，各地气候不一样，耕作习惯也不一样。中原地区耕作物种植往往是两年三熟，可到了冰天雪地的东北地区是一年一熟，到了炎热的广东却是一年两熟，如果你的家乡农作物耕作时间不同于中原地区，你也可以提出申请，选择在合适的时间休田假和授衣假，这种制度设计很人性化①。

祭祔假是为祭拜、改葬先人所歇假期的统称。私家祔庙就是宗族建一座家庙，便于随时祭拜先人，在这种情况下一般会给5天假，还不包括去程和返程的时间。四时祭就是在春夏秋冬四季祭祀先人，将会给予4天期。私忌日就是父母、祖父母、外祖父母每年的忌日，在这一天可以休假一日，表示对逝去的先人进行哀悼。

---

① （北宋）王溥撰《唐会要·卷八十二·休假》中记载："内外官五月给田假，九月给授衣假，分为两番，各十五日。其田假若风土异宜，种收不等，通随便给之。"

如今因为工作原因不能与父母或配偶团聚的人可以请探亲假，一般为15 天。唐朝官员绝大多数都是异地为官，因此朝廷也会给他们探亲假，不过探亲假可分为两种：若是父母还健在，便可以请定省假；如果父母都已故去了，去父母墓地进行祭拜可以请拜墓假，也称扫墓。不同历史文献对定省假和拜墓假的适用条件并不完全相同，但总体而言，定省假是每 3 年给 1 次，每次 30 天或者 35 天；拜墓假是每 5 年给 1 次，每次 10 天或者 15 天。

再说说冠礼假，估计很多人会对这个假感觉比较陌生，也会有些奇怪，怎么连戴个帽子都要放假呢？古代男子 20 岁以后要行加冠礼，这可是一件大事，届时往往会将所有亲朋好友都邀请来，共同见证他们长大成人的那一刻。若是你本人举行冠礼，那么将会给你 3 天假；若是五服内的亲属举行冠礼，便只会给你 1 天假，注意不会给你程假，因此若是老家离得比较远就无法回去庆贺了。五服指的是高祖父母、曾祖父母、祖父母、父母和你自己共计五代人，只有这五代范围内的亲戚举行冠礼，你才可以请假。

再说说婚假，想必大家对这个假都不会感到陌生，唐朝婚假共计 9 天，因为唐朝结婚程序比较烦琐，需要准备的东西比较多，需要招待的亲戚朋友也比较多，又没有现在的婚庆公司帮忙操持，给的假自然会长一些。在唐朝，不仅你自己结婚可以请假，即便是你的亲属结婚，也可以请假，当然根据与你关系的远近，朝廷给你的假期长短也不一样。

此外，唐朝人会用丧服种类来表明亲属关系的远近。根据与死者的亲疏程度，丧服可分为斩衰、齐衰、大功、小功、缌麻五种。参加周亲（也就是斩衰和齐衰亲属）、大功亲属、小功亲属的婚礼均可以请假，分别为5 日、3 日和 1 日。因与缌麻亲属的关系比较疏远，因此参加他们的婚礼就不能请假了。

唐朝事俗假

		《开元礼》	《唐六典》	《太平御览》	《唐令拾遗》
	田假	不详	15 日	15 日	15 日
	授衣假	不详	15 日	15 日	15 日
祭祔假	私家祔庙	5 日	2 日	5 日	5 日
	四时祭	4 日	4 日	4 日	4 日
	私忌	1 日	1 日	不详	1 日
探亲假	定省假	3 年一给 30 日假	父母在 3000 里外，三年一给 35 日假	3 年一给 30 日假	父母在 3000 里外，3 年一给 35 日假
	拜墓假	任职满 5 年，5 年一给 15 日假	任职满 5 年，500 里外，5 年一给 15 日假	5 年一给 10 日假	500 里外，5 年一给 15 日假
冠礼假	本人行冠礼	3 日	3 日	3 日	3 日
	五服内亲属行冠礼	不详	1 日	1 日	1 日
婚假	本人结婚	9 日	9 日	9 日	9 日
	周亲结婚	5 日	5 日	5 日	5 日
	大功亲属结婚	3 日	3 日	3 日	3 日
	小功亲属结婚	1 日	1 日	1 日	1 日
丧假	斩衰亲属、特殊的齐衰亲属去世	3 年（实际是 27 个月）	不详	不详	3 年（实际是 27 个月）
	一般齐衰亲属去世	30 日	30 日	不详	30 日
	大功亲属去世	20 日	不详	不详	20 日
	小功亲属去世	15 日	15 日	不详	15 日
	缌麻亲属去世	7 日	7 日	不详	7 日

续表

		《开元礼》	《唐六典》	《太平御览》	《唐令拾遗》
装束假	1000 里内	不详	不详	不详	40 日
	2000 里内	不详	不详	不详	50 日
	3000 里内	不详	不详	不详	60 日
	4000 里内	不详	不详	不详	70 日
	4000 里外	不详	不详	不详	80 日

下面再说说丧假，丧假长短也与官员和死者关系的远近有着密切关系。父母去世，你必须要辞职在家丁忧，时间为 27 个月。普通的齐衰亲属、大功亲属、小功亲属和缌麻亲属去世，你分别可以请 30 日、20 日、15 日、7 日不等的假期，去协助亲戚料理丧事。

由于当时交通通信手段比较落后，唐朝官员到外地赴任前需要收拾行李，还需要与亲戚朋友告别，此时朝廷会很贴心地给你装束假。依据开元二十五年（公元 737 年）诏令，装束假的假期长短与你赴任地点的远近息息相关，1000 里内、2000 里内、3000 里内、4000 里内、4000 里外分别给予 40 日、50 日、60 日、70 日、80 日的装束假，也就是赴任地点与家乡距离每增加 1000 里便会增加 10 天假期，最长的装束假居然有两个半月之久。

装束假与程假还是分开计算的，装束假是单纯给你收拾东西、与亲友告别的假，只要在装束假期满前上路就行，赴任途中所需时日计入程假。如果你是一个责任心很强的官员，心中总是装着公事，不等装束假期满便上路也是允许的。如果有事需要你尽快赴任，那么就不用非得等到装束假期满再上路，不过如果家中有待收割的庄稼，可以收割完毕后再上路[①]。

---

① （日本）仁井田陞所著《唐令拾遗·卷二十九·假宁令》中写道："诸外官授讫，给装束假，其一千里内者四十日，二千里内者五十日，三千里内者六十日，过四千里者八十日，并除程。其假内欲赴任者，听之。若有事须早遣者，不用此令。若京官身先在外者，装束假减外官之半。其有田苗者，听待收田讫发遣。"

此外，有的京官到外地任职后又调任其他地方任职，那么一般这类官员对任职地也就没有什么太多可留恋的，在当地也没有太多需要告别的人，因此这类官员的装束假会减半。比如一个土生土长的当地官员要到1000里外两千里内的某个地方区任职，按照规定拥有 50 日的装束假，若是换成从京城派到此地来任职的官员，也去同一个地方赴任，那么便只能享受 25 天的装束假。

唐朝后期，随着政治日趋黑暗，很多官员，尤其是地方一把手总是借故拖延，迟迟不去赴任。上级部门又难以掌握他们的准确行踪，所以根本管不了；所在单位官员都是他的下属，自然也不敢管。

鉴于此，朝廷大幅压缩官员的装束假。身为一州长官的刺史责任重大，向皇帝谢恩后，无论任职地点远近，他们必须要在 10 日内出发。但由于这项制度不太人性化，因此并未得到严格执行。

文宗皇帝李昂于大和五年（公元 831 年）对相关规定进行了调整，任职地点距离京城 1000 里以内，限 10 日内出发；2000 里内，限 15 日内出发；3000 里以外，限 25 日内出发。[①] 如果借故拖延，朝廷将会对其进行惩处。按照之前的法令，到 3000 里以外赴任的官员有 70 天或 80 天的装束假，而此时假期却被压缩了一多半。

唐朝官员还会享受一种特殊假期，也就是皇帝的生日时所放的假期。唐朝第六位皇帝玄宗李隆基在位 44 年之久，开创了开元盛世，自我感觉有些飘飘然，于是便将自己的生日设为千秋节，后来又改为天长节，官员们到了玄宗皇帝生日时被允许歇假，齐声夸赞玄宗皇帝生得好。

玄宗皇帝的儿子肃宗皇帝李亨、代宗皇帝李豫也纷纷效仿玄宗皇帝，将自己的生日设为节日，等到德宗皇帝在位时因削藩政策失当使得天下大

---

① （北宋）王溥所撰《唐会要·卷六十八·刺史上》写道："刺史谢官后，不计近远，皆限十日内发……应去京一千里内者，限十日；二千里内者，限十五日；三千里内，限二十日；三千里以外者，限二十五日。"

乱，自觉没脸再将自己的生日设为节日，这股风气才暂时被遏制。不过皇帝生日那天依旧会有庆贺活动，到了宪宗朝官员们还可以放假1日。后来文宗皇帝李昂再度将自己的生日设为庆成节，直到唐朝灭亡，每位皇帝都会将自己的生日设为节日，到时官员们都可以放假。

皇帝诞辰日放假情况

庙号	姓名	阴历生日	节日名称	放假时间
玄宗	李隆基	垂拱元年 （公元685年） 八月五日	千秋节 后改天长节	3日
肃宗	李亨	景云二年 （公元711年） 九月三日	天平地成节	3日
代宗	李豫	开元十四年 （公元726年） 十二月十三日	天长节	1日
德宗	李适	天宝元年 （公元742年） 四月十九日	—	—
顺宗	李诵	上元二年 （公元761年） 正月十二日	—	—
宪宗	李纯	大历十三年 （公元778年） 二月十四日		1日
穆宗	李恒	贞元十一年 （公元795年） 七月六日	—	—
敬宗	李湛	元和四年 （公元809年） 六月七日	—	—
文宗	李昂	元和四年 （公元809年） 十月十日	庆成节	3日
武宗	李炎	元和九年 （公元814年） 六月十一日	庆阳节	2日
宣宗	李忱	元和五年 （公元810年） 六月二十二日	寿昌节	3日

续表

庙号	姓名	阴历生日	节日名称	放假时间
懿宗	李漼	大和七年 （公元 833 年） 十一月十四日	延庆节	3 日
僖宗	李儇	咸通三年 （公元 862 年） 五月八日	应天节	3 日
昭宗	李晔	咸通八年 （公元 867 年） 三月二十二日	嘉会节	3 日
无	李柷	景福元年 （公元 892 年） 九月三日	乾和节	3 日

　　除了上面五花八门的假期之外，若是官员临时有事可以请事假，生病了也可以请病假。按照唐朝制度，官员每月还有 2 天时间可以用来处理个人事务，后来又增加为 3 天，但休假期间不能使用公家的车马。[①]

　　病假期满仍未痊愈的可以延长假期，但最长不得超过 100 日，若是超过了这个期限将会被免去现任职务。对于六品以下官员而言，一旦被免职若想再重新任职还需要参加铨选，铨选竞争压力又很大，很多人会因此而失业；但对于五品以上官员便不存在这个顾虑了，免职的同时往往会被任命新的职务。比如之前提到过的白居易因长期请病假被免去刑部侍郎之职，但同时被授闲职太子宾客、分司东都，过上了没有工作压力的惬意生活。

　　我们可以作一下古今对比，如今我们每周歇两天，每年大约有 52 周，法定节假日有 11 天，那么每年可放假 115 天。唐朝官员每年的旬假为 36 天，法定节假日 47 天，还有田假、授衣假各放 15 天，每月允许歇事假两日，加起来便有 137 日之多，多于今天的假期总量。此外每逢皇帝诞辰

---

　　① （北宋）王溥所撰《唐会要·卷八十二·休假》写道："大和八年九月……旧例，每月得请两日事故假，今许请三日。"

日还要放假 1 至 3 日不等，每隔 3 至 5 年还会给探亲假，根据实际情况还会给予你祭祔假、冠礼假、婚假、丧假、装束假等各种假期，唐朝官员可谓是惬意得很！

除此之外，唐朝官员还有一种变相的假期，那就是皇帝辍朝。唐朝人信奉"天人合一"的理念，当流星闪现等不祥之兆出现时，皇帝心里一别扭便不上朝了。

长安城内绝大多数道路都是土路，遇到大雨、大雪等极端恶劣天气时，道路往往会变得泥泞不堪，难以通行。皇帝为了体恤大臣通常也会辍朝。当重要人物去世时，皇帝也会因悲痛欲绝而无法上朝。

能够让皇帝为之辍朝的无外乎两种人。一种是皇帝的亲戚，比如哥哥、弟弟、儿子、女儿、侄子、妹妹等，一般会辍朝 3 日。特殊情况下为一日，比如玄宗皇帝李隆基为侄子汝阳王李琎辍朝 1 日，之所以辍朝时间比较短是因为李琎只是个郡王。极特殊情况下也会多于 3 日，比如宪宗皇帝李纯册立的第一位太子李宁（即惠昭太子）去世后，悲痛欲绝的宪宗皇帝连续辍朝 13 日，这也成为皇帝辍朝时间最长的一次。玄宗皇帝李隆基的大哥宁王李宪早在父亲李旦第一次当皇帝时便被册立为太子，因为他是刘皇后所生，属于嫡子，而且在李旦所有儿子之中年龄又最长，不过睿宗皇帝李旦后来却被母亲武则天罢黜。中宗皇帝被韦皇后毒死后，李隆基发动政变诛杀韦皇后，李旦这才得以第二次登基称帝。由于弟弟李隆基立下大功，李宪拒绝再度被立为太子，将太子之位让给了弟弟。大哥李宪死后，玄宗皇帝李隆基为他辍朝 10 日，还追封他为让皇帝。

另一种就是与皇帝患难与共或者德高望重的重臣，一般为一、二品高官，最低为正三品。通常情况下，皇帝会辍朝 3 日，比如女皇武则天便曾为狄仁杰辍朝 3 日。但如若逝者只是个正三品的官员，皇帝有时也会为其辍朝 1 日。

只有个别曾立下大功勋的朝臣死后辍朝时间才会多于 3 日，比如高宗皇帝李治为开国名将、辅政大臣、太尉（正一品）李勣辍朝 7 日，李勣也成为皇帝辍朝时间最长的朝臣；太宗皇帝李世民为敢于直言进谏的司空（正一品）魏征辍朝 5 日；德宗皇帝李适为平定安史之乱的中兴名将、太尉郭子仪辍朝 5 日，也为平定泾原兵变并亲自将他迎回长安的靖难名将、太师（正一品）李晟辍朝 5 日；文宗皇帝李昂为历经七朝并曾在宪宗、穆宗、敬宗、文宗四朝为相的中兴名臣裴度辍朝 4 日。曾经割据一方的成德节度使王武俊、幽州节度使刘总也都获得皇帝辍朝 5 日的待遇。

既然有这么多假，那么官员们放假了都去哪里玩呢？

背靠驿站白吃白住又白玩

唐朝官员虽然有各式各样的假期，但大多数假期却并不适合出去旅游，比如父母去世后丧假虽长达 27 个月，但你若是敢出去游玩便属于犯罪行为。唐朝最适合旅游的是程假，也就是留给你赶路的假期。

长庆四年（公元 824 年）夏，夔州（今重庆奉节）刺史刘禹锡改任和州（今安徽和县）刺史。刘禹锡赴任途中将祖国的大好河山尽收眼底，渡岷江，观洞庭，游武汉，玩得不亦乐乎，居然还绕道去了一趟宣州（今安徽宣城），在友人家中住了 10 天之久，历经两个多月才到达任所。这一路走来，公家的马白骑，公家的驿站白住，公家的饭菜白吃，丝毫不亚于公费旅游。

元和十年（公元 815 年）八月，大诗人白居易由左赞善大夫贬为江州司马，路上还不忘前往襄阳去拜访老友，直到初冬时节才抵达江州，历时 3 个月左右的时间。

刘禹锡、白居易之所以在上任途中悠哉乐哉，主要依托遍布各地的驿馆可以让官员们免费吃、免费喝、免费住、免费骑马。虽然今天我们习惯于将"驿馆"并称，但"驿"和"馆"在唐朝时却有着严格的区别。

驿站是交通补给站，既能提供食宿，又能提供驿马等交通工具；馆就是政府招待所，一般只能提供食宿。中书省下辖的四方馆相当于国宾馆，鸿胪寺下辖的鸿胪客馆相当于外交部高级涉外宾馆。除了这些招待外国政要和重要人物的馆之外，设在地方的馆一般条件都会比较简陋，而且布局规划也往往不如驿站那样科学合理。

驿站一般每隔 30 里便会建造一座，不过也并不拘泥于 30 里。在比较繁华的中原地区，驿站就比较密集；在荒凉的西北地区，驿站就比较稀疏。根据《唐六典》的记载，唐朝鼎盛时期共设有驿站1639所，其中陆路驿站1297所，水路驿站262所，水路相兼的驿站86所，不过《唐六典》中的数据有些偏差，三者相加为1645所，不知为何会多出6所。

　　陆路驿站根据接待人数多少和自身规模分为7等，分别拥有8匹至75匹不等的驿马，驿马上还印有特殊标识，左腿上印有"驿"字，脖子左侧还印有州的名字，无论驿马走到哪里，都能迅速识别出这匹马来自何处。虽然马是最主要的交通工具，但有时也会根据地域特征和赶路需要配备驴子、骡子和骆驼等交通工具。水路驿站分为三等，分别配有4只、3只和2只驿船，每只船配备船丁3人。

驿站马匹配备情况

驿站等级	马匹数量	驿丁人数
都亭驿	75匹	25人
诸道一等驿	60匹	20人
诸道二等驿	45匹	15人
诸道三等驿	30匹	10人
诸道四等驿	18匹	6人
诸道五等驿	12匹	4人
诸道六等驿	8匹	3人

　　唐朝的驿站归口兵部管理，由其下辖的驾部司具体负责，在州一级则由兵曹参军事（府里设）或者司兵参军事（州里设）负责事务，到了县里便不再设专门官员，不过往往会任命某位官员知驿馆。

　　到了唐朝后期，州的上面普遍设道，节度使或观察使往往会从下属判官之中挑选一位精明强干的官员具体负责邮驿事务，可见驿站虽小，却关系重大，以至于各级衙门里都有负责驿站事务的官员。

在此之外，还设有对驿站日常管理进行监督监察的官员，京兆尹负责长安及其周边地区驿站的监管，其他地区的驿站由观察使、刺史负责监管，御史台的御史们也会不定期地派遣御史对违规使用驿站等行为进行监督查处。

驿站之所以会归属兵部，主要是因为它最初的职能就是传递军事情报，与烽燧共同构成军事通信网络。烽燧的优点是快，一点火几十里外都能立即看得见，但缺点却是只能传递比较简单的信息，比如代表平安无事的平安火。如果遇到复杂信息要传递，烽燧往往会派人向上级汇报，中途休息或者换马时便不得不依赖于驿站。

除了传送军事情报，驿站往往还承担着政令传达的职能。唐代的公文不仅种类多，而且数量多。大诗人元结就任道州刺史短短的 50 天内便收到了 200 份公文平均每天有 4 份之多，这些文件几乎都是通过驿站传送来的，从侧面可以看出唐朝邮驿系统运转效率之高。

唐代公文传递主要有三种方式。机密文件和重要文件采取"专使送达"的方式传递，也就是官府会派专人将相关公文送到指定地点，这种方式保密性高、传递速度快，但对人力、物力、财力的消耗也比较大。当时唐朝疆域幅员辽阔，若是动不动就专使送达，那得需要多少专使呢？这些专使一来一去要消耗多少物资呢？朝廷也一直严格限制专使送达的使用。

相对重要的文件如案件审理情况、财政收支报表等，通常会采取"交驿"的方式传递，也就是将文件交给驿站，驿站定期将文件传送给下一站驿站，通过连续接力的方式将文书送达指定地点，相比专使送达节省了大量人力。尽管如此，由于驿站人手相对有限，规格最高的驿站也不过才有25 名驿丁，等级最低的驿站只有三名驿丁，因此"交驿"传递的公文数量也比较有限。

一般公文只能采取"步递"的方式传递，也就是派人走着传送，所派之人通常并不被允许乘坐驿马，也都不能进入驿站歇脚。这些步行传递公文的公人甚至连个喝水休息的地方都找不到，于是他们便自发地组建起互助组织，同时一些小商小贩也瞅准商机为他们在中途提供各种服务。到了宋代，独立于驿站的新型交通通信系统"递铺"便应运而生了。

除了通信职能外，驿站还有与馆很相似的接待职能，不过除了提供住的、吃的、喝的之外，还会提供交通工具，比如马匹、驴子、骆驼、骡子、船只等，甚至有时还会作为临时办公场所。黄巢起义期间，宰相崔偓被任命为凤翔行营诏讨使者，并是在驿站之中召集诸位将领，商讨进军事宜。

驿站工作人员主要有驿长（也称为驿将）和驿丁。驿丁从当地老百姓中选拔产生，承担繁重而又烦琐的工作，送文件、做饭、铺床、喂马、打扫卫生，什么都干，甚至还要修缮房屋、疏浚河道、整修道路。这虽是一份很稳定的工作，却也是穷得很稳定。在唐朝后期，那些苦不堪言的驿丁们甚至会被逼揭竿而起，他们最狠的一招就是断绝通信，以至于起义好几天了，上级都不知道究竟发生了什么事。

安史之乱前，驿长大多由当地富户担任，被称为"捉驿"。在边疆地区有时也会由军士来担任驿长，可能很多人不解，有钱人为何会心甘情愿替国家管理驿站呢？

驿长的职责繁杂而又沉重，迎来送往，不敢有一丝马虎；上传下达，不敢有一丝松懈，还有对那些马啊，驴啊，要像呵护亲儿子一样精心饲养，上面还会三天两头地核查官畜数量，官畜的命简直是比人的命还要金贵！

驿长还需要应对各种突发事件，有些位高权重的官员明明是办私事，却偏偏要住驿站，还伸手要这要那。驿长如果不给等于把人家得罪了，给了又怕上级追查下来自己吃罪不起，常常是进退维谷，左右为难。

虽然当驿长会受很多累，吃很多苦，也会生很多气，但好处也有不少。朝廷为了回馈驿长往往会给他们豁免一些税赋；驿站四通八达，消息灵敏，驿长可以借助驿站拓展自己的生意网络；驿长还可趁机结交一些大人物，为日后发迹奠定人脉基础。有钱人往往会树大招风，但当了驿长便不一样了，虽算不上是什么官儿，但也是官府中人，而且驿站又归兵部管理，因此驿长便多了一重军人身份，上门找麻烦的人自然就少了许多。

安史之乱后，朝廷废除了捉驿制度，驿长被驿吏所取代，驿吏是正儿八经的胥吏，这样驿站便彻底被纳入行政管辖范围之内。

虽然驿站数量多达 1639 所，但唐朝官员却多达近两万人，此外还有 35 万左右的胥吏，如果驿站这块肥肉任由官吏们竞相滥用，那么将会给朝廷带来巨大的损失，因此唐朝制定了极为严苛的法律，规范驿站使用。只有因公事外出才能获准使用驿站，凡是不应使用驿站而进入驿站的官员、百姓，一旦被发现将会被笞打 40 下；若是住驿站的同时还享受了吃喝等供给，将会被杖打 100 下。官员因私事获批进入驿站歇脚，若是违规享受了驿站的供给，也将会被杖打 100 下。

没有官爵的人如若获得皇帝许可或者中央有关部门的批准也可以使用驿站，比如玄奘法师返回京师长安后便住在都亭驿。

在唐朝立朝之初，你要想住驿站必须要有传符，皇太子监国会配发双龙符，给长安、洛阳、太原三都留守配发麟符，给东方各州配发青龙符，给南方诸州配发朱雀符，给西方诸州配发驺虞符，给北方诸州配发玄武符。传符既是驿站使用凭证，也是军队调动指挥凭证，但驿站的使用毕竟不同于军队的调动指挥，有着自身的特色，因此传符自然也就越来越不适应现实需要。

随着官员数量越来越多，使用驿站的需求也越来越大，传符数量已经远远满足不了使用的需要。开元十八年（公元 730 年），玄宗皇帝李隆基下令用纸券（也被称为公券）作为使用驿站的凭证。纸券上会注明官员的具体行程，也就是中间要途经哪些驿站，大概要走多少天等信息。中央官员住驿站所需纸券由门下省颁发，地方官员所需纸券由刺史颁发。纸券分为单程券和往返券，往返券却只能由门下省颁发。官员离京办完公事回京后需要将纸券交回门下省，如不按期交回将会被依律论罪。

纸券不仅是官员使用馆驿的凭证，还是过关隘的通行证。驿吏会依据纸券上记载的内容进行接待、提供驿马或其他交通工具。官员赴任时通常并非孤身一人，一般还会携带家人和仆人，唐朝对随行人员和家属数量有着严格的限制，比如节度大使被允许携带 8 人，节度副大使被允许携带 6 人，若是超出规定人数，超出人员的食宿要自行解决。

驿站的伙食分为四等，亲王是第一等，可享用羊肉、猪肉和鱼，还有酒；三品以上官员为第二等，享用食材有 9 种，但肉却主要是羊肉，每日供应酒一升半；四品、五品官员为第三等，享用食材 7 种，虽然每日也供应少量羊肉，但遇到暂停屠杀、处决罪犯等特殊日子便难以保证肉食供应；六品以下、九品以上官员为第四等，享用食材有 5 种，清一色都是素菜。

喂养驿马的成本很高，驿马的数量也很有限，因此朝廷对于驿马的配发也有着严格的要求。比如一品职事官、亲王被允许配发 8 匹驿马，等级最低的诸道六等驿一共才有 8 匹马。六品以下的前官、散官、卫官，只有遇到急事才能配发驿马，若是返回时或者处理并不紧急的一般性事务时，往往只会配发驴。前官就是已经卸任的官员，散官就是只有散官阶却不担任职事官的官员，卫官就是京城禁卫军武官，这三类官员相较其他官员地位要低一些，所以能给驴便不给你马。

如果超标准配备驿马，那么便构成"增乘"之罪，无论是驿吏还是使用官员都将会得到处罚。即便增乘一匹驿马都会被判处 1 年徒刑，在此基础上每增加 1 匹，处罚将会加重一等。如若应乘驴而乘马，依然会被治罪，不过量刑时却可以减一等。

唐朝官员驿马配备数量 [1]

品级	职事官	散官	爵位
一品	8 匹	7 匹	亲王 8 匹 嗣王、郡王 7 匹 国公 3 匹
二品	6 匹	5 匹	开国郡公 2 匹 开国县公 2 匹
三品	4 匹	3 匹	开国县侯 2 匹
四品	3 匹	2 匹	开国县伯 1 匹
五品	2 匹	1 匹	开国县子 1 匹 开国县男 1 匹
六品以下	1 匹	1 匹	——

　　有些官员借助公务活动大搞走私活动，因此朝廷规定官员除了随身携带衣被和刀弓外，严格限制私人物品携带数量，若是超过限量，每私带 1 斤便会杖打 60 下，私带 10 斤便罪加一等，最高判处 1 年徒刑。

　　这项规定也是为了减轻驿马的负重，无论是驿马、驿牛、骆驼、骡子还是驴，所驮私人物品不能超过 10 斤，超过一斤便会被笞打 10 下，达到十斤便罪加一等，最高刑为杖打 80 下。若是乘车则会稍稍放宽物品重量要求，可以适当增加到 30 斤，超过五斤便开始进行处罚，鞭打 10 下，每超过 20 斤罪加一等，最高刑也是判处一年徒刑。如若乘坐人不慎导致驿马等官畜死亡还需照价赔偿。

　　驿站内房间分为不同等级，用于安排不同官员入住，有时官员会因争夺住宿条件最好的上厅而大打出手。

　　宪宗元和五年（公元 810 年），分司东台的监察御史元稹从洛阳被召

---

　　① （唐代）长孙无忌《唐律疏仪·卷十·职律例·增乘驿马》："依《公式令》，给驿，职事三品以上若王四匹，四品及国公以上三匹，五品及爵三品以上二匹；散盲、前官各递减职事官一匹，余官爵及无品人，各一匹，皆数外别给驿子，此外须将典吏者，临时量给。"《唐律疏仪·卷二十六·杂律·应给传送剩取》："依《厩牧令》，官爵一品，给马八匹；嗣王、郡王及二品以上，给马六匹；三品以下各有差等，若过令限，数外剩取者，笞四十。"

回长安，途经华州敷水驿时被安排到了上厅。恰逢一个大宦官也来驿站住宿，《旧唐书》记载此人为刘士元，但《新唐书》却记载此人为臭名昭著的仇士良。这个趾高气扬的宦官非上厅不住，大有一股将元稹硬生生赶出来的架势。

御史台的官员负责监察百官，有种见官大一级的架势，那时的元稹又年轻气盛，自然是据理力争，但毫不退让的元稹最终却被打得鲜血直流，还被硬生生赶出了上厅。元稹原本是个受害者，不过在宦官的构陷诋毁之下，宪宗皇帝李纯却认为他擅自树威，有失体统，将其贬为江陵府士曹参军，元稹至此开启了近十余年的贬谪生活，只得慨叹都是住宿惹的祸！

驿站不同于专门用于住宿的馆，住进去的官员一般不能久留，即便是果真有事，也以 3 天为限，若是超过 3 天，官员本人虽依旧可以获准吃住在驿站之中，但他的随行人员却没有资格再住下去，只能寻找附近旅店，自行解决食宿，借此来迫使那些久留的官员快快上路。

官员乘坐驿站的交通工具时，朝廷对每日行驶里程也有着严格要求，骑马每日可走 70 里，步行或骑驴每日可走 50 里，坐车每日可走 30 里。估计很多人会感到疑惑，怎么坐车比走着还慢呢？其实一直到清朝末年，我国的车都是两轮车，四轮车并未投入使用，在这一点上要远远落后于西方，究其根源就是始终未能研制出车的转向器，解决不了四轮车的转向问题。由于当时的车轮主要是木质的，即便采取某些避震措施，乘车人依旧会感到很颠簸。这也是很多唐人热衷于坐牛车的原因，马车若是坐时间长了，恐怕五脏六腑都要被颠出来。

要是坐船就有些麻烦了，要先看是顺水还是逆水，再看是载重的船还是空船。如果是逆水，载重的船在黄河上每日要行 30 里，在长江上每日要行 40 里，在其他水域中每日要行 45 里；空船在长江上每日要行 50 里，行驶在其他水域中每日要行 60 里。如果是顺流而下便不再区分船的轻重，在黄河上每日要行 150 里，在长江上每日要行 100 里，在其他水域每日要行 70 里。

朝廷不仅对船只行进速度有要求，对行进线路也有要求，官员不得随意变更路线，若是擅自脱离驿道，便犯了"枉道"之罪。可能有人会觉得只要不偏离大方向，这一天之中自己到底去了哪儿，谁又能知道呢？你胯下驿马可不能骑起来没完，每到一个驿站都要强制换马，若是胆敢不换将会被杖打 80 下，因此这一路走来哪个驿站都不能落下。这样朝廷便可精准记录你的行踪，对于驿马也是一种保护，以免驿马被活生生累死了。

既然驿站管理如此严格，那么为何刘禹锡、白居易赴任途中却极为自由？有时吃住在驿站之中，有时顺道拜访挚交，甚至不惜专程绕道去看望老友，还住在老友家中畅谈人生。两人都生活在唐朝后期，虽然当时有严密的制度，但在实际执行过程中，驿吏们却常常睁一只眼闭一只眼，况且他们都是地方要员，人家自然就多一事不如少一事。

不过也有一些苦命官员赴任时必须要采取驿传的方式，也就是你必须要住在驿站里，不能随意住在其他地方。为了保证按期赴任，驿站将会优先为你提供驿马，通常还会派遣驿丁沿途护送你到下一个驿站，实现无缝衔接，与文件的"交驿"方式很像，只不过一个送的是人，一个送的是文件。

能够享受驿传这种待遇的官员主要有两类。一类是承担特殊使命的重要官员，比如前去平定叛乱的官员、追捕重要逃犯的官员、前去审理重大案件的官员、代表皇帝前往某地进行宣慰的使者，朝廷采取这种方式对他们而言更多的是一种保护，同时也是在变相地催促他们快快赶路。高宗朝殿中侍御史裴怀古前往姚州（今云南姚安）、巂州（今四川西昌）平定少数民族发动的叛乱，高宗朝刑部尚书唐临前往地方复审案件，均是通过驿传的方式。

另一类官员是被贬谪的高官，朝廷担心他们会被政敌暗算，同时也担心他们会联络自己的党羽图谋不轨，因此采取驿传的方式对他们而言既是一种保护，也是一种监管。比如鄂岳观察使张浚被贬为连州刺史，荆南节度使孔纬贬为均州刺史，均被朝廷要求驰驿赴任。

驿站只能用于公务活动，只有在极其特殊的情况之下，官员才允许因私事而使用驿站，比如郎官请假回家祭扫。不过若是官员因私事外出，实在没地方住，也可以获准在驿站之中住上一宿，但不能享用驿站的饭食，也不能乘坐驿马，而且对品级也有着严格要求，必须是五品以上的职事官、二品以上散官或者具有国公以上爵位的人才能享受这项福利。如果在偏远地区或者根本就没有旅店的地方，九品以上的职事官和散官、五品以上的勋官和拥有爵位的人也可以获准在驿站住宿，但同样不能接受驿站的供应。

开驿站可是个很烧钱的营生，虽然有驿田可以用于对外出租，但那点儿地租收入却远远不够驿站的日常花费。每年驿站运营费用高达 40 万贯，人和马每年消耗粮食合计 100 万石以上，朝廷不得不为此而背上了沉重的财政负担。安史之乱后，驿站所需经费由中央负担改为地方负担，但这也为节度使通过批条子的方式大肆挥霍驿站资源植下了祸根。

随着节度使手中的权力越来越大，"转牒"也应运而生了。转牒其实就是各地节度使批的条子，官员凭着这张条子可以在驿馆中随意吃住，使用马匹。虽然朝廷始终不承认转牒，却也是无可奈何，只得一再重申入住驿站必须要持有纸券，但转牒不仅没有就此销声匿迹，反而变得越来越多。

随着转牒的大量出现，因私事而使用驿站的情形也是屡见不鲜，有的是回家探亲，有的是出外旅游，当然也有许多官员打着出差的幌子公费旅游，玩得不亦乐乎，那些驿站的驿吏们因自身品级低下而敢怒不敢言。

文宗皇帝李昂见不正之风愈演愈烈，于大和八年（公元 834 年）下诏所有官员因私出行，除非得到皇帝恩准，门下省一律不得给纸券。虽然这是有史以来关于驿站使用最为严厉的制度，但无奈此时已经到了唐朝晚期，那些有权有势的官员们依旧想吃就吃，想住就住，我行我素。

跟着皇帝去游玩

如果你能成为高官，或者皇帝身边的近臣，便可以跟着皇帝去四处游览。有时是带有政治目的的政治巡游，有时就是纯玩儿的娱乐休闲游。

规模最为宏大的政治巡游是泰山封禅活动，泰山为五岳之尊，向来被认为是群神栖息的"神山"，只有国家昌盛、政通人和、天下太平时，皇帝才有资格去泰山封禅，因此能够去泰山封禅也成为很多皇帝孜孜以求的目标。

在唐朝之前，只有秦始皇、秦二世、汉武帝、汉光武帝、汉章帝、汉安帝、北魏太武帝、隋文帝八位皇帝曾前往泰山进行封禅，除了秦二世外，其他几位基本上都是曾立下赫赫功勋的帝王。唐朝高宗皇帝李治刚过了几天好日子，居然耐不住寂寞，也想着要搞封禅大典。

高宗皇帝本是个很窝囊的皇帝，一直生活在老婆武则天的阴影之下，可人家却心态好，自认为是位很了不起的好皇帝，非要去登泰山告慰神仙。泰山封禅可是件天大的事，重要性和隆重性丝毫不亚于今天的奥运会，朝廷通常会专门成立一个庞大的领导机构来负责封禅大典，提前好几个月，甚至好几年发布公告。

麟德二年（公元 665 年）十一月，高宗皇帝离开东都洛阳前往泰山封禅，皇帝的仪仗队多达 1838 人，分为 20 队，共有 214 行。

大典那一日，皇帝带着后宫佳丽、皇亲国戚、文武百官，甚至还有外国使臣浩浩荡荡地向着泰山顶峰进发，整支队伍看上去气势恢宏，蔚为壮观。

次年正月初四，高宗皇帝才圆满完成封禅大典，不计算返程时间便长达两个月之久。那时的武则天还是高宗皇帝的皇后，后来她登基成了女皇帝，又在中岳嵩山举行了封禅大典。

缔造开元盛世的玄宗皇帝李隆基在宰相张说的鼓动之下也决意前往泰山封禅，开元十三年（公元725年）十一月，玄宗皇帝领一大帮人来到了泰山脚下。宰相张说作为封禅使，全权负责封禅大典，此时谁能跟随皇帝上山，基本上都是他一个人说了算。

上山可不是为了去看风景，那可是至高无上的荣耀，当然也会得到很多实惠，不仅能升官，还能获得很多赏赐。

大权在握的张说此时竟有些飘飘然，好事来临时，他想着的自然都是自己人，结果他的亲信全都得以登山，都被破格提拔为五品官，而那些平日里与张说关系疏远的官员大多被留在了山下。那些负责安全保卫的将士们顶多获得了个有名无实的勋官，甚至连个赏赐都没能得到。

张说的所作所为犯了众怒，在政敌的攻击构陷下，次年便被罢免宰相职务，不久还被勒令退休。

封禅大典这样的大活动，很多官员一辈子都未必能赶上一次，在唐朝长达289年的历史中，也只有高宗皇帝和玄宗皇帝曾搞过轰轰烈烈的封禅大典，每次都耗费了不计其数的银钱。

安史之乱后，朝廷财政捉襟见肘，有时连官员工资都不能按时发放，自然也就没那么多闲钱去搞什么封禅大典。

唐朝灭亡后，也只有宋真宗赵恒这一位皇帝曾搞过泰山封禅大典，从明朝开始在首都设立天坛和地坛，再也不用如此兴师动众、劳民伤财地跑到泰山去搞什么封禅大典了。

虽然并非每个皇帝都有魄力、有实力去封禅泰山，但皇帝们却并不会一直都憋在宫中。太宗皇帝李世民是位敬畏历史的皇帝，喜欢带着臣子们时不时便去参观一下名胜古迹。他曾带着臣子们前往洛阳宫殿，泛舟在波光粼粼的积翠池上，感慨隋炀帝大兴土木修建了如此富丽堂皇的宫殿，最终却落得个人死国灭的下场。他还曾带着臣子们去汉文帝的霸陵，感念他开创的"文景之治"的不朽功业。

这种政治巡游，要么是不能有一丝一毫马虎的大典，要么就是接受历史教育和廉政教育，朝臣们去那里参观虽然可以吃住不愁，但他们的神经却必须要始终紧绷着，自然也就玩得不尽兴。

其实皇帝也会有很多面，在朝堂上时常板着面孔，但在生活中也需要通过娱乐休闲活动来放松一下。皇帝一个人玩难免会有些孤单，时常会叫着一帮朝臣一起去玩。太宗皇帝李世民因长期征战沙场酷爱打猎，经常带着朝臣们去长安郊外的密林之中纵横驰骋。

除了郊外体验游，还有消夏游。高宗皇帝李治身体孱弱，饱受疾病困扰，每每到了夏天就被热得生无可恋，不过却觅了一个好去处，那便是九成宫。

九成宫位于今陕西省宝鸡市麟游县境内，本是隋朝修建的仁寿宫，隋朝开国皇帝杨坚便离奇地死在仁寿宫内，但唐朝皇帝们却并未因此而感到晦气，依旧时常光顾这处长安周边不可多得的避暑佳地。

九成宫坐落在杜水之北的天台山，东邻童山，西临凤凰山，南有石臼山，北依碧城山，石骨棱棱，松柏满布，微风拂徐，芬芳馥郁，沁人心脾，即便是最热的三伏天气温都在20摄氏度上下，可谓是消夏的绝佳之地。

太宗皇帝李世民和高宗皇帝李治这对父子都酷爱到九成宫去避暑，尤其是高宗皇帝往往在那里一住便是半年之久，但朝政又不能荒废，于是便带着重要朝臣一起去，以便随时保持政令畅通。那些随行的官员自然可以沾皇帝的光，过一个惬意的夏天。

到了冬天还有避寒游，玄宗皇帝李隆基热衷于去骊山过冬，由于那里有温泉环绕，比长安城中要暖和许多，一到初冬时节，他便带着浩浩荡荡的队伍前往骊山，直到来年春天才会返回长安。

很多人会觉得跟着皇帝走南闯北，哪儿好去哪儿，哪儿舒服去哪儿，岂不是很舒适，其实那些朝臣们也有着难以言说的苦衷，尤其是那些年事已高的官员。

玄宗天宝十一年（公元 752 年），担任宰相长达 18 年之久的李林甫强撑着病体跟随玄宗皇帝前往骊山，但刚到骊山就一病不起，很快便一命呜呼了。

懿宗皇帝在宫中每日一小宴，三日一大宴，饮酒无度，奢侈成风，酷爱歌舞，喜好游乐，时常前往长安郊外的行宫别馆去游幸。由于他来去不定，行踪成谜，行宫之中负责接待的官员只得随时备好吃食和用具。那些时常陪伴在他身旁的藩王、重臣们也倒了霉，有时刚刚回府，宦官便来传话皇帝又要出行，只得赶紧穿戴整齐在集合地点等着，以至于连吃饭、睡觉时都不得不随时准备着要出发，搞得众人苦不堪言。

其实跟着皇帝去旅游是个苦差事！

最惬意还是私人游

无论是利用上任的机会四处逛逛，还是随着皇帝巡游四方，官员们终究会有些不自在，要想玩得好还得是自掏腰包去旅游，想去哪儿便去哪儿，想怎么玩儿就怎么玩儿，只是别耽误了回去上班就行。

唐朝时期的旅游资源也是相当丰富。有巍峨壮观的山岳景观，如东岳泰山、西岳华山、北岳恒山、中岳嵩山、南岳衡山，还有庐山，都是唐朝官员留下足迹比较多的地方，喜马拉雅山当时在吐蕃境内，玉龙雪山当时在南诏境内，要是执意去那里还得先去办"牒文"。还有鬼斧神工的岩溶景观，桂林山水、永州山水都是当时比较出名的南方喀斯特景区，桂林山水甲天下人尽皆知，但人们可能对永州（今湖南永州）会感到有些陌生。永贞革新失败后，柳宗元曾在永州贬谪十年之久，写下了脍炙人口的《捕蛇者说》，虽说当地时不时便会有毒蛇出没，却因景色宜人每年都会吸引大批游客前往那里玩。烟波浩渺的湖泊景观，洞庭湖、太湖也都是令唐朝官员流连忘返之地，此外还有各式各样的赏花之旅，如阳春三月在长安玄都观赏桃花，在长安慈恩寺赏牡丹，于重阳节赏菊花，于冬日里赏梅花。

除此之外，人文旅游景观也会让人流连忘返。你可以前往佛寺拜佛许愿，唐太宗李世民在位时共有佛寺 3716 所，到了玄宗皇帝李隆基在位时激增到了 5338 所，如此之多风格各异、历史不同的寺庙，总有一处适合你。

像长安慈恩寺这样坐落于城中的大寺，人们不仅会在此举行盛大的法会，还时常会搭台唱戏，各色名角儿竞相登台，以至于万人空巷，有时还会造成严重的交通堵塞。

你也可以前往道观寻仙访道，唐朝是道教发展的黄金时期，道观总数在玄宗皇帝时期达到了 1687 所。那些道观不仅有着优美的自然环境，还有着丰富的文化底蕴。很多文人墨客、在职官员都热衷于问道。长安太清宫、洛阳玄元皇帝庙、天台山桐柏观都是当时闻名遐迩的道观。

你还可以去各式园林踏青，有以长安芙蓉园为代表的皇家园林，以安乐公主营造的定昆池为代表的私家园林，还会有一些公共园林，最为著名的便是长安曲江池和杭州西湖，波光粼粼，景色秀美。

既然有这么多诱人的景点，官员们又该如何前往呢？唐朝官员最主要的出行方式就是骑马，不过穷一些的官员也会骑驴，年龄大一点儿的官员会坐车。

下面看看唐朝的路况如何。唐朝共有驿站 1639 所，其中陆驿与水路兼有的驿站共有 1383 所，按照 30 里一驿大致估算，驿路总长度约为 41490 里。纵横交错的驿路以长安、洛阳为中心构建起四通八达的交通网。

所有道路之中等级最高的道路是御道，也就是供皇帝走的道路，分为永久御道和临时御道。永久御道就是皇宫之中修建而成专供皇帝走的道路，皇帝走的频率也比较高。临时御道就是皇帝临时要到某个地方去视察而设置的道路，在皇帝来之前设置步障，就是用布等丝织品拦住路的两侧，以便皇帝出行时不被行人看见。这些临时御道在使用之后会被恢复成普通道路，允许百姓自由通行。

除了御道之外，其他官路基本上都不是砖砌的而是土路，唯一不同的就是路面上沙子铺得多与少，夯筑得结实不结实。即便是长安城中最好的土路也经不住暴雨的冲刷，只要一下大雨，官员们就在家中坐等"放朝"的消息，但又怕误了上班的点，不得不顶风冒雨上班，经常是走到半路才得到不用上朝的消息，对此深有感触的韩愈专门写下了"放朝还不报，半路踏泥归"的诗句。

至于连接州县之间的驿路路况要比长安城中的官道差一些，因此在唐朝旅行要多带些鞋子和袜子。

旅游期间的住宿问题也不用发愁，只要稍稍大一些的城市里都会有私人经营的旅店，此外还有主要面向商人的邸店，商人在店里既能住宿，也能堆放货物，大一点的邸店还会提供全方位、一条龙的服务，不仅提供食宿，还会替客人售卖货物。

即便附近没有城市，行走在驿道上也不用发愁，因为在很多驿站附近都会有私人开设的旅店，比如马嵬驿旁边便设有马嵬店。

当然唐朝幅员辽阔，并非每时每刻、每处每地都能找到可以栖身的旅店，那么此时人们便只能借宿在老乡家中，或者寺庙道观里。唐朝皇帝以老子李耳后代自居，大肆宣扬道教，而女皇武则天又自称是弥勒佛下凡，很是尊崇佛教，因此唐朝的寺庙道观数量众多，还大多建在山野僻静之处，可谓是前不着村、后不着店时的上佳选择。

很多旅店之中还开设租赁马驴的业务，驴子由于价格相对便宜，于是成为周边游游客们首选的交通工具，虽然比马跑的要慢一些，但旅游最重要的并非是到达目的地，而是欣赏路上的风景以及看风景的心情。

第七章

那些吃吃喝喝的事儿

工作餐好吃，班可不好值

官员们的那些应酬

喝酒就得三盅全会

官员们的下午茶

工作餐好吃，班可不好值

唐朝官员可以免费吃工作餐，也就是"会食"。其实在立朝之初并没有这项福利待遇，但早朝的时间很早，即便是那些住得距离皇宫比较近的官员凌晨四五点钟也得动身了，而那些因繁华地段房价太高而住得比较远的官员甚至在凌晨三四点钟便要起床。官员们往往一直要忙到中午，很多人早就饥肠辘辘了，若是再赶回家里去吃饭，还得饿上一路。太宗皇帝李世民特别体恤官员们的辛苦，于是便设立了会食制度。

会食由光禄寺来负责，具体工作由其下辖的太官署承办。经验丰富的太官署具有承接两三千人大型宴会的能力，不过会食所需食料种类繁多，而它只是统筹置办部门，所以太官署往往会依据食材类别向不同部门购买或者领取。米面、蔬菜、水果主要由司农寺来供应；牛羊肉主要由太仆寺下辖的沙苑监来供应，其他肉类由太仆寺下辖的其他监来供应；水产品主要由都水监来供应。这些食材可都是特供食品，绿色环保无公害，御史台的御史们还会对会食进行全程监督。

常参官们的用餐地点并非被安排在某个大殿内，而是安排在廊下，因此这样的会食也被称为"廊下食"。廊虽然有顶子，却并非是完全封闭的，有的是依墙而建，一面有墙，一面为空；有的就建在道路中央，两面都是空的。

会食时正值一天之中最热的中午，即便是三伏天，那些官员们也要注意仪表，因为那些专挑毛病的御史们就在他们中间，举止稍稍有什么不雅或许便会遭到弹劾，官员们根本不可能像在家中那样随心所欲地穿衣。即便天气再热，他们也要将扣子系好，一本正经地吃饭，吃相还要尽可能地优雅，不能狼吞虎咽，更不能下手去抓，这一顿饭下来往往是吃得汗流浃背，甚至湿透了官服。若是三九天也很凄惨，冷风嗖嗖，滴水成冰，官员们一边吃着饭，一边打着哆嗦。

唐朝会食相较之前有了一个重大改变，之前的聚餐基本上都是一人一张食案，自己吃自己的。但唐朝官员会食时却跟今天一样，众人围坐在一张大桌子前一块儿吃饭，不过却还不是真正的"合餐制"，因为每位官员的食物早在上桌前便已分配好了，只有桌上的粥、汤、饼是由大伙来共同享用，但通常也不是自己去盛，而是由站在一旁的工作人员替你来盛，因此会食时看似是大家一块吃，但实际上仍旧是各吃各的。

除了常参官以外，其他官员也有机会朝见天子，比如之前提到的六参官、九参官等，在一些极为隆重的大朝会上，八、九品的小官也会获准参加，完事之后也被允许跟常参官一同在廊下就食。

不同品级的官员所吃的饭菜是有差别的，被划分为三个等级，三品以上的官员是一个等级，四品至五品官是一个等级，六品以下官员是一个等级。每一道菜、每一碗汤都体现着等级的差别，即便是他们所吃的米都会不一样，大官吃的是细白米，中级官员吃的是细米，小官吃的是白米。

如果不是当天参加朝会的官员，除非获得皇帝的恩准，否则不能随便去蹭工作餐，若是硬着头皮往里凑，弄不好要挨掌掴的！

会食所需经费一开始由朝廷统一拨付，玄宗皇帝李隆基在位时却改了法子。朝廷向各部门专门拨付了一笔资金，如中书省、门下省各划拨了1000贯，称之为"食本"，其实就是用来吃饭的本钱。各部门用这笔钱对外发放贷款，约定收取五分利，实际利率却由部门自行确定，发放贷款获取的利息便用作会食所需费用。有些实权部门往往会凭借手中权力大肆鱼肉百姓，百姓们却是敢怒而不敢言。

宰相虽然并不一定是最大的官，但地位却是最尊贵的，跟其他官员一同挤在廊下吃饭未免有失体统，因此他们往往会回宰相公署中书门下单独用餐。中书门下与皇宫仅有一墙之隔，走回去也很是方便。

中书门下专门设有一张巨大的食床，唐朝的床可并非仅仅用于睡觉，官员们在上面放东西，躺着休息、坐着看书都可以。

宰相会食时所吃饭菜无不是用料考究，技艺精湛，很多菜都是由皇宫内的御厨做好之后以皇帝的名义赏赐给宰相们。虽然中书门下设在中书省，但两者的食堂却是分开的，不过资格比较老的中书舍人有时也会跑过来一饱口福，其他获得皇帝特许的官员也可以去那里蹭饭吃。

政事堂改为中书门下后便不再只是单纯议事的场所，而是变为政务处理机构，还专门设立了处理具体政务的六房。宰相们大部分时间都会在中书门下办公，反而很少回自己的单位。既然宰相不回来吃，所在单位便将宰相的饭钱给扣出来，借机再孝敬给宰相，这也成了宰相的一笔灰色收入。

对于宰相而言，会食不再只是单纯的吃饭，而是成为议事活动，以至于很多大政方针都是宰相们在饭桌上议定的。会食时，只有等全部宰相都到齐之后才能开饭，若是某位宰相中途有事离开，其他宰相出于礼节要等他回来后再继续吃。

虽然会食时会刻意营造出宰相们其乐融融的景象，但他们彼此钩心斗角却是常有的事，而且通常都是面合心不合，只有在极为特殊的场合才会心不合，面更不合。

德宗朝宰相杨炎是个很有能力的宰相，曾创制"两税法"，使得安史之乱后混乱不堪的财政体制重新变得规范起来，但他也是个很有个性的人。他很看不上另一位宰相卢杞，觉得他长相丑陋，举止粗鲁，文化水平低，靠着溜须拍马和逢迎皇帝才当上宰相，因此杨炎常常称病不参加会食，其实是不想与令他生厌的卢杞一起吃饭。

卢杞却是个极为阴险狡诈的人，暗中疯狂构陷杨炎。杨炎很快便遭了殃，先是被贬为崖州（今海南海口琼山）司马，紧接着便被赐死。杨炎之死说明不赏光跟小人一起吃饭真的可能会被害死。

为了彰显宰相的尊贵和威严，宰相们会食时一般并不允许下属随意打扰，不过也要看来人的身份地位。

顺宗永贞元年（公元805年）某日，翰林学士王叔文大摇大摆地来到中书门下求见宰相韦执谊。王叔文是顺宗皇帝李诵当太子时的旧臣，当时很是得宠，韦执谊正是经过他的推荐才得以出任宰相，不过他来的时候偏偏赶上宰相们正在会食，守门人便告知王叔文宰相们暂时不会客。

心高气傲的王叔文没有想到自己居然也会吃闭门羹，于是便将守门人臭骂了一顿。守门人心中虽很是气恼，却也深知王叔文是何许人也，更知道他与韦执谊的关系非同一般，自然不敢轻易得罪，于是跑进去将此事禀告了正在吃饭的韦执谊。

韦执谊没有想到王叔文竟会选在此时来找自己，顿时面露难色，踌躇良久还是决定出去看看，其他三位宰相杜佑、高郢、郑珣瑜有些不悦地放下了手中的筷子。他们原以为韦执谊很快便会回来，可等了许久，小吏才跑回来传话说，三位宰相不要再等了，韦执谊已经与王叔文到其他地方去吃了。

三人肺都快要气炸了，但杜佑和高郢都是深藏不露的高手，知道王叔文这个人不好惹。郑珣瑜却根本不理会那些，径直回府了，从此便称病不出。

宰相们会食时往往都会有固定的座位，若是哪一天自己坐的那个位子被人撤走了，便说明你可能已然被罢免了。

那张硕大的食床更是很久都不曾被移动过，宪宗朝宰相李吉甫见食床之下早已变得肮脏不堪，于是命人移走食床，想要好好清扫一下。谁知却被下属拦住了，说那张食床可是万万动不得，若是擅自移动必会横遭罢免。李吉甫却偏偏不信邪，执意移开那张五十多年都不曾移动过的食床，将食床之下的污垢涤荡殆尽。

那些无法参加朝会的京官也会在本单位吃工作餐。虽然绝大多数中央部门都设有公共厨房，但因京城地价太高，很多中央部门的办公环境都比较局促，因此一般并不设食堂，官员们往往要在自己的办公室内用餐。

地方官衙的面积往往会比较大，因此很多州县都会建有食堂。食堂大多是南向，一般开有两门四窗，能够阻挡严寒酷暑，比那些在廊下进食的常参官们，吃饭体验要好上许多。不过也有一些地方没有食堂，这些地方要么是地价特别高的京城附近地区，要么就是极为贫瘠的偏远州县。

管辖长安的京兆府便没有食堂。曾任监察御史、殿中侍御史的张署后来出任京兆府司录参军事（正七品上阶），主管下属各曹，同时纠察官员违法之事，相当于秘书长兼监委主任。张署会食时与同僚们挤在威严肃穆的公堂上一起吃饭。这些人端着饭碗有的坐着，有的站着，有的蹲着，之前吃饭时还时常说说笑笑，打打闹闹，可等到张署到任后，他们却因畏惧张署官威，全都老老实实地低着头吃饭，吃完之后向张署作个揖便快步离开了。

安史之乱后，天下大乱，无论是中央，还是地方的会食制度都被迫一度中断，等到局势稳定后，朝廷下拨专款陆续恢复了中央各部门的会食制度，但州县会食制度却并未同步恢复。

在那场旷日持久的战乱中，很多州县的食堂都被战火损毁，急需资金进行修复或者重建，而用于放贷的"食本"却已损失殆尽。有的是钱贷出去，借钱的人在战乱中死了或是逃了，不仅利息无从收取，连本钱都要不回来了；有的是主管官吏趁着战乱恶意侵占，中饱私囊，很多州县账本都被损毁了，很多同僚被杀或者逃亡，一些贪心的官吏便将公家的钱私自揣进了自己的腰包。既然本钱都没了，维持会食制度正常运转的利息自然也就没有了着落。

安史之乱后长达四五十年的时间中，京兆府盩厔县（今陕西周至县）都未曾再举行过会食，县里的主簿多方筹措资金建成新食堂并募集到会食所需启动资金，这才重新恢复了会食制度。不过盩厔县毕竟属于天子脚下的京畿之地，很多偏远州县直到唐朝灭亡都未能再举行会食。

中午吃完工作餐，很多京官便可以回家了。按照当时的规定，官员并非全天上班，一般每天只工作半天。不过不同单位的工作强度不同，不同岗位的工作量也不同，那些事务繁忙的官员还得继续上班，注意在下午上班与下面提到的在下午值班可是两回事，值班是大家轮流值，上班是你要一直上。

地方官工作压力大、强度高，上面千条线，下面一个人，一会儿这个来视察，一会儿那个来检查，一会儿那个来督查，不派人来还会让你搞自查，这导致地方官疲于应付。一天之中官员还需要两次公开办公，称为朝衙和晚衙，因此他们下午根本歇不了，甚至晚上还得加班。节度使的那些幕僚们更是忙得焦头烂额，连中午休息的时间都没有。

下面说一说值班的事情，那些只上半天班的单位必须要留有值班人员，以免会耽误公事，被称为"当直"。一些学者将其简单理解为值夜班，其实无论是在工作日下午值班，还是在晚上值班，抑或节假日全天值班都被称为"当直"，但只有晚上值班才会被称为"宿直"。值班的确是个很辛苦的活儿，尤其是值夜班，值了一晚上班，等到天明后还要去上早朝。

很多人值夜班值得晕头转向，若是在早朝时说错了话，站错了队，哪怕是做出什么不雅的举动，一旦被御史们发现了，轻则被罚工资，重则遭贬官，因此谁也不愿意去值班。不过各单位会根据官员名单进行排班，制成宿直簿，也就是值班表，每个人都要严格按照值班表去值班，当然还设有专门人员或者兼职人员监督大伙儿值班。

只有极少数官员才可以不用值夜班。中书、门下、尚书三省的地位最为重要，除了尚书左、右丞之外的所有官员都需要值夜班；御史台、秘书监、九寺、少府监、将作监、国子监等单位的正、副职官员可以不用值夜班；太子詹事作为东宫的大管家也可以不用值夜班，此外司法官员大理正（从五品下阶）与大理寺副长官大理少卿品级相同，可以享受副长官的待遇，也不用值夜班。五监之中的兵器监、都水监因机构规格比较低，包括长官在内的所有官员都需要值夜班;殿中省相当于皇帝事务管理局,所有人员都需要值夜班。在地方,除刺史、别驾、长史、司马外的所有州级官员,除县令外的所有县级官员都需要值夜班。不过为了体现人文关怀,官员在老婆生孩子的当月不用值夜班。

左卫大将军李大亮兼任太子右率卫、工部尚书,可谓是一人身兼三职,宿卫皇宫、东宫两宫,自然是三天两头值班,每到他值班时,太宗皇帝李世民便会安慰他,只有你值夜班,我才能睡个好觉,可李大亮这个值班专业户却未必能睡得好。

从天册万岁元年(公元695年)三月开始,女皇武则天要求宰相们也要值夜班,每天一个人,当时共有娄师德、王孝杰、杨再思、李元素、姚璹五位宰相。那段时间,宰相变动频繁,今天是宰相,明天或许便会被贬,被捕,被流放,甚至被杀。宰相少的时候五六个人,多的时候也不过才十来个,即便是人多的时候,十来天也得值一次夜班,可那些宰相们却大多年事已高,不少人身体欠佳,即便身体好的宰相也往往因年老体衰而有点神经衰弱,因此值夜班对于他们而言可谓是痛苦不堪。

见这些宰相们值夜班时实在太过吃力,朝廷便安排宰相与中书省、门下省的官员皆仕一起排班,这样便会大大减少值班的频次。

尽管如此,那些宰相们仍旧不堪忍受值夜班的痛苦。姚崇曾在中宗、睿宗、玄宗三朝担任宰相。开元二年(公元714年)某日,主管值班事务的官员拿着宿直簿去见当时担任紫微令(即中书令)的姚崇,告诉他马上要值班了,但姚崇却在下属面前耍起了无赖,而那个官员却是个不懂变通也不会知难而退的"愣头青"。姚崇见自己实在搪塞不过去便在宿直簿上写下"告直"两个字,意思是已经告诉我值班这件事了,便将那个官员打发走了。可那个官员走后心中却还是不踏实,居然又跑回来了,言辞生硬地告诫当朝宰相姚崇必须落实好值班这件事。姚崇遇到这种人也是很没辙。

直到玄宗开元十一年（公元 723 年），宰相们终于不用再值夜班了，不过此时姚崇却已被罢相 7 年之久，没能赶上这个好政策。

那位官员之所以不惜得罪当朝宰相也要落实好值班这件事是因为朝廷对宿值的要求极为严格。官员们应当值班而不值班，应当在单位留宿而不留宿，将会被笞 20 下；有时官员们会从白天一直值到第二天早晨，此时若是无故不值，处罚会更重一些，将会被笞 30 下。

开元二十年（公元 732 年）九月二十日，原本应由中书舍人梁升卿值班，但次日却是他祖上的忌日，很多祭拜的物品都需要置备，于是便想起了给事中元彦冲。虽然两人分属中书、门下两省，但当时两省官员合在一起排班，估计下面该轮到元彦冲值班了，于是梁开卿便想让元彦冲替自己去值班。但那天恰逢旬假，元彦冲已经回家了，而且他已经连续上了 9 天班，自然想着要好好放松一下，于是便邀请亲朋好友们聚在一起又吃又喝，很快便喝高了。

就在推杯换盏之际，元彦冲却猛地发现了梁升卿的身影，于是用有些含混不清的话问道："今天你不是值班吗？怎么跑到我家来了。"梁升卿忙将自己明日要祭拜先祖并想让元彦冲替自己值班的事情跟他说了一遍，可元彦冲此时却已然有些醉了，虽满口应承下来，但很快便将值班的事抛到九霄云外去了。

此时天渐渐黑了下来，恰巧当晚玄宗皇帝李隆基有事派人去寻值班的官员。可被派去寻人的人找了好几圈也没找到，只得将此事原原本本回禀皇帝。玄宗皇帝听后不禁龙颜大怒，两人全都被贬往地方任职。

官员们的那些应酬

唐代宴会的形式很多，数人相聚即可成宴，每逢良辰、佳节、喜庆、闲暇之际，人们总会摆酒设席，聚在一起吃吃喝喝，娱乐消遣，联络感情。

规格最高的自然是皇帝召集的御宴，皇帝时常会将一些朝廷重臣和亲近官员召入宫中。出席御宴成为显示身份地位的象征，也是日后向他人夸耀的资本。参加御宴不但能够品尝到专属于皇帝的特供美酒和稀世佳肴，还能欣赏皇家乐队的歌舞表演，那些舞女要相貌有相貌，要身材有身材，要才艺有才艺，因此那些赴宴的官员既能一饱口福，又能一饱眼福。

不过御宴却并非简单的吃吃喝喝，参加者要严格遵守相关礼仪，依据官品和资历依次入座。但参加宴席却不同于上朝，不用像在朝堂时那样拘谨，却也不能喝得太过，玩得太嗨，以免不慎触怒了皇帝。

被后世尊为门神的大将尉迟敬德在玄武门兵变时率军闯入宫中逼使高祖皇帝李渊拱手交出了皇位，还亲手杀死齐王李元吉，自认为所立功勋无人可以匹敌，于是变得越来越狂妄自大。

那日，尉迟敬德照例参加御宴，却发现居然有人位居他的上席，他顿时气得青筋暴跳，大声呵斥道："你究竟立了什么功竟敢位居我之上！"

见现场气氛愈加紧张，坐在尉迟敬德下首的任城王李道宗出于好意，走上前想要劝一劝他，谁知尉迟敬德不仅不领情，居然还挥拳向着人家的眼睛打了过去，差点把人家那只眼睛给打瞎了。

在御宴上无端殴打王爷，那打的可是皇帝的脸，太宗皇帝李世民随即停止了宴会，气呼呼地说："我读《汉书》时发现那些开国功臣之中能够得以善终的人很少，于是心里常常责怪汉高祖。如今才明白韩信、彭越等人遭到杀戮，绝非汉高祖之过！"李世民虽并未直接责怪他，但话中却带着隐隐的杀意，以至于尉迟敬德不由得惊出了一身冷汗，从此之后收敛了许多。

御宴通常都少不了歌舞助兴，最常见的舞蹈是秦王破阵舞、九功舞和上元舞，尤以秦王破阵舞最为壮观，参演的舞蹈演员多达120人，艺术地再现了太宗皇帝李世民征战沙场、开创大唐百年基业的场景，展现了他沙场驰骋的豪迈。

朝臣也不能光吃皇帝家的饭，有时也要请皇帝吃一顿，最好的由头莫过于举办烧尾宴了。关于"烧尾"流传最广的说法就是鲤鱼一旦跃过了龙门，必将会有天火将它的尾巴烧掉，此时鱼才会变成真龙。

唐朝的烧尾宴其实就是升官宴，那些高官们升任新职通常都要举办烧尾宴招待天子和前来恭贺的同僚，中宗皇帝李显在位时最为流行。

景龙年间，大臣韦巨源升任尚书左仆射，照例向中宗皇帝进献烧尾宴，共有五十八道精致的菜肴，有北方的熊和鹿，有南方的狸、虾、蟹、青蛙、鳖，还有餐桌上常见的鱼、鸡、鸭、鹅、鹌鹑、猪、牛、羊、兔等，可谓是山珍海味，应有尽有。

那些特色菜更是令人垂涎欲滴。有"甜雪"，是用蜜糖煎的人例面；有"雪婴儿"，是青蛙肉裹着豆粉下火锅；还有御黄王母饭，是用肉、鸡蛋等做的盖浇饭；最引人注目的是用来观赏的工艺菜"素蒸音声部"，即用素菜和蒸面做成一群蓬莱仙子般的歌妓舞女，华丽和壮观程度令人叹为观止。

几乎每天都会有人升迁，因此中宗皇帝和他手底下那帮近臣们可以三天两头地一饱口福，吃了这顿吃那顿，喝了这家喝那家，吃得满嘴流油，喝得东倒西歪，但底层百姓却在温饱线上苦苦挣扎，以至于"朱门酒肉臭，路有冻死骨"。

尚书右仆射、同中书门下三品苏瑰对大办烧尾宴的不良风气心存抵触，他被晋封为许国公后并没有按照惯例进献烧尾宴。百官纷纷嘲笑他是个吝薄鬼，以至于中宗皇帝对他的所作所为也有些不悦。

苏瑰找了个机会向中宗皇帝直言进谏道："我们这些做宰相的理应辅佐天子治理好国家，可如今灾荒连年，米价飞涨，百姓们连饭都吃不上，我们居然还要办什么烧尾宴，这会让那些饥民们如何看待我们？如何看待朝廷？"中宗皇帝一时间沉默不语，内心受到了极大的触动，此后烧尾宴几乎不再举办了。

在唐朝，州一级的行政机构通常会定期举行官方宴会，刺史与幕僚们共聚一堂，费用也会由官府支付，因此也被称为公宴或官宴。由于平日里吃吃喝喝难免会耽误公务，因此公宴往往会被安排在旬休那日，诸位官员们可敞开了喝，喝高了便直接回家休息。

军队也会时常举办宴会，各级将士汇聚一堂，大碗喝酒，大块吃肉，好不畅快！驻扎在长安的禁军将士们还时常能够吃到皇帝的赐宴，还会有各式各样的犒赏宴。比如每年樱桃熟了，会选择良辰吉日搞"樱桃宴"；左右神策军打猎踢球后往往会搞"两军球猎宴"。

各级官员也会时常自掏腰包举办宴会，邀请同僚们来参加，成为彼此间交流感情的重要形式。平定安史之乱的大功臣郭子仪、田神功，还有大宦官鱼朝恩都热衷于大搞宴会，每顿饭的花销便高达十万贯，虽然是私宴，却往往会被巧立名目转嫁到朝廷的身上。

每逢节日，上至皇帝权贵，下及平民百姓都会通过举办"节宴"来进行庆贺。每当除夕之夜，唐人也会守岁，家人围坐在一起边喝酒吃菜边辞旧迎新，共同等待着农历新年的到来。皇宫里也不例外，也会摆守岁宴，皇室成员以及朝廷重臣和近臣要陪皇帝共度良宵。

正月初七为人日，此时春节的喜庆气氛仍旧很浓郁，皇帝通常也会举办大型宴会，与群臣们共度佳节。

冬至后再过105日便是寒食节，两天后就是清明节，由于这两个节离得比较近，人们往往会一起过，并举行各种节日活动。寻常官员会举办小型宴会，皇宫里也会举办寒食内宴。寒食节那日不能动火，以此来纪念被大火烧死的春秋时期晋国名臣介子推，过节时只能吃素，虽然不如过别的节日时菜肴那么丰富，却也别有一番风味。

七月初七那天被称为"七夕"，如今成为"中国情人节"。每当夜幕降临，妇女们便会摆上些瓜果，做几个拿手好菜，纪念牛郎织女在这一日相会，期待着自己也能有一段美好姻缘。

嫔妃宫女们长期闭锁于后宫之中，到了这一日常常会取来九孔针和五色线，对着月亮穿针引线，谁要是穿得快便会被视为心灵手巧，在接下来的一年里也将会有好运气，这一系列活动也被称为"乞巧"。虽然这个节日原本是女人们自娱自乐的节日，但唐朝皇帝也要凑凑热闹，常常会在此夜举办宴会与群臣们欢度良宵。

八月十五为中秋节，从古至今都是阖家团圆的日子。人们在赏月的同时，往往还会略备酒宴，一起举杯庆祝。在这个特殊的夜晚，那些在宫廷内值班的翰林学士们虽不能与自己的家人团聚，但朝廷也会为他们备些酒菜。他们可以对着明月畅饮一番，不过却万万不能喝高了，因为需要随时应对皇帝的征召。

九月初九为重阳节，唐人喜欢攀登到高处举行宴会，插着茱萸，饮着菊花酒，怀念着不在身边的亲人。

皇帝的生日被称为"诞圣日"，原本属于皇帝的私事，但玄宗皇帝李隆基在位时却在那些善于拍马屁的朝臣们的鼓动之下，将自己的生日八月五日定为"千秋节"，在这一日普天之下都要设宴庆祝。

除了节宴外，唐朝官员还热衷于游玩赏景，顺便在野外聚会宴饮，被称为"游宴"。每当春暖花开、春光明媚之际，官员们便会在工作之余成群结队地奔向郊野，在明媚的春光中开怀畅饮，每年二月初一中和节和三月初三上巳节都会掀起游宴的高潮。风光秀丽的曲江池每到此时必然是人声鼎沸，热闹非凡。

　　不过也有不少唐朝官员并不喜欢喧嚣，另辟蹊径前往清幽偏僻之地进行野宴，三五知己藉草倚石，看着眼前宜人的景色，拿出随身携带的酒菜，一边吃一边享受着眼前的美景。

喝酒就得三盅全会

如今我们是一边吃饭一边饮酒，但唐人却往往是先吃饭，等吃得差不多了再喝酒。提到喝酒，现代人常会说"三盅全会"，就是啤酒、白酒和黄酒都能喝。其实唐朝主要也有三种酒，分别是黄酒、果酒和洋酒。

黄酒是唐朝人最常喝的酒，被分为清酒和浊酒。浊酒中的酒糟残渣会比较多，因此价格也相对比较便宜，看起来比较清澈的清酒一般都价值不菲，李白曾经颇为自豪地写道："金樽清酒斗十千。"

果酒是往酒中掺入某种特殊的果子或者用果汁酿造而成的酒，比较著名的就是太宗皇帝李世民亲手酿造的葡萄酒，一度成为宫廷招牌酒。

洋酒的代表是庵摩勒、毗梨勒、诃梨勒，都是从波斯，也就是从今天的伊朗引进的带有浓重异域风味的外国酒。

宦官尚食下辖的司酝便专门负责宫廷所需酒水的供应和置办，不过具体酿酒工作主要由光禄寺下辖的良酝署来负责，这个署共有官员 6 人，没有品级的胥吏 170 人，所酿美酒主要供宫廷宴会时使用，也有一部分提供给中央有关部门。

唐朝宫廷名酒有很多，如桑落酒、三辰酒、凝露浆、桂花醑等。当初为了酿造三辰酒，玄宗皇帝李隆基专门下诏建造了皇家制酒作坊曲清潭，砌造酒窖时所用的砖都是银砖，用石粉进行灌封，最终酿造出三辰酒一万多车。除了自己饮用外，玄宗皇帝还时常将其赐给自己的私人秘书，也就是那些翰林学士们，让他们也尝一尝这世间美味，希望他们经过美酒的滋润后才思更为敏捷。

宫廷美酒虽诱人，但居然有人为了能够品尝到美酒而去做官。唐朝初年有名的大才子王绩科举及第后参加吏部组织的铨选，顺利通过后主动去找主管工作分配的官员，说自己想当太乐丞。这是太常寺的一个官，虽然太常寺位居九寺之首，却属于不被世人所看重的"卿监官"，因此主管分配的官员劝他再好好考虑考虑，还没有科举出身的人去当太乐丞的先例，这不是自毁前程吗？

可王绩却铁了心要去当太乐丞，人家最后也被他磨得没有办法了，只得同意了他的请求。

其实王绩当官并非为了光宗耀祖，衣锦还乡，更不是为百姓服务，他纯粹就是为了喝酒。他之所以非要去当太乐丞，是因为他听闻太乐署中有一个名叫焦革的小吏，此人出身于酿酒世家，手中握有秘不示人的酿酒秘方。

王绩费了半天劲儿才当上了焦革的领导，为的就是能够喝上焦革所酿的好酒。但天有不测风云，仅仅几个月后，焦革便去世了，好在焦革的老婆袁氏也懂得酿酒之法，可一年多后袁氏也死了，王绩再也喝不上焦家所酿的美酒了。

怏怏不乐的王绩觉得这官当下去也没啥意思，于是便辞官而去，这真可谓是千里来做官就是为了喝酒饱口福！

唐人喝酒时喜欢用铛来温酒，铛跟盆差不多，下面有三个腿，里面放上热水，下面烧上炭火，将酒放在里面便可将其温热。不过也有人喜欢喝冰镇酒，冰酒的器皿是个斗形器具，里面装满了冰块，将酒杯放在里面便会起到冰镇的效果。

唐人喝酒顺序也很有讲究，比如大年初一众人喝屠苏酒时，按照年龄大小依次喝酒，岁数小的先喝，岁数大的后喝，最年长者最后喝，最后那人饮的酒被称为"兰尾酒"或"婪尾酒"，类似于今天的"福根"。

喝酒时，晚辈要向长辈，小官要向大官敬酒，敬酒时要恭敬地站起来，手举酒杯，身子稍稍向前倾，如今我们是碰一下酒杯，唐人却要将手指伸入杯中轻轻蘸一下，然后弹出手指上所沾的酒滴，称为"蘸甲"。

你一杯，我一杯，这样喝起来也没啥意思，于是酒令便应运而生了。酒令就是将喝酒与游戏娱乐活动结合在一起，高雅一点的就是赋诗令。诗歌渗透到唐人生活的方方面面，即便是喝酒时也不例外，酒席上通常会选出一人为令官，由令官来出题，有时是限定韵脚，有时是规定主题，在座的人即兴赋诗，如若谁要是说不上来，便要被罚酒。

唐代官员的正途为科举出身，而进士科最为世人所看重，考的也主要是诗赋，因此科举出身的官员们聚会时最喜欢行赋诗令，不过那些通过其他途径进入官场并且文化水平又不高的官员往往喜欢行手令，这个传统也流传到了现在，什么六六六啊，八匹马呀。唐人在行手令时不仅只是用手在比划，还往往会配合衣袖的动作，摆出各种造型，其实就是通过类似石头剪子布的方式来决出胜负。

光用手来比画未免有些单调，因此唐人便借助某些器具来行酒令，最常见的有骰盘、筹箸、酒胡子和香球四种器具，用这些器具来行酒令并不需要什么文化内涵，靠的主要是运气和技巧。

骰盘最初是赌博用具，后来才用来行酒令。骰盘由骰子和盘器组成，骰子类似于今天的色子，有好几个面，不同的是每一个面上都会有形态各异的图案，通常是将多个骰子同时掷向盘器，等到旋转的骰子停止后，看看最上面是什么图案，以此来确定是输还是赢，若是输了需要罚酒。

筹箸是专门为喝酒之人设计的酒令器具，江苏丹阳丁卯桥曾出土过一副筹箸，其中有令筹五十枚、令旗一件、令纛一件和筹筒一个。

行酒令的时候，酒官将令筹放入筹筒之中，通过不停晃动打乱次序，然后手持令旗指挥喝酒的人按照顺序抽取令筹。其中一件出土的令筹上写着"克己复礼，天下归仁焉。在座劝十分"。"在座劝十分"就是劝所有在座的宾客干一杯，五分就是喝一半，七分就是喝大半杯。有的令筹是劝主人喝，有的令筹是自己喝，有的令筹是任意劝两人喝。若是有人在席间犯规了，那么酒官便会举起令纛指向他。

酒胡子是一种用木头刻的胡人木偶，不过下身却是圆形的，类似于今天的不倒翁。行酒令时，有人用力转动酒胡子，使其快速旋转，等酒胡子慢慢停下来之后，它的手指向谁，谁就得喝酒。

香球其实就是小绣球，这种酒令类似于击鼓传花的游戏，香球依次从宾客手中进行传递，有时是音乐停了，有时是灯烛灭了，此时球传到谁的手中谁就要喝酒。百花开放的时节，也会传递花枝，或者与香球一同进行传递。

唐朝时，长安、洛阳等大城市都实行宵禁制度，坊门到了傍晚便会被关闭，街上还会有巡逻的士卒，抓捕胆敢"犯夜"的人。寻常人家轻易不敢饮酒到深夜，除非宴请的是左近邻居，抑或喝完酒之后将人家留宿在自己家中。

不过那些看似凶神恶煞的巡夜士卒却万万不敢招惹那些权贵，因此权贵府上时常会举行夜宴，不到夜半时分不散席，还时常会邀请女子作陪，尤其是年少貌美的妓女，脂粉香泽中透着暧昧的气息：那些前来陪侍的妓女并不单是长得好，往往还能歌善舞，尤其擅长劝酒。谁带来的女子长得漂亮，歌唱得好，舞跳得好，谁便会被同僚们高看一眼。

酒席开始后，男女往往是挨着坐，几杯酒下肚后便开始相互打趣，互相调情。良家妇女自然不会干这种陪酒的勾当，穿梭于各式酒局之中的多是青楼女子，还渐渐催生了一个新职业——"酒妓"。这些酒妓们穿梭在各色客人中间打情骂俏，推杯换盏，在不知不觉间便让你喝高了，当然有时她们也会被酒色场上的高手灌得玉容半酣。

很多官员对这种酒局乐此不疲，大诗人白居易在《对酒吟》中写道："公门衙退掩，妓席客来铺……今夜还先醉，应烦红袖扶。"

官员们的下午茶

茶文化是大唐文化的重要组成部分，不过唐朝却并不会像今天这样用开水沏茶，而是将采集的新鲜茶叶煮着喝，甚至还会与粥一起煮，称为"茶粥"。那时人们更习惯于将茶看作是一种调味品而非是一种清淡的饮品，煮茶的时候往往还会加入很多佐料，比如葱、姜、枣、橘皮、薄荷，可想而知唐朝的茶将会是怎样的滋味。

在隋唐之前，北方人的饮茶之风并不太兴盛，不过随着佛教影响力越来越大，饮茶这种生活方式才逐渐被北方普通民众所接受，品茶与坐禅成为当时的标配。唐朝官员在休闲、解乏、待客、会友时往往会以茶相待，白居易养病时更是用饮茶来调理身体。

由于饮茶的人越来越多，数量有限的野生茶根本满足不了人们的日常需要，种植茶开始大量出现，唐朝茶叶种植区域与今天主要的产茶区基本吻合，茶农直到此时才正式出现。

随着茶叶生产的兴盛，茶也成为官员生活中必不可少的重要饮品。德宗贞元元年（公元 785 年），当时的大唐刚刚经历了一场大变乱，朝廷财政一时间捉襟见肘，德宗皇帝李适下诏对茶叶征税，征收标准为每斤征收一百文的税钱，后来茶税又增加到了 150 文。

茶叶采摘主要集中在每年的二月至四月，然后再加工成成品茶，依据质量好坏分为粗茶、末茶、散茶和茶饼。想必你对"粗茶淡饭"这个词并不会感到陌生，粗茶其实是用枝梢老叶制成的低档茶，主要面向普通老百姓；还有部分生活比较困苦的低级官员。末茶经过蒸春但不进行拍制，是一种不成型的碎末茶。散茶是泡煮炒过的茶叶，喝上去口感会好上许多。最高级的自然是像今天的普洱茶那样制成茶饼的茶，可谓是讲究生活情调的官员们的首选。

若想烹出沁人心脾的茶饮，既要有好茶，还要用好水。优质水源的选择至关重要，在《红楼梦》中，妙玉奉茶时用的是雪水，但雪水却只被唐人排在烹茶用水第二十位，排在第一位的是庐山康王谷水帘水，第二位是无锡惠山寺石泉水。那些喝茶讲究的官员无不选取名泉佳水，甚至不惜从远处运水来喝。

有了好茶，有了好水，还要有高超的手艺才能煎出一杯可口的茶。第一步便是炙茶，也就是将茶饼放到火上去烤，要使得茶饼受热均匀，不能烤糊了，也不能有的地方没烤干，一般经过两次炙烤后便会趁热将炙烤的茶饼放入袋里，以免茶叶的香气散失掉，等到茶饼彻底凉透了再取出来碾成末。

碾茶可是个力气活儿，因为唐朝的茶饼都很坚硬，因此碾茶需要用专门的工具，碾好之后便可放在火上煎了。唐人煎茶跟做饭差不多，既要有火，还要有锅，还得放佐料。

煎茶时最重要的是讲究火候，当煮开的水像鱼目一般，微微有些声响，那么便是一沸。如果锅的边缘像泉水那样翻涌而出，那么便是二沸，此时往往会用竹质筷子轻轻搅动几下。如若锅内翻江倒海，那么便是三沸，唐人一般不会将茶煎至三沸，因为到了三沸水便有些老了，煎出来的茶并不好喝。煎好茶后分到每个人的茶盏之中，众人便可以品茶了。

其实在唐朝之前，北方人对酪浆的喜爱程度要远远超过茶，那时茶还有个特殊的名字"酪奴"，也就是说茶是酪浆的奴隶。

酪浆就是用牛马羊等家畜的乳汁熬制成的饮料，为了便于储存往往会制成黏稠状，口感估计跟今天的酸奶差不多，不过却往往会带有一些腥气味。从司马懿的孙子司马炎建立的西晋灭亡后，在此后长达 264 年的时间里，北方主要由少数民族统治，因此他们的饮食习惯深深地影响了北方人的生活，而南方主要由汉族统治，更倾向于选用更为清淡的茶，不过当时在茶里加入了不少佐料，喝起来跟如今南方人煲的汤差不多。

随着汉族主导的大一统王朝隋朝、唐朝的相继建立，茶逐渐取代酪浆成为最主要的饮品。但酪浆却并未就此消失，样式还在不断翻新，比如夏天喝的调羊酪被研发出来，并进一步提纯制成醍醐，却由于价格昂贵并非一般人能消费得起，不过"醍醐灌顶"这个成语却流传下来，比喻灵光乍现后大彻大悟。

除了茶和酪浆，唐朝官员们爱喝的饮品还有许多。比如乌梅饮，口感跟今天的酸梅汤有点像；葡萄浆，压榨葡萄汁制成的饮品；杏酪，是用杏仁提取的饮料，多在寒食节时饮用，可谓是今天杏仁露的鼻祖；蔗浆，是用甘蔗榨出来的饮品；名噪一时的三勒浆就是用今天广东、广西，乃至东南亚的热带水果制作的特色饮料。

上述饮料都是普通官员们日常享用的饮品，那些高级官员还会有口福喝到宫廷饮品，最为知名的就是五色饮和五香饮。

五色饮就是巧妙地将五种颜色的饮料混合在一起，以扶芳叶为青饮（绿色饮料），拔褉根为赤饮（红色饮料），酪浆为白饮（白色饮料），乌梅浆为玄饮（黑色饮料），江桂为黄饮（黄色饮料），看上去如同鸡尾酒那般色彩斑斓。

五香饮是用五种香料制作而成的混合饮料，分别为沉香饮、丁香饮、檀香饮、泽兰香饮、甘松香饮，哪怕是闻一闻都会令人心旷神怡。

长安、洛阳等大城市中还出现了一种名为"饮子"的饮料，由于里面加入了药材，不仅口感好，还有健身祛病的功效，类似于今天的保健饮品。

唐代长安城西市之中便有一家饮子铺，所卖饮子具有神奇的功效，虽然熬制饮子用的不过是几味寻常药材，却可以治愈上千种疾病。很多患者都慕名前来，摊主既不号脉，也不问症状，只管卖饮子，一百文一剂饮子，喝了以后准保能好。

　　摊主在自家院子里放置了一口大锅，日夜不停地熬制饮子，却依旧供不应求，上至皇亲国戚，下至贫苦百姓，全都竞相来这里买饮子。饮子铺门前放眼望去全是等着买饮子的顾客，队伍排得很长很长，人多的时候顾客甚至会等上七天都未必能买得上，摊主自然是赚得盆满钵满。

　　唐朝末年，权势熏天的大宦官田令孜病倒后遍请天下名医前来诊治都不曾见效。就在几近绝望之际，他听闻西市之中居然有一种包治百病的神奇饮子，赶忙派仆人去买。仆人费了很大劲儿才如愿买到饮子，急急火火催马往回赶，可就在府邸近在眼前之际，他所骑的马却突然惊了，两只前蹄高高扬起，将他重重地摔在地上。他顾不上身上的剧痛，赶忙去看费了九牛二虎之力才买到的饮子，居然全都洒在了地上。

　　这下他可慌了，要是再排队购买，还不知要等到何时才能买得到，若是如实禀报田令孜，田令孜定会重重责罚于他。在万般无奈之下他想出了一招瞒天过海之计，偷偷跑到染坊之中，从染池之中取了一瓶水，看那颜色与自己刚刚所买的饮子差不多，拿回去让田令孜喝下。

　　宋代印染行业可谓是真正的绿色环保无污染，田令孜喝了"工业废水"之后不仅没有大碍，自己的病居然还奇迹般地痊愈了。

　　喜出望外的田令孜重重地酬谢了那家饮子铺，但他做梦也想不到拯救自己的并非是传得神乎其神的饮子，而是令人作呕的"工业废水"。

参考资料

1. （五代）刘昫等撰：《旧唐书》，中华书局 1975 年版。

2. （北宋）宋祁、欧阳修等撰：《新唐书》，中华书局 1975 年版。

3. （北宋）司马光撰：《资治通鉴》，改革出版社 1995 年版。

4. （唐代）杜佑著：《通典》，中华书局 1988 年版。

5. （唐代）李林甫等撰：《唐六典》，中华书局 2008 年版。

6. （唐代）萧嵩等撰：《大唐开元礼》，民族出版社 2000 年版。

7. （唐代）长孙无忌等撰：《唐律疏议》，法律出版社 1999 年版。

8. （唐代）杜牧撰：《樊川文集·唐故淮南支使、试大理评事兼监察御史杜君墓志铭》，上海古籍出版社 1978 年版。

9. （唐代）李吉甫撰：《元和国计簿》，高等教育出版社 1957 年版。

10. （唐代）白居易撰：《白居易集笺校·卷五十二·中书制诰五》，上海古籍出版社 1988 年版。

11. （唐代）范摅撰：《云溪友议》，古典文学出版社 1957 年版。

12. （唐代）李亢著：《独异志》，浙江出版集团数字传媒有限公司 2020 年版。

13. （唐代）郑处诲著：《明皇杂录》，《开元天宝遗事十种》，上海古籍出版社 1985 年版。

14. （唐代）孙启著：《北里志》，古典文学出版社 1957 年版。

15. （五代）王定保撰：《唐摭言》，上海古籍出版社 1978 年版。

16. （北宋）李昉著：《太平广记》，崇文书局 2007 年版。

17. （北宋）宋绶、宋敏求编：《唐大诏令集》，中华书局 2008 年版。

18. （北宋）钱易撰：《南部新书》，中华书局 2002 年版。

19. （北宋）王钦若等撰：《册府元龟》，中华书局 1960 年版。

20. （北宋）王谠撰：《唐语林》，中华书局 2008 年版。

21. （宋代）计有功撰：《唐诗纪事》，上海古籍出版社 1997 年版。

22. （南宋）周密撰：《齐东野语》，上海古籍出版社 2012 年版。

23. （宋末元初）马端临著：《文献通考》，中华书局 2011 年版。

24. （清代）董诰等编：《全唐文》，中华书局 1983 年版。

25. 吴宗国著：《唐代科举制度研究》，辽宁大学出版社 1992 年版。

26. 毕宝魁著：《隋唐生活掠影》，沈阳出版社 2002 年版。

27. [日] 丸山裕美子：《唐宋节假制度的变迁——兼论"令"和"格敕"》，《中国社会历史评论》（第二卷），中华书局 2001 年版。

28. 李然：《唐代官员使用馆驿的管理制度》，《边疆经济与文化》2004 年第 8 期。

29. 王润芳：《话说唐朝的宴会》，《社区》2011 年第 7 期。

30. 王赛时：《唐代宴会的设计风格与娱乐助兴》，《饮食文化研究》2005 年第 4 期。

31. 李建华：《论唐朝宰相籍贯的地理分布特征》，《阴山学刊》2013 年第 3 期。

32. 薛贻康：《略论唐朝宰相的设选》，《山东师大学报》1990 年第 3 期。

33. 瓮俊雄：《唐朝职分田制度研究》，《北京师范学院学报（社会科学版）》1990 年第 4 期。

34. 浅水：《从 74 位状元的家世看唐代科举的实际选才范围》，《孝感职业技术学院学报》，2002 年第 4 期。

35. 张萍：《论唐代的〈循资格〉》，厦门大学 2011 年硕士学位论文。

36. 王俊妮:《唐代致仕官群体研究》,云南大学 2016 年硕士学位论文。

37. 汪翔:《唐代官员致仕研究》,安徽大学 2016 年博士学位论文。

38. 张旖旎:《唐代官员会食问题考论》,华中师范大学 2020 年硕士学位论文。

39. 丁兆倩:《唐代官员的休沐制度初探》,中央民族大学 2013 年硕士学位论文。

40. 梁瑞:《唐代流贬官研究》,浙江大学 2010 年博士学位论文。

41. 杨兆国:《唐代丁忧制度研究》,陕西师范大学 2012 年硕士学位论文。

42. 李玉婷:《唐代夺情起复问题研究》,陕西师范大学 2017 年硕士学位论文。

43. 邓志:《唐代官员待遇研究》,西北大学 2010 年硕士学位论文。

44. 辛风妮:《唐代宦官的经济来源研究》,西北大学 2017 年硕士学位论文。

45. 丁兆倩:《唐代官员的休沐制度初探》,中央民族大学 2013 年硕士学位论文。

46. 李雪颖:《唐代邮驿制度探究》,烟台大学 2019 年硕士学位论文。

47. 李玉峰:《唐代邮驿与信息传递》,陕西师范大学 2011 年硕士学位论文。

48. 武玉秀:《唐代酒筵文化研究》,温州大学 2009 年硕士学位论文。

49. 闫丽娜:《唐代的租赁业》,暨南大学 2007 年硕士学位论文。

50. 梁克敏:《唐代城市管理研究》,陕西师范大学 2018 年博士学位论文。

51. 赵澜:《唐代丧服制度研究》,福建师范大学 2008 年博士学位论文。

52. 刘小锋:《唐代中朝交通和驿馆》,陕西师范大学 2007 年硕士学位论文。

53. 王玉成:《唐代旅游研究》,河北大学 2009 年博士学位论文。

54. 张净:《唐代官员疾病与医疗探索》,天津师范大学 2013 年硕士学位论文。

55. 武玉秀:《唐代酒筵文化研究》,温州大学 2009 年硕士学位论文。

56. 蔡琦:《唐代文官"释褐"考》,中央民族大学 2012 年硕士学位论文。